AF245691

COLLECTION MICHEL LÉVY
— 1 franc le volume —
1 franc 50 centimes relié à l'anglaise

SOPHIE GAY

— ŒUVRES COMPLÈTES —

LE COMTE DE GUICHE

PARIS
MICHEL LÉVY, FRÈRES, LIBRAIRES ÉDITEURS
RUE VIVIENNE, 2 BIS, ET BOULEVARD DES ITALIENS, 15
A LA LIBRAIRIE NOUVELLE

1861

COLLECTION MICHEL LÉVY.

LE
COMTE DE GUICHE

OUVRAGES

DE SOPHIE GAY

PARUS DANS LA COLLECTION MICHEL LÉVY

Anatole .... 1 vol.

Le comte de Guiche .... 1 —

La comtesse d'Egmont .... 1 —

La duchesse de Châteauroux.. .... 1 —

Ellénore .... 1 —

Le faux Frère .... 1 —

Laure d'Estell .... 1 —

Léonie de Montbreuse .... 1 —

Les Malheurs d'un amant heureux .... 1 —

Marie de Mancini .... 1 —

Marie-Louise d'Orléans .... 1 —

Un Mariage sous l'Empire .... 1 —

Le Moqueur amoureux .... 1 —

Physiologie du ridicule .... 1 —

Salons célèbres .... 1 —

Souvenirs d'une vieille femme .... 1 —

CLICHY. — Impr. de MAURICE LOIGNON et Cie, 12, rue du Bac-d'Asnières.

LE
COMTE DE GUICHE

PAR

SOPHIE GAY

PARIS

MICHEL LÉVY FRÈRES, LIBRAIRES ÉDITEURS

RUE VIVIENNE, 2 BIS, ET BOULEVARD DES ITALIENS, 15

A LA LIBRAIRIE NOUVELLE

—

1864

Tous droits réservés

COMTE DE GUICHE

I

C'était en 1637, dans l'année qui précéda celle de la naissance de Louis XIV, pendant la double guerre que la France soutenait contre les impériaux et les Espagnols, au moment même où le duc de Gramont, lieutenant général, servant sous les ordres du cardinal Lavalette et du duc de Weimar, faisait le siége de Landrecies.

Le conseil, présidé par le cardinal, venait de finir ; le vicomte de Turenne et le duc de Gramont s'apprêtaient à sortir de la tente du général commandant, lorsqu'ils entendirent les sentinelles menacer rudement un homme qui voulait à toute force pénétrer dans la tente où se tenait le conseil, et criait à tue-tête qu'il voulait parler au duc de Gramont. On le repoussait à coups de crosse de fusil, lorsque le duc s'écria vivement :

— Eh! c'est le vieux Antonin.

Puis, s'adressant aux sentinelles :

— Mes amis, ne le maltraitez pas; le pauvre homme ignore la consigne.

Pendant ce temps, Antonin levait ses bras tremblants au ciel, en criant avec délire :

— Monsieur le duc, un fils, un beau garçon... Madame la duchesse bien portante... je suis accouru pour vous donner cette bonne nouvelle. Tous vos gens en sont si heureux, qu'ils ont fait un feu de joie dans la cour de l'hôtel, c'est à qui fêtera la venue de l'héritier de notre bon maître.

— Le ciel me devait bien ce bonheur, dit le duc de Gramont à M. de Turenne, pour me consoler du chagrin que j'éprouve de n'avoir pu décider le duc de Weimar à aller attaquer l'arrière-garde de l'ennemi avant qu'il ait le temps de recevoir un renfort. Nous l'aurions entièrement défait. Vous verrez, cher vicomte, quelles seront les suites de cette faute.

M. de Turenne, qui avait soutenu au conseil l'avis du duc de Gramont, déplora avec lui la résistance qu'y avait apportée le duc de Weimar; et l'expérience prouva qu'ils avaient tous deux raison.

Dans son exaltation guerrière et sa rage de voir l'ennemi marcher sur Dijon, le duc de Gramont s'écria :

— Mes amis, je vous en prends à témoins, ce fils que le ciel me donne aujourd'hui, cet héritier tant désiré, je le voue dès ce moment à la vengeance, à la gloire de notre armée; je jure de l'élever dans la haine des ennemis et l'amour de la France, dans ce fanatisme des vieux guerriers de notre maison et à l'exemple des Châtillon, des Turenne, des Candale, enfin de tous ces nobles camarades avec qui j'ai l'honneur de combattre.

— Vive le duc de Gramont! et le successeur qu'il nous promet! s'écrièrent tous les officiers présents, et les soldats répétèrent ce vivat, sans en savoir la cause.

Le duc de Gramont obtint quelques jours de congé pour venir embrasser le nouveau-né, sa jeune mère, et assister au baptême du comte de Guiche. Il eut pour parrain le cardinal de Richelieu, et pour marraine la duchesse d'Aiguillon, les deux grandes puissances de l'Europe. C'était entrer dans la vie protégé par ce que le monde révère le plus :

La gloire, le génie et le pouvoir.

Aussitôt après la cérémonie du baptême, le duc repartit pour l'armée où l'appelaient les préparatifs du siége de Landrecies. Ambitieux d'arriver au grade de maréchal de France, et non moins stimulé par le désir de reconnaître ce qu'il devait à la protection particulière de Louis XIII, le duc de Gramont remplissait ses devoirs militaires avec une rigidité et un zèle extrêmes. Si, comme l'a dit un moraliste courtisan : « Les bienfaits du souverain sont une chaîne qui soumet éternellement la vie du sujet au caprice du maître, » le duc de Gramont devait consacrer la sienne à Louis XIII; car le roi l'avait soustrait à l'autorité féroce de son père, de cet Antoine II, de ce Gramont qui, s'étant convaincu de l'infidélité de sa femme (fille du duc de Roquelaure), usa du droit de haute et basse justice attaché à sa principauté de Bidache, pour faire juger la coupable, la condamner à mort, et s'empresser de faire tomber sa tête avant que les envoyés du roi aient eu le temps de venir, au nom de Sa Majesté, demander la grâce de la duchesse de Gramont.

Cette expédition, qui rappelait celle des châtelains du moyen âge, fit craindre de voir le duc Antoine II poursuivre, dans ses enfants, la vengeance du crime de leur mère, et le roi, cédant aux prières des ducs de Roquelaure, ordonna au mari vengé d'envoyer ses deux fils à la cour pour qu'ils y fussent élevés sous sa protection royale. Cela explique suffisamment l'amour filial dont le père du comte de Guiche et son frère, le célèbre chevalier de Gramont, ne cessèrent de donner des preuves à Louis XIII.

Le cardinal de Richelieu qui regardait les gens dévoués comme de nobles dupes, très-utiles à ceux qui savent les employer, n'avait pas manqué de s'attacher le duc de Gramont par tous les moyens que donne le crédit. Après avoir récompensé justement ses grands services militaires, et payé d'un grade éminent la blessure qu'il avait reçue au siége de Mantoue, il lui avait fait épouser une de ses nièces.

Le même jour de ses noces, le cardinal célébra aussi celles de ses deux autres nièces avec le duc d'Épernon et le duc de Puilaurens. Ces noces magnifiques, dont la cour garda un long souvenir, ne furent heureuses que pour le duc de Gramont. Le duc d'Épernon, dont l'humeur altière devait déplaire au cardinal, fut bientôt contraint de quitter la cour, et peu de temps après le duc de Puilaurens mourut en prison.

Pendant que son père poursuivait ses succès à l'armée, le petit Armand de Guiche s'élevait près du cardinal de

Richelieu, et presque sur les genoux d'Anne d'Autriche ; elle venait de donner Louis XIV à la France, et elle voyait dans le jeune comte de Guiche le complaisant naturel de son royal enfant. Mais Armand était d'un caractère fier, indépendant, et, malgré les recommandations de sa mère, malgré les pénitences qu'il s'attirait souvent pour avoir résisté aux caprices de son auguste compagnon, il retombait toujours dans le même tort, et sans le bon esprit de la reine qui encourageait Armand de Guiche à ne pas se laisser opprimer par le Dauphin, il aurait beaucoup souffert de cette noble camaraderie.

II

Un jour la mère d'Armand, tout en larmes, vint le prendre pour le conduire dans la chambre de son parrain, où toute la famille du cardinal de Richelieu était réunie pour le voir mourir. Le roi lui-même était là, feignant des regrets qu'il était loin d'éprouver, et le cardinal disait à la vue de l'hostie consacrée que lui présentait le curé de Saint-Eustache :

— Voilà mon juge qui prononcera ma sentence ; je le prie de me condamner si, dans mon ministère, je me suis proposé autre chose que le bien de la religion de l'État (1).

Ces mots, dits avec le calme et toutes les apparences d'une parfaite confiance en Dieu, laissèrent dans l'esprit du jeune comte de Guiche une impression que les historiens du cardinal de Richelieu n'ont pu effacer. Il est resté persuadé qu'une si belle mort ne pouvait couronner qu'une vie irréprochable. Eh ! qui n'a pas connu ces saintes illusions de l'enfance !

Le maréchal de Gramont était à la cour lors de ce grand événement. Il perdait un protecteur puissant, sa douleur fut profonde ; le roi lui-même ne put l'en consoler, malgré les promesses qu'il lui fit de lui continuer sa protection

______

(1) *Histoire de France.*

et l'amitié que le cardinal avait pour lui. Il lui donna une preuve de cette amitié en le nommant son lieutenant général dans l'armée que Sa Majesté espérait commander en personne à la prochaine campagne; mais la maladie du roi ne lui permit pas d'accomplir ce projet.

Louis XIV avait quatre ans et demi lorsqu'on vint l'afflubler d'un grand manteau de deuil et l'obliger à recevoir les salutations de tous les corps de l'État. Le comte de Guiche, âgé d'un an de plus, était debout sur une des marches du trône, où la reine l'avait placé pour servir de modèle à son fils et l'engager à rester tranquille, comme Armand, tout le temps que dureraient les présentations.

Le sérieux de ces deux enfants ne venait pas de la même source; celui de Louis XIV était le fruit de l'orgueil, celui d'Armand de l'ennui : deux ennemis qui ont également fait faire des grandes fautes à l'un et à l'autre.

Avoir été le camarade d'enfance de son souverain n'est pas toujours un avantage. Il n'y a plus de prestige, et l'on se sent moins porté à l'obéissance envers celui dont on a si souvent partagé les fautes et les pénitences. Le moyen de s'imaginer que cet enfant, avec qui l'on vous autorise à jouer comme avec un frère, aura, à peine adolescent, le droit de vie et de mort sur vous? qu'il vous faudra vous soumettre aveuglément à tous ses caprices, et vous persuader enfin de sa supériorité d'esprit et d'âme sur vous, dont l'esprit et l'âme sont bien supérieurs. La vie entière du comte de Guiche répond à cette question.

Armand était chez sa marraine, la duchesse d'Aiguillon, à Ruel, lorsque la reine y vint passer six semaines, en 1644, avec le roi et son petit frère le duc d'Anjou.

Un semblable honneur fait à sa famille, la manière dont on lui recommandait de faire les honneurs du château de sa parente au jeune roi, encourageaient encore Armand dans ses idées d'égalité, idées plus nobles que sages et encore plus dangereuses en ce temps que dans le nôtre.

Armand était de la promenade que firent un jour la reine et les jeunes princes dans le parc de Ruel, ce jour où Anne d'Autriche aperçut le poëte Voiture rêvant au fond d'une allée, et fit arrêter sa calèche pour demander au rimeur à quoi il pensait. On sait les vers burlesques que Voiture improvisa à cette occasion, et nous ne les reproduisons ici qu'à propos de la réprimande qu'ils valurent au petit Armand de Guiche.

IMPROMPTU.

Je pensais que la destinée,
Après tant d'injustes malheurs,
Vous a justement couronnée
De gloire, d'éclat et d'honneurs;
Mais que vous étiez heureuse,
Lorsque vous étiez autrefois,
Je ne veux pas dire amoureuse,
La rime le veut toutefois.

Je pensais que ce pauvre amour,
Qui toujours vous prêta ses armes,
Est banni loin de votre cour,
Sans ses traits, son arc et ses charmes.
Et ce que je puis profiter,
En passant près de vous ma vie,
Si vous pouvez si maltraiter
Ceux qui vous ont si bien servie.

Je pensais, car nous autres poëtes,
Nous pensons extravagamment,
Ce que, dans l'humeur où vous êtes,
Vous seriez, si dans ce moment,
Vous avisiez en cette place
Venir le duc de Buckingham?
Et lequel serait en disgrâce
De lui ou du père Vincent?

Ces vers, familiers de plus d'une manière, que, dans toute autre disposition, on aurait pu trouver assez impertinents, furent très-bien accueillis, grâce à l'émotion agréable que le nom du beau lord faisait toujours éprouver à Anne d'Autriche et à la protection que madame la princesse, qui était présente, portait à Voiture.

On lui fit redire plusieurs fois son improvisation, et la reine, n'ayant pas l'air d'en comprendre la hardiesse, en demanda une copie, à la condition qu'il n'y en aurait point d'autre.

On n'usait pas alors l'intelligence et la mémoire des enfants par des études précoces. Armand avait sept ans, et il savait à peine lire; mais sa mémoire sans aliment s'attachait à tout ce qui la frappait. Il avait vu l'effet prodigieux de ces trois couplets, et sans s'expliquer ce qu'ils avaient de si piquant, il les avait retenus, à forcer de les entendre dire et commenter.

D'abord, sa gouvernante, à qui il racontait les moindres actions de sa journée, eut la première confidence de la rencontre faite dans les allées du parc, des vers et des applaudissements qu'on leur avait prodigués. Cette rime d'amoureuse, exactement redite, fit sourire la gouvernante. A la hardiesse de ces stances, elle crut un moment que l'enfant les altérait; mais Armand jura qu'il ne changeait pas un mot, et il se fit croire, car la gouvernante, qui lisait quelquefois les contes de Perrault, s'était aperçue qu'il en redisait des pages entières sans substituer une seule expression à une autre.

N'étant pas aussi sûre de sa propre mémoire, elle écrivit ces vers sous la dictée de l'enfant, et ils coururent bientôt du château de Ruel au palais du Louvre, et du Louvre dans tout Paris.

La reine s'en plaignit à l'auteur, dont l'innocence ne suffit pas à la justification, et les malins de la cour en plaisantèrent de manière à ne faire rire ni l'auteur ni la reine; elle s'obstinait à reprocher à Voiture sa prétendue indiscrétion, lorsqu'elle entendit Armand déclamer cet impromptu au jeune roi, et se vanter à lui de l'avoir si vite et si parfaitement appris par cœur qu'il l'avait redit le soir même à sa gouvernante sans se tromper d'un mot.

Dès lors tout fut expliqué. On gronda Armand; on l'appela *rapporteur* et on le menaça de ne plus le laisser jouer avec les princes, s'il racontait jamais à personne ce qu'il voyait ou entendait chez la reine. Il promit tout ce qu'on voulut; mais il garda une rancune éternelle au rimailleur qui lui avait valu cette disgrâce.

III

L'année qui suivit, Armand jouait avec le roi et le duc d'Anjou sur la terrasse du Palais-Royal, qui séparait les deux corps de logis, lorsque le cardinal Mazarin vint apprendre à la reine l'éclatante victoire remportée par le duc d'Enghien (depuis le grand Condé), à Nortlingen. La reine se leva pour aller au-devant du cardinal, en marquant la plus vive joie. Mais les victoires, qui font la joie des souverains, font souvent le désespoir des familles. Le cardinal répondit d'un ton grave aux airs riants, aux félicitations d'Anne d'Autriche (1) :

— Madame, tant de gens sont morts qu'il ne faut pas que Votre Majesté se réjouisse de cette victoire.

Alors chacun se regarde tristement ; les mères, les femmes respirent à peine. Le cardinal s'apprête à lire la liste des morts ; il commence par le récit de l'affaire, où le maréchal de Gramont, à la tête des deux seuls régiments de Fabert et du Wal, après avoir résisté longtemps et par miracle, à un corps entier de l'armée ennemie, après avoir triomphé et avoir vu tomber le général Mercy qui la commandait, son capitaine des gardes, deux de ses aides de camp, trois de ses pages et tous ses domestiques, le maréchal allait succomber lui-même au nombre, lorsqu'un capitaine d'un régiment allemand nommé Sponheim le reconnut et le réclama pour son prisonnier, ainsi que le lieutenant du maréchal blessé comme lui.

Il fallut se rendre ; mais la vie du maréchal de Gramont n'en fut pas moins de nouveau très-exposée. Car le capitaine Sponheim voulant le conduire au général Mercy, dont il ignorait la mort, rencontra en route un petit page du baron de Mercy, qui s'imagina de vouloir venger la mort de son maître sur le général français. Voyant qu'on le menait les rênes de son cheval rabattues, il s'empara d'un des pistolets du maréchal, le tira sur sa tête à bout portant, mais l'arme ayant été déchargée dans le combat, ajouta le cardinal, il n'en résulta aucun mal. Les Allemands, indignés d'une action si noire, allaient la châtier sévèrement lorsque le maréchal de Gramont demanda grâce pour le page (1).

En cet instant, la lecture de la dépêche fut interrompue par des sanglots. C'était le pauvre Armand qui se désolait en appelant sa mère.

<hr>

(1) Mémoires de madame de Motteville, t. I, p. 305.
(2) Mémoires du maréchal de Gramont, t. I, p. 169.

Avant d'entamer le récit de la bataille de Nortlingen, le cardinal Mazarin s'était assuré de l'absence de la duchesse de Gramont, mais il n'avait pas pensé au petit camarade qui jouait avec le roi. On ordonna de le ramener chez sa mère, et madame de Montausier se chargea de la triste mission de préparer la duchesse de Gramont à la nouvelle de l'honorable captivité du maréchal.

Si quelque chose avait pu distraire madame de Gramont de ses inquiétudes sur son mari, c'eût été le désespoir, la rage d'Armand, qui voulait aller tout seul combattre ce qui restait de l'armée ennemie et délivrer son père. On comprend que de tels sentiments, subis dans l'âge des douces impressions, devaient porter un caractère naturellement passionné à des émotions profondes et à des actions violentes.

Les courriers qui se succédèrent rassurèrent bientôt la maréchale de Gramont sur la blessure et le sort de son mari ; on sut que l'électeur de Bavière avait ordonné au commandant d'Ingolstadt de laisser le maréchal sortir, non-seulement du château, mais même de la ville, sur parole et de lui rendre tous les honneurs dus à son rang et à sa bravoure.

Bientôt l'échange du maréchal fut demandé par son ami le duc d'Enghien, qui menaça de faire passer le comte de Gleen en France, si l'on différait plus longtemps de l'échanger contre le maréchal de Gramont. L'électeur consentit à tout, à la seule condition de recevoir chez lui, à Munich, l'illustre prisonnier, et d'avoir cette occasion de le combler de toutes les marques de considération qu'il méritait.

Le récit des honneurs rendus par les ennemis à son père ne calma pas le ressentiment d'Armand de Guiche contre les Allemands. il s'éleva dans le désir de venger les blessures et la courte captivité du maréchal de Gramont, et il a tenu le serment qu'il s'est fait si jeune, de maintenir la gloire de sa famille.

Le roi avait neuf ans, lorsqu'étant au milieu de sa brillante cour dans la galerie du Palais-Royal où l'on jouait la comédie, il se trouva mal ; la reine effrayée le fit mettre au lit, et le lendemain les médecins déclarèrent que le roi avait la petite-vérole. Aussitôt toutes les personnes qui redoutaient cette maladie s'éloignèrent du Palais-Royal.

Armand de Guiche était alors confié aux soins de son

gouverneur. La maréchale de Gramont ayant été rejoindre son mari qui commandait en Catalogne, Armand se trouvait près du lit de son royal ami, lorsque la nouvelle de la maladie du roi mit en fuite tous les courtisans. Le gouverneur s'empressa de venir chercher son élève pour le soustraire à la contagion ; mais Armand refusa de lui obéir en disant qu'il ne quitterait le roi que lorsqu'il serait hors de danger.

La reine, touchée d'un semblable dévouement dans l'âge où il est si naturel de craindre la mort, voulut s'opposer au désir d'Armand. Elle lui commanda, au nom de sa mère dont elle ne voulait pas mériter les reproches, de quitter la chambre du roi, et de ne revenir au Palais-Royal que le jour où elle le ferait demander. Il fallut céder, mais ce ne fut pas sans répandre un torrent de larmes ; on fut même obligé de promettre à Armand de lui faire savoir d'heure en heure l'état du malade : on lui donna pour exemple M. le duc d'Anjou qu'on envoya chez l'intendant des finances, dont l'hôtel, situé à la porte Saint-Honoré, était en bon air.

Mais Armand, passionné en amitié comme il devait l'être plus tard en amour, échappait à chaque instant à la surveillance de son gouverneur, séduisait à prix d'argent quelques serviteurs, et s'en faisait suivre au Palais-Royal. Là, il profitait de l'habitude que les gardes avaient de le voir entrer chez le roi pour arriver jusqu'aux portes de sa chambre, d'où on le renvoyait toujours, mais non pas sans l'avoir rassuré sur la maladie qui suivait sa marche ordinaire.

Un matin qu'Armand avait de nouveau bravé les ordres de son gouverneur et de sa tante la duchesse d'Aiguillon, pour venir au Palais-Royal, il trouva le peu de personnes restées pour soigner le malade, dans une consternation profonde. Le roi, disaient-elles, est tombé depuis deux heures en faiblesse ; aucun secours ne peut le ranimer, ses rougeurs ont disparu. Les médecins ne peuvent nier le danger ; on vient d'envoyer chercher la reine à Notre-Dame, où elle est allée faire ses dévotions en reconnaissance de la santé du roi, qui paraissait entièrement rétablie.

En ce moment la reine revint au Palais-Royal, et dans la douleur où elle s'abandonna en retrouvant son fils à la mort, elle ne s'aperçut pas qu'Armand était là, à genoux au pied du lit, les yeux fixés sur le visage inanimé du malade, et priant Dieu de le sauver avec toute la ferveur du désespoir.

Il avait profité du désordre qui régnait dans le palais, pour pénétrer jusque dans la chambre de son pauvre ami.

Une première saignée rendit la respiration du roi plus libre, et bientôt après il reprit connaissance. Mais la petite vérole était rentrée, le danger augmentait à chaque moment. En reprenant ses sens, le roi avait aperçu Armand et lui avait tendu la main en lui souriant d'un air affectueux. Armand s'était précipité sur cette main pâle et la couvrait de baisers. La joie du malade, à l'aspect de son jeune ami, avait frappé la reine. Une mère se sert de tout pour calmer les souffrances de son enfant. Elle oublia le danger qui menaçait Armand de Guiche, et elle lui permit de rester auprès du roi. Cependant, voulant rassurer sa conscience, elle consulta à ce sujet le docteur Vallot, qui ne manqua pas de répondre selon le désir de la reine, que l'effet de la contagion devait être produit, et que le jeune de Guiche s'y étant exposé de lui-même, il n'y avait plus de précautions à prendre, qu'elles seraient inutiles.

A cet arrêt, Armand tressaillit de joie et pria la reine de le faire savoir à son gouverneur, qui se désolait dans la grande galerie. Alors, s'établissant en garde-malade, Armand faisait l'essai des tisanes les plus amères, pour encourager le roi à les prendre; et le voyant las d'offrir son bras à la lancette du chirurgien, il alla jusqu'à proposer de se faire piquer la veine en même temps que le roi, pour juger lequel des deux verrait couler son sang avec le plus de courage. Mais le jour ou la maladie revint à la peau, le jour où les médecins proclamèrent la résurrection du roi, on rapporta le jeune Armand à l'hôtel d'Aiguillon dans le délire de la fièvre; et il resta deux semaines entre la vie et la mort, des suites d'une petite vérole très-violente.

Les soins de la duchesse d'Aiguillon et la bonne constitution d'Armand aidèrent à son prompt rétablissement et sa mère, qui accourut à la première nouvelle de sa maladie, eut le bonheur de le trouver hors de danger et de voir que le charmant visage de son fils n'en serait point enlaidi, petite vanité très-pardonnable dans une mère.

Le roi était à peine rétabli, que les troubles de la Fronde

éclatèrent. Le maréchal de Gramont, rappelé à la cour pour y servir d'intermédiaire entre le prince de Condé et le cardinal de Mazarin, tous deux ses amis, fit de vains efforts pour concilier tant d'ambitions diverses; mais fidèle au parti du roi, il éleva son fils dans ce culte des anciens gentilshommes qui ne permettait pas de contester l'autorité royale.

Armand fut un des plus distingués des jeunes seigneurs destinés à suivre et à garder le roi. Cependant, l'espèce de camaraderie, qui avait existé depuis longtemps entre lui et le jeune monarque, lui rendit pénible la distance marquée où il se trouva tout à coup de son compagnon d'enfance.

Après avoir partagé si fraternellement les périls dans lesquels les émeutes parlementaires plongeaient chaque jour le roi; après l'avoir suivi plus d'une fois dans le donjon où la reine le cachait pour le soustraire à la fureur du peuple; après lui avoir donné asile à Ruel chez sa tante au moment qui suivit les barricades, et s'être exposé ainsi à être pillé, égorgé pour sa défense, il était permis au comte de Guiche de se croire des droits à une préférence marquée, à une sorte d'égalité de cœur qui console de l'inégalité du rang. Mais les rois ne sont pas élevés dans le culte de la reconnaissance. On leur répète incessamment que s'immoler pour eux, c'est remplir un devoir, et ils croient de bonne foi payer les plus grands sacrifices par l'honneur de les accepter. Grâce à la bassesse des courtisans, à l'adulation païenne, au servage cupide dont ils les entourent, les princes sont innocents de leur ingratitude; et c'est être injuste que de leur en garder un vif ressentiment.

Le comte de Guiche tomba dans ce tort; il ne put s'habituer à traiter en divinité terrestre ce jeune roi avec lequel il avait joué à la clémusette et près de qui une année de plus lui avait donné dans leurs petits combats l'avantage de la victoire; il s'offensa des oublis naturels entre le maître et le sujet. Un jour entre autres qu'Armand suivait à cheval le roi au palais de justice, où ce malheureux prince allait trop souvent incliner le pouvoir monarchique devant la tyrannie parlementaire, il arriva que le cheval du comte de Guiche, effrayé par les cris du peuple : *Vive le roi! à bas Mazarin!* se cabra d'une telle manière, qu'il renversa son jeune cavalier et lui lança un coup de pied qui faillit le tuer. Les gardes du roi composant le cortége s'empressèrent de le secourir et le rapportèrent à l'hôtel de Gramont, où les soins de sa mère et ceux des médecins aussitôt appelés eurent bien de la peine à le rappeler de son évanouissement.

Pendant ce temps, le roi suivait sa marche, entrait dans la grand'chambre, écoutait de son mieux le discours que son chancelier lui faisait dire à messieurs du parlement et se promettait tout bas de châtier leur extrême insolence, dès que sa main pourrait tenir les rênes du gouvernement.

De retour au palais, il apprit l'événement arrivé à son ami. La régente envoya un gentilhomme s'informer de ses nouvelles et donna secrètement au messager l'ordre de ne point dire la vérité, s'il trouvait le comte de Guiche en danger et cela de peur d'attrister le roi. La précaution n'était pas vaine, car la duchesse de Gramont, dans son inquiétude maternelle, avait répondu que son fils était au plus mal. En effet, il fut longtemps à se rétablir de cette chute et lorsqu'il parut, en état de reprendre son service auprès du roi, le jeune comte se fit un prétexte de la faiblesse que la perte de son sang lui avait laissée, pour retarder l'instant de reparaître devant Sa Majesté. Le fait est qu'il ne lui pardonnait pas de n'avoir pas demandé à le voir. La reine mère conduisait si souvent son fils chez la duchesse d'Aiguillon, qui était beaucoup moins grande dame que la duchesse de Gramont ; elle avait si souvent renoncé à l'étiquette pour se réfugier chez cette famille dans les moments d'émeute, que le roi pouvait la braver aussi pour venir embrasser un ami mourant ; mais ce raisonnement de cœur, Armand seul le fit ; et sa mère, à qui il en parla, le blâma sévèrement et lui recommanda avec instance de ne confier à personne ce qu'elle appelait sa ridicule exigence.

— Ah ! c'est ainsi que l'amitié se traite entre un roi et un gentilhomme, dit Armand indigné. Eh bien, soit, je ne l'aimerai plus.

IV

On ne se promet point d'étouffer ses plus tendres sentiments, de renoncer à ce servage de cœur qui a tant de charme pour les âmes passionnées, sans se livrer à des regrets dont l'amertume s'étend parfois sur toutes les autres impressions, et altère le meilleur naturel; les affections déçues font plus de haines que les antipathies.

Armand, une fois éclairé sur le faible attachement du roi pour lui, s'appliqua à connaître l'ami qu'il perdait, et, le dépouillant de toutes les qualités dont son imagination l'avait paré, il se mit à le juger, sorte de crime de lèse-majesté dont un courtisan, si indépendant qu'il soit, porte toujours la peine.

D'abord, il faillit être dupe de la joie que témoigna Louis XIV lorsqu'il le revit après son rétablissement. Cette joie était fort sincère, car l'esprit, la gaieté du jeune Guiche amusaient beaucoup le roi et les égoïstes ont cela de bon, que si votre mérite et vos agréments ne les engagent à rien, du moins ils les apprécient.

Louis XIV donnait dès sa jeunesse l'idée du profond discernement dont il a fait preuve depuis dans le choix des hommes distingués, capables de le servir avec talent et zèle et qui devaient illustrer son règne. Mais si déjà son goût pour les qualités qu'il pouvait mettre à profit lui faisait louer tout haut de certaines supériorités, déjà sa jalousie pour les agréments, les avantages auxquels il prétendait d'une manière exclusive se faisait remarquer. Elevé dans la croyance qu'il serait le plus bel homme de sa cour et partant, le seul adoré, il devait nécessairement prendre en haine tous ceux qui, par leur beauté, leur esprit, leur bravoure, s'attiraient de brillantes conquêtes. Loin de chercher à amortir dans l'âme du roi ce sentiment d'envie, la reine-mère le partageait et ne pardonnait pas plus que lui aux jeunes seigneurs, qui pouvaient devenir les rivaux de son fils.

Cela seul peut expliquer le changement qui s'opéra dans l'affection qu'elle portait au comte de Guiche, à mesure que l'âge et l'éducation d'Armand développaient ses facultés supérieures et les grâces de sa personne.

Le plus grand des malheurs attachés à toutes les régences est dans les efforts que font les régents, pour éterniser le plus possible l'enfance de leur royal pupille. Les plus innocents se contentent de le maintenir dans une ignorance profonde de la science de régner et poussent leur vigilance à cet égard, jusqu'à éloigner de lui les gens qui pourraient lui inspirer le goût de l'étude. Sauf ses prières, quelques exercices militaires nécessaires pour passer ses troupes en revue et une connaissance fort approfondie de l'étiquette des cours, Louis XIV, à quinze ans, ne savait rien de ce que le moins fort écolier sait à cet âge.

Ainsi le voulaient Anne d'Autriche et le cardinal Mazarin. Le comte de Guiche était le seul des jeunes amis du roi qui pût les contrarier dans ce dessein. Sa loyauté le portait souvent à dire des vérités dangereuses; et son esprit, naturellement moqueur, devait finir par tomber sur quelques-unes des questions plus que naïves que le roi adressait souvent à lui, au prince de Marsillac ou au marquis de Vardes. Aussi la reine et le cardinal résolurent-ils de s'opposer, par tous les moyens possibles, à la confiance du roi envers son compagnon d'enfance.

Cette opposition, que tant de points d'achoppement dans les deux caractères devaient rendre inutile, produisit l'effet contraire à ce que la reine en attendait. La présence d'Armand devint d'autant plus indispensable au roi qu'on la lui interdisait, et son entêtement prit un faux air d'amitié dont la reine s'alarma vivement (1).

Elle destinait le prince de Marsillac à l'emploi de favori. Son caractère doux, son esprit nul étaient garants du peu d'influence qu'il aurait sur le caractère absolu et sur les idées romanesques du roi. Anne d'Autriche, non contente de donner à son fils pour favori un homme médiocre, tra-

(1) La reine prit le parti de Marsillac, par la crainte qu'elle avait du comte de Guiche, agréable de sa personne, savant, plein d'esprit, etc., etc. (Mémoires de madame de Motteville, t. V, p. 245.

vaillait aussi à diriger ses premières amours vers une femme qui fût encore plus dévouée à elle qu'au roi.

Son choix tomba sur madame de Beauvais, sa première femme de chambre. Cette femme, que la reine nommait Cataut, ne manquait point d'esprit ; mais elle n'était plus jeune. Le roi parla de cette conquête au comte de Guiche.

— Est-il bien vrai ? s'écria le comte en éclatant de rire. Quoi ! pendant que je me morfonds en soupirs auprès de la fille, Votre Majesté séduit la mère !... Je n'avais pas besoin de la voir prendre sur moi cet avantage de position, pour joindre à tout mon respect pour elle celui qu'on doit à ses grands parents.

Il fallait se fâcher ou rire de la plaisanterie : le roi fit l'un et l'autre. Il savait bien que madame de Beauvais avait une fille de dix-huit ans, jolie, spirituelle (1), mais il se trouvait trop jeune lui-même pour entreprendre une telle séduction. Le comte de Guiche, qu'une année de plus rendait moins timide et moins innocent, avait déjà découvert que, pour sa gloire et son plaisir, il valait mieux échouer près d'une belle femme que de réussir près d'une laide. D'ailleurs, on ne sait jamais bien, disait-il, jusqu'où va la constance des rigueurs.

Louis XIV, humilié de son bonheur, pensa qu'Armand était mieux partagé que lui et ne pouvant supporter l'idée d'une telle infériorité, il porta ses vœux sur la plus jolie femme de sa cour. C'était Olympe de Mancini, l'une des nièces du cardinal Mazarin, celle dont l'esprit vindicatif devait avoir une si cruelle influence sur la destinée du comte de Guiche.

Olympe était vaine, méchante, spirituelle, mais fort séduisante et rien ne lui coûtait pour satisfaire son ambition ou sa haine, pas même l'apparence des vertus les plus étrangères à son caractère. Elle était noble et dévouée avec Louis XIV, dévote avec la reine, soumise et adroite avec le cardinal Mazarin, franche, moqueuse, rieuse avec le comte de Guiche, et coquette avec tout le monde.

Toutefois Armand, averti par un instinct secret du danger de livrer son cœur à une personne qui changeait trop souvent de vertus et de défauts pour être sincère éprouvait,

____

(1) Elle épousa, en 1652, le marquis de Richelieu.

pour elle une sorte d'éloignement qu'il s'appliquait à vaincre ; car le roi pouvait s'en offenser.

Un jour que la reine mère donnait, dans ses appartements particuliers, un petit bal composé des personnes de sa maison, pour distraire la reine et la jeune princesse d'Angleterre, que les malheurs de leur famille empêchaient de prendre part aux grandes fêtes de la cour, le roi, qui voulait avant tout faire honneur aux nièces du cardinal, surprit tout ce qui se trouvait là en venant prendre la main de la sœur d'Olympe, madame de Mercœur, pour la conduire à la danse, au lieu de venir inviter la princesse Henriette d'Angleterre. La reine, indignée de cette faute, se lève brusquement, fait quitter au roi la main de madame de Mercœur, et lui dit tout bas d'aller prendre celle de la princesse. Mais la reine d'Angleterre s'aperçoit de la colère de la reine et court la supplier de ne pas contraindre le roi ; elle ajoute que sa fille a mal au pied et qu'elle ne peut danser.

— Eh bien, réplique Anne d'Autriche, si la princesse ne peut danser, le roi ne dansera pas de la soirée.

Il fallut céder, malgré l'obstination du roi à répéter qu'il *n'aimait point les petites filles*, et la pauvre princesse, qui avait trop bien entendu ces paroles, dansa en pleurant (1).

C'est alors qu'elle attira, pour la première fois, les regards de la cour. Car élevée à la campagne, à Colombes, où sa mère vivait dans le deuil et la retraite, on ne la voyait jamais au Louvre. Elle avait déjà onze ans ; elle touchait à l'âge où la main des jeunes princesses royales est convoitée par tous les souverains à marier. Mais Henriette d'Angleterre, victime des révolutions, exilée, sans puissance, à la charité de sa famille maternelle, se voyait oubliée de tous les princes dont elle eût été recherchée dans sa prospérité ; elle grandissait en beauté, en grâce, en esprit, sans que personne s'en aperçût. Il fallait qu'une seconde révolution, en remettant son frère sur le trône d'Angleterre, vint révéler tout à coup son mérite et ses agréments.

En voyant les larmes qui roulaient sur le charmant visage de la princesse, tandis que ses petits pieds s'appliquaient à former le pas d'une danse joyeuse, le comte de Guiche se sentit ému d'un sentiment qui tenait de la pitié et de la co-

____

(1) Mémoires de madame de Motteville, t. V, p. 187.

lère. Manquer ainsi à ce qu'on doit au rang, au malheur, lui semblait un crime, et il avait peine à se contenir assez pour n'en pas faire au roi de vifs reproches, lorsque Louis XIV s'approcha de lui, pour se plaindre de l'acte d'autorité qu'il venait de subir de la part de la reine. C'était mettre la franchise d'Armand à une trop grande épreuve ; il ne put s'empêcher de répondre que la reine avait raison et de détailler tous les motifs qui auraient dû épargner à la princesse d'Angleterre une mortification pareille.

Le roi, surpris de la chaleur que mettait Armand à plaider une cause qui devait lui être indifférente et plus encore de le voir quitter le ton plaisant avec lequel il traitait tous les petits événements de cour, lui demanda si c'était sérieusement qu'il prenait parti contre lui pour une petite fille *maigre* et *niaise*.

— Moi, je la trouve jolie et intéressante, reprit M. de Guiche ; mais ce n'est pas la première fois que j'ai le malheur de différer de goût avec Votre Majesté et j'espère qu'il en sera de celui-ci comme de l'autre, il changera.

A ces mots qui faisaient allusion à l'amour du roi pour madame de Beauvais, Louis XIV tourna le dos au comte et ne lui parla plus le reste de la soirée.

C'est par de semblables traits que le jeune de Guiche perdit ses droits à la faveur du monarque. Il s'en consola d'abord par ses succès à l'armée et par le bonheur de voir son illustre père se glorifier de lui ; puis l'amitié de Monsieur, qui commençait à prendre de l'importance à la cour, le dédommagea bientôt de la perte de ce qu'il appelait la *gracieuse indifférence du roi.* Certes l'affection, ou, pour mieux dire, la familiarité de Louis XIV, n'était pas regrettable. Et Armand aurait eu raison d'en fuir les périls avec joie, si les rois pouvaient pardonner à leurs confidents de ne plus l'être. Mais les avoir vus et connus de trop près est un tort dont ils se vengent toujours ; et il n'est point de favori déchu qui n'ait payé sa faveur momentanée de la haine éternelle du maître.

Ainsi, sans querelle, sans cause sérieuse, il s'établit entre Louis XIV et le comte de Guiche une malveillance mutuelle dont le dernier aurait été plus tôt victime, sans les services éminents que le maréchal de Gramont rendait à la France, et sans la fierté qui empêchait le roi de s'avouer

que du haut de son trône, il était envieux des agréments et
des qualités brillantes qui faisaient du comte de Guiche
l'homme le plus aimable et le plus aimé de sa cour.

V

Avant de suivre le comte de Guiche sur le théâtre où il
doit jouer un rôle marquant, nous allons hasarder de faire
son portrait.

Armand de Guiche était le vrai type du jeune seigneur
français. Sa taille était moyenne et bien prise ; son main-
tien avait cette assurance militaire qui ajoute quelque
chose de mâle à l'élégance d'un habit de cour bien porté ;
son regard était tout à la fois vif et caressant, observateur
et distrait ; son sourire était tendre et malin, mélancolique
et enjoué ; son visage, beau et gracieux, s'embellissait et
s'attristait au même instant des expressions les plus contraires.

Tout en lui révélait un esprit supérieur, mais indépendant jusqu'à la témérité, léger jusqu'à la folie, moqueur
jusqu'à l'insolence, dont la nature malicieuse combattait
sans cesse les impulsions d'un cœur noble, constant, cou-
rageux et susceptible des sentiments les plus profonds.

Elevé à la cour, le comte de Guiche avait appris à y
cacher ses qualités plus que ses défauts ; il était même parvenu à s'y faire une réputation d'humeur brutale qui éloignait de lui les importuns et lui assurait la reconnaissance
des personnes auxquelles il répondait avec une politesse
moins rude. Ce travers, Armand l'avait adopté pour dissimuler une sensibilité dont on aurait facilement abusé ; il
lui donnait de plus un caractère d'originalité qui lui attirait d'abord l'attention des femmes et finissait souvent
par leur inspirer le désir d'apprivoiser cette humeur fa-
rouche et de fixer cet esprit frivole. Quelques-unes, aver-
ties par l'instinct féminin, soupçonnaient sa ruse. Elles
pensaient, avec raison, que chez un homme aussi distingué de tout point, l'ironie des jugements, l'amertume

des réparties, la franchise impitoyable, étaient autant de boucliers pour couvrir l'endroit faible; et que tout cet arsenal était mis en avant pour la défense d'un cœur trop facile à se rendre.

En effet, c'était la conscience de tout ce qu'il souffrirait si jamais la passion s'emparait de son cœur, qui avait porté le comte de Guiche à se donner les airs d'un homme à l'abri de tout sentiment sérieux et de toute passion amoureuse. Pour affermir ses amis dans cette croyance, il leur disait « qu'un bon gentilhomme avait pleinement satisfait à tous ses devoirs, en étant amusant avec les femmes, respectueux avec les maîtres, poli avec ses inférieurs, insolent avec ses égaux et magnifique avec tout le monde. »

C'était seulement à l'armée que le comte de Guiche hasardait de paraître bon, cordial, indulgent. Aussi était-il adoré de ses camarades et de ses soldats, dont il pardonnait souvent les frasques amoureuses, ce qui n'empêchait pas qu'il fût sévère pour toutes les autres. Le maréchal de Gramont, heureux de voir son fils marcher sur ses traces, l'offrait pour modèle aux officiers qu'il commandait.

— Imitez-le à l'armée, disait-il, mais gardez-vous bien de le singer à la cour; car on croirait que le ciel et l'enfer se disputent sa vie. Ici c'est l'archange Michel, et là-bas c'est le diable.

Et chacun disait :

— Voilà, en deux mots le comte de Guiche peint par son père.

Le chevalier de Gramont, son oncle, ne le traitait pas avec tant d'indulgence. D'abord ravi des défauts élégants que son neveu montrait, il les encouragea par ses éloges et par son exemple.

— Ne va pas t'imaginer, lui disait-il, de prendre ici l'amour au sérieux et de te faire, ainsi que le duc de Larochefoucault, révolté, fusillé (1), banni et ruiné, le tout pour les beaux yeux d'une grande dame qui paie aujourd'hui tout ce dévouement par une bonne infidélité et donne à ce pauvre duc, pour toute consolation, le plaisir de médire des folies qu'elle fait sous ses yeux pour le duc de

____

(1) Au combat de la porte Saint-Antoine le duc de Larochefoucault reçut une mousquetade qui lui perça le visage au-dessous des yeux et dont il faillit rester aveugle.

Nemours. Voilà ce qu'on gagne à violer les usages de la cour. Ici les grands sentiments sont exclus, comme tyranniques et ennuyeux. On y déteste ce qui dure. Les femmes n'y courent qu'après ce qui leur échappe et, si en dépit de leur légèreté naturelle, on les voit tout à coup se livrer à un sentiment romanesque, ce n'est jamais qu'en faveur de l'amant d'une autre. La colère, les pleurs d'une rivale, sont les plus doux plaisirs. Le reste n'est qu'un accessoire de peu d'importance. Ainsi donc, la première condition pour leur plaire, est de ne point aimer; la deuxième, de leur sacrifier celle qui ne plaît plus, et la troisième, de les amuser en médisant avec esprit de tous ceux qu'elles envient.

— Eh quoi? s'écriait Armand, ces beaux sentiments qui sont dans les livres, ces chevaliers si heureux d'obtenir après des années de servage un regard, un simple sourire, ces amours si respectueux, si éprouvés, si constants...

— Existaient du temps de nos aïeux, interrompit le chevalier; mais comme tout s'use, il n'en reste pas vestige et je ne pense pas que tu aies la prétention de nous ramener cet âge d'or. Va, suis mes conseils, excepté la maîtresse du roi, prends tout ce qui se présentera d'agréable, et songe que de tes premiers pas dans la carrière de la galanterie dépendront tous tes succès en ce genre; qu'une intrigue subalterne, l'amour d'une femme laide ou sotte, par exemple, est une tache honteuse dont les triomphes les plus éclatants ont peine à vous laver; que les adorateurs sont classés selon leur choix plus que selon leur mérite et qu'il vaut mieux échouer près de la grande dame à la mode que de réussir auprès d'une honnête inconnue; enfin qu'après être parvenu au noble but des amants ambitieux, il faut opter entre l'affront d'être quitté ou le plaisir d'être infidèle.

Ces conseils, donnés moitié en riant, moitié sérieusement, devaient faire d'autant plus d'impression sur l'esprit du comte de Guiche, qu'il entendait chaque jour vanter les succès de son oncle. Pourtant le chevalier de Gramont avait déjà plus de quarante ans; il fallait chez lui que l'art vînt au secours de l'âge et le neveu expliquait la durée des succès éclatants de l'oncle, par son exactitude à se conduire d'après ses principes en amour.

L'admiration d'Armand pour un rôle si bien soutenu lui donna le désir de débuter sur le théâtre où le chevalier se faisait applaudir depuis si longtemps. Mais décidé à suivre en tout point ses préceptes, il choisit pour objet de ses soins empressés la femme dont on parlait le plus. C'était alors la comtesse de Fiesque (1). Ses yeux bruns et brillants, les traits fins de son charmant visage, *le seul,* disait le comte de Bussy, *qui se fût jamais embelli d'un menton pointu;* ses beaux cheveux, son élégance lui attiraient les hommages de tous les soupirants de la cour, et, particulièrement, ceux du chevalier de Gramont. Elle avait un esprit vif et naturel qui le captivait. Quant à son humeur, elle avait celle de tout le monde; sorte de mobilité que chacun prend pour l'effet de son influence ou d'une vive sympathie et dont le charme est irrésistible.

La comtesse de Fiesque, étant dame du palais de mademoiselle de Montpensier, l'avait suivie dans son exil et le chevalier de Gramont s'était cru autorisé à plus d'une infidélité pendant cette longue absence; mais comme la comtesse n'avait jamais récompensé son amour, il était resté dans toute sa faveur, en dépit des distractions que le chevalier s'était permises. Aussi, dès que la clémence royale mit fin à la disgrâce de Mademoiselle et qu'on la revit à la cour, accompagnée de mesdames de Fiesque et de Frontenac, le chevalier de Gramont quitta tout pour reprendre sa chaîne.

Madame de Fiesque le reçut avec cette aménité prudente qu'inspire à toute femme d'esprit la crainte de se brouiller avec un homme dont les jugements sont des arrêts, et les épigrammes des blessures mortelles. Mais la vertu qu'elle avait mise à lui résister, quand il était plus jeune et plus agréable, ne devait pas fléchir devant sa trop savante séduction. La grâce inexpérimentée du comte de Guiche lui parut bien préférable.

A peine Armand vit-il l'effet étourdissant que produisait le retour de la comtesse de Fiesque, qu'il se dit : Voilà une belle occasion de mettre à profit les conseils de mon oncle; et sans se flatter de l'emporter sur la foule d'esclaves atta-

----

(1) On connaissait madame de Fiesque sous le nom de « madame la comtesse. » Lettres de madame de Sévigné, t. I, p. 118.

chés au char de madame de Fiesque, il se décida à tenter sa conquête, toujours guidé par ce principe du chevalier qu'il vaut mieux échouer près d'une jolie femme que de réussir près d'une laide.

En écolier soumis, il commença par soupirer ostensiblement pour la comtesse d'Olonne ; ces dames étaient liées entre elles d'une de ces amitiés de cour, qui consistent à s'aimer tout haut, à se déchirer tout bas et à se faire mutuellement tout le mal possible.

Madame d'Olonne ne manqua point de se vanter à madame de Fiesque des soins que lui rendait le comte de Guiche, ce charmant étourdi qui promettait de dépasser son oncle en esprit, en beauté, en folie et en magnificence. La confidence amena tout naturellement l'entretien que le comte de Guiche aurait vainement sollicité, tant il est vrai qu'un homme intelligent fait tout servir au succès de ce qu'il médite et qu'un défaut bien employé est d'un grand secours en intrigue.

Le soir d'un bal chez la reine, la comtesse de Fiesque se trouvant près d'Armand, lui dit :

— Comment se fait-il que vous ne dansiez pas? Le bal est charmant, le roi y est plus animé que jamais et vous savez que Sa Majesté n'aime pas qu'on ait l'air de dédaigner ce qui l'amuse.

— Je le sais, madame, aussi n'en ferais-je pas autant pour la belle personne avec laquelle il danse en cet instant ; mais j'ai, grâce au ciel, trop peu d'importance pour qu'il remarque ma bonne ou ma mauvaise humeur.

— Ah ! vous avez de l'humeur, dit en souriant la comtesse. Eh quoi ! vous ferait-on l'injure de mépriser vos soupirs?

— Vous les croyez donc bien méprisables?

— Non ; mais vous conviendrez qu'ils n'ont pas encore de réputation.

— Il ne tiendrait qu'à vous, madame, de leur en faire une.

— A moi ! reprit la comtesse, plus émue qu'elle ne voulait le paraître. Vous n'y pensez pas, me brouiller avec ma meilleure amie?

— Et pourquoi se brouiller?...

— Ah ! vous trouverez plus simple de tromper toutes les deux. Je reconnais bien là l'école de votre oncle.

— A propos de mon oncle, savez-vous bien, madame, qu'il passe dans le monde pour l'homme le plus heureux, et qu'il y aurait peut-être une témérité ridicule à quêter la moindre faveur là où il règne?

— Voilà bien l'effet des vieilles renommées! Parce que le chevalier de Gramont était, dit-on, irrésistible, il y a quinze ans, on en conclut qu'il le sera toujours. Pourtant ses succès ne sont pas de ceux qui bravent le temps et je m'étonne qu'une personne d'esprit, telle que vous, s'abuse au point de croire que le chevalier de Gramont inspire aujourd'hui autre chose que de la crainte; on sait qu'il a une pénétration effrayante et une petite police particulière qui l'instruit des démarches les plus secrètes et l'on trouve que c'est une puissance à ménager; voilà tout.

— Ah! qu'il y aurait de plaisir à le déjouer! dit le comte en fixant sur madame de Fiesque un regard qui la troubla.

— Vous croyez? dit-elle en souriant.

— Essayez, reprit Armand d'un ton moitié tendre et moitié léger.

— Ah! mon Dieu, rien que d'y penser, j'en tremble, répondit madame de Fiesque.

— Pourquoi trembler ainsi? c'est s'avouer coupable, dit une voix qui fit tressaillir la comtesse.

Au même instant, Armand se leva, salua respectueusement son oncle et lui céda sa place, en le remerciant tacitement de le seconder aussi bien dans ses projets par la scène qu'il allait faire.

VI

Il y a toujours un moment dans la vie d'un homme à bonnes fortunes où il expie les tourments qu'il a fait souffrir à ses rivaux et aux victimes de ses trahisons. C'est celui où, trop vieux pour plaire et trop jeune pour abdiquer, il se laisse prendre aux agaceries adressées à son esprit et aux peines qu'on se donne pour captiver son suffrage. C'est le moment où son choix n'est plus qu'une appréciation, un titre aux hommages des connaisseurs, où on ne l'attire que par calcul, où on ne le retient que par crainte, où, sans l'aimer, on se sert de son amour pour acquérir celui du plus jeune et du plus aimable. Condition fort humiliante, à laquelle nul héros de ruelle, comme on les appelait alors, ne peut échapper.

Une sage retraite les mettrait à l'abri de ce malheur; mais la justice divine ne permettant pas le repos à l'homme qui a passé ses belles années à troubler celui de tout le monde, le condamne à poursuivre son métier de séducteur après avoir perdu ses moyens de séduction. Alors l'infortuné, irrité par des obstacles trop longtemps inconnus, oublie ses devoirs, ses principes d'homme à bonnes fortunes et il se laisse aller au ridicule d'aimer comme un simple mortel.

Le chevalier de Gramont venait de tomber dans cette extrémité. A force de coquetterie et de rigueur surtout, la comtesse de Fiesque l'avait rendu amoureux, lui que les plus belles femmes de France et d'Angleterre n'ont jamais pu fixer; lui qui n'a jamais sacrifié un instant de plaisir à un sentiment tendre, le voilà tombé dans toutes les infirmités de la maladie du cœur; il devient jaloux, exigeant, importun; son esprit si fin, si original, répète, sans s'en apercevoir, tous les lieux communs des amants les plus vulgaires. Il demande à madame de Fiesque ce qu'elle compte faire de *ce petit garçon* (1) qui ne l'aime pas, car il est fou de madame d'Olonne, ajoute-t-il avec un dépit qu'il aurait bien trouvé provincial dans ses jours lucides; et toutes les épigrammes que le chevalier lance contre son neveu, prouvent à la comtesse que M. de Guiche est reconnu par son oncle comme un jeune homme fort dangereux, car il s'y connaît trop bien pour mal placer sa jalousie.

Pendant ce temps, Armand est de l'autre côté de la galerie, où il raconte à son ami, M. de Manicamp, comment le chevalier de Gramont vient de l'interrompre dans son entretien avec madame de Fiesque, juste au moment où il devenait intéressant et en véritable oncle de comédie.

____

(1) Le comte de Bussi, t. I. p. 73.

Alors tous deux fixent leurs regards sur l'oncle jaloux et sourient en voyant la rage peinte dans ses yeux.

— Je me crois dispensé de toute reconnaissance pour l'éloge qu'il fait de moi en ce moment, dit le comte; mais les femmes ont l'esprit chevaleresque et celle-là est trop généreuse pour ne pas prendre le parti de l'opprimé.

— Surtout quand il est jeune, beau et spirituel, interrompit M. de Manicamp. Ah! mon cher ami, je prévois de grands désastres. Cette femme là va t'aimer.

— Voyez le beau malheur!

— Sans doute, c'est un malheur, parce que tu lui plairas trop pour qu'elle puisse le cacher, que tu ne l'aimeras pas assez pour être discret, et qu'avant de mériter la haine de ton oncle, tu en recevras une preuve évidente.

— Je comprends; il obtiendra de madame de Fiesque de me défendre sa porte. Tant mieux, cela lui donnera l'idée de me recevoir furtivement.

— Il n'est pas homme à commettre une faute si grossière, vraiment; mais tu recevras tout à coup l'ordre de rejoindre ton père à l'armée.

— Cela ne se peut; j'ai été nommé pour accompagner le roi et je n'irai à l'armée qu'avec lui.

— On persuadera à la reine que tu te perds ici, que tu donnes de mauvais exemples au roi et l'on te fera partir avant l'ouverture de la campagne.

— Raison de plus pour profiter des moments qu'on me laisse, reprit Armand. Ah! mon oncle a recours aux coups d'État?

— C'est son jeu.

— Oui, mais le mien est de parer ses attaques, et je vais de ce pas supplier la belle Olympe de me protéger contre ce méchant projet.

— Belle idée, vraiment! aller faire l'agréable, le suppliant près de la nièce du cardinal, rendre le roi jaloux? comme si la colère du chevalier n'était pas suffisante pour te perdre.

— Eh bien, dit Armand avec impatience, puisque rien ne peut me soustraire à toutes ces inimitiés, tâchons de nous en rendre digne.

Et il revint à son tour prendre la place qu'occupait le chevalier de Gramont, derrière le fauteuil de madame de Fiesque, lorsqu'il les avait interrompus.

Il espérait rester là quelque temps sans être aperçu et entendre plusieurs des reproches, des injures que prodiguait le chevalier à sa belle ingrate. Mais la comtesse, avertie comme par miracle de la présence du comte de Guiche, éprouva un si grand trouble, que le chevalier, surpris, se retourna pour en deviner la cause. A peine l'eut-il devinée que le destin de son neveu fut arrêté irrévocablement. Le lendemain, au sortir de la messe du roi, le cardinal fit remettre au comte de Guiche l'ordre de partir le même soir pour la Flandre.

Le comte s'approcha de madame de Fiesque, lui montra l'ordre du roi et dit en riant:

— Voilà pourtant ce que vous me valez, madame?

— Quoi! l'on vous force à partir, dit-elle d'un ton où l'indignation et le regret se peignaient également, c'est un trait abominable.

— Et dont vous me vengerez, n'est-ce pas?

— Se servir du crédit de votre père pour obtenir un ordre contre vous! continua madame de Fiesque sans paraître avoir entendu la question d'Armand.

— M'éloigner de la cour au moment où le plus vif intérêt m'en faisait trouver le séjour ravissant.

— C'est une méchanceté, une perfidie dont votre oncle portera la peine, je vous l'affirme bien et dès demain, je veux...

— Ah! par grâce, n'épuisez pas cette charmante colère pendant mon absence.

— Non, vous m'implorez en vain pour ce traître chevalier; je lui ferai payer cher votre départ.

— Eh! vraiment, je ne demande pas mieux, pourvu que ce soit à mon retour, dit le comte en baisant respectueusement la main de madame de Fiesque, pour prendre congé d'elle. Il croit sentir cette main presser doucement la sienne; il veut lire dans les yeux de la comtesse si elle est sincèrement émue, ils sont humides de larmes. Alors, voyant près de là le chevalier de Gramont qui les épiait tous deux, le comte s'écria un peu trop haut peut-être :

— Ah! ne me plaignez pas! je pars trop heureux.

VII

Le soir même, des chevaux étaient attelés à la chaise de poste du comte de Guiche ; il venait d'embrasser sa mère et sa tante, il prenait dans son secrétaire l'argent nécessaire pour son voyage et quelques lettres amoureuses qui devaient égayer sa route, lorsqu'il vit entrer son ami, M. de Manicamp, avec le marquis de Wardes et le duc de Candale.

— Eh bien, lui dit M. de Wardes, tu prétends nous quitter ainsi, sans nous faire tes adieux, sans que nous buvions ensemble à ton heureux voyage, à ton prochain combat, à ta gloire?... Tu n'y pense pas !...

— Si vraiment, j'y pense et je m'en dépite, répond Armand ; mais que faire? l'ordre est positif. Ils ont poussé l'attention jusqu'à y noter l'heure où je dois arriver au camp.

—Et il faut obéir, dit le duc de Candale. Nous le savons aussi bien que toi. Mais si l'autorité dispose de nos jours, elle nous laisse du moins le libre usage de nos nuits et rien n'empêche que tu donnes d'abord celle-ci, quitte à courir la poste pendant la nuit qui suivra.

— La proposition est fort séduisante, j'en conviens, dit le comte de Guiche ; mais j'ai fait des adieux solennels, les chevaux sont attelés, il faut que je parte.

— Voilà une assez belle résistance, dit M. de Manicamp. Le devoir est satisfait. Mais, crois-moi, ne t'entête pas davantage. Quand on doit céder, le mieux est de se rendre tout de suite.

— Ah ! tu défies ma vertu?

— Je sais bien que s'il s'agissait d'un simple souper aux *Vendanges de Bourgogne* (1) tu pourrais faire le Romain et nous laisser noyer notre chagrin entre nous seuls. Mais quand tu sauras dans quelle charmante retraite nous allons te conduire ; quand nous t'aurons dit les noms des femmes

____

(1) Cabaret célèbre.

adorables qui nous y attendent, je te connais, tu n'y résis-
teras point.

— Où donc voulez-vous me mener?

— Chez l'homme de France qui se réjouit le plus de ton
départ, dit M. de Wardes.

— Chez mon oncle? dit en riant le comte de Guiche.

— Précisément, répliqua M. de Wardes.

— Ah! vous pensez peut-être m'engager à le supplier de
faire révoquer l'ordre de mon départ?...

— Fi donc! si tu étais capable d'une telle faiblesse, nous
nous battrions avec toi. C'est, au contraire, pour répondre
aux soins que le chevalier prend de tes plaisirs, que nous
avons imaginé de le rendre complice de la petite fête que
nous te ménageons. Voici comment : pour prix d'un service que j'ai eu l'occasion de lui rendre dernièrement, j'ai
prié le chevalier de me prêter, jusqu'à demain, sa petite
maison du faubourg Saint-Antoine. J'ai invité la divine
Rosalie, celle qui joue si bien la Sabine du *Menteur*, et la
danseuse Dorothée, celle dont ton oncle croit être adoré,
parce qu'elle en a accepté un collier d'émeraudes et qu'elle
lui a sacrifié le vieux duc d'Estrées. Ne trouves-tu pas
ravissant de lui souffler cette petite conquête qui le console
des rigueurs de certaine dame et de lui prendre sa Dorothée
en attendant mieux?

— Ah! vous m'en direz tant, s'écria le comte.

— Je savais bien qu'il ne serait point sourd à la voix de
la raison, dit M. de Manicamp avec un sérieux comique ;
et puis les convenances exigent qu'il se fasse écrire chez
son oncle avant de partir et qu'il lui laisse un témoignage
de sa reconnaissance.

— C'est fort juste ; mais songez donc que je suis censé
être au désespoir de mon départ et que si l'on apprend
que...

— Nous te jurons le plus profond secret, interrompit le
duc de Candale et si ces demoiselles se permettaient
quelques indiscrétions, nous nierons si bien, qu'elles en
seront pour leur fatuité. Allons, voilà qui est décidé, tu
vas monter dans ta chaise de poste devant tous les laquais
de la maison qui sont là-bas, désolés de voir partir leur
jeune maître et charmés de recevoir le pourboire qu'ils en
espèrent en manière d'adieu. Nous allons t'embrasser tous

les larmes aux yeux comme si nous ne devions jamais te revoir ; tu crieras bien haut à tes postillons : *Barrière Saint-
Martin !* puis arrivé sur les boulevards, tu enverras ton
courrier t'attendre à Meaux, et tu prendras la route du
faubourg Saint-Antoine ; là, nous confisquerons tes chevaux, nous griserons les postillons pour être sûrs de les
avoir à nos ordres à la pointe du jour et pour les empêcher
d'aller dire où nous sommes ; car ce traître de chevalier
est capable d'avoir déjà soudoyé ces coquins-là pour venir
lui apprendre ton arrivée à la première poste. Ah ! si cela
était, quelle joie nous aurions de le savoir jurant, pestant,
se donnant au diable pour deviner ce que tu es devenu, et
tout cela pendant que nous serons gaiement chez lui à boire
son vin et à divertir sa maîtresse.

— C'est délicieux ! c'est divin ! s'écrièrent-ils tous.

— Tromper le chevalier de Gramont !... Cela devrait nous
valoir le cordon bleu, ajouta le marquis de Wardes. Mais le
temps presse ; commençons vite notre scène d'adieux. Aussi
bien, nous ne serons guère en état de la répéter demain
matin. Toi, prends l'air d'un homme qui rassemble tout son
courage pour s'arracher à ses amis, et tu vas voir comme
nous saurons répondre à tes embrassements. Si ta mère
nous regarde de sa fenêtre, je suis bien sûr qu'elle en sera
tout attendrie.

En parlant ainsi, M. de Wardes entraîne le comte de
Guiche dans la cour de l'hôtel de Gramont. Chacun joue
son rôle exactement ; Armand n'ajoute au sien qu'un regard
tendre adressé à sa mère, qu'il aperçoit pleurant sur le balcon de son appartement ; et l'idée de la nuit qu'elle va passer attriste un peu l'espoir de la nuit qui l'attend. Mais il a
dix-neuf ans ; le plaisir et la gloire l'appellent. Est-il un
regret qui résiste à tant de sortes d'ivresses.

VIII

Nous n'essayerons pas de raconter ce souper joyeux ;
tous ceux de ce genre ont, dit-on, le tort de se ressembler :
or, la peinture en paraîtrait fastidieuse aux personnes qui

les connaissent et ne serait pas sans danger pour les autres. Ces plaisirs-là, comme disait le duc de Lauzun, sont les infirmités de la jeunesse, il faut les cacher et les pardonner.

A peine arrivé à l'armée, le comte de Guiche fut envoyé par son père vers le vicomte de Turenne qui faisait alors le siége de Capelle; il ménageait la prise de cette petite ville pour le moment où le roi allait venir la première fois commander en personne ses armées; mais ayant appris que les ennemis avaient quitté Saint-Guilain (1) pour venir secourir Capelle, M. de Turenne voulut les forcer à livrer bataille et pour leur en donner l'envie, il fit aplanir les tranchées de leur côté, désirant leur faire plus beau jeu et avoir plus de place pour combattre. Dès que M. de Turenne sut que le roi, conduit par le cardinal Mazarin, était arrivé à Guise, d'où l'on pouvait voir la prise de Capelle, il choisit le comte de Guiche pour faire savoir au commandant de la ville assiégée que si elle ne se rendait pas le lendemain, on ne ferait point de quartier. La ville se rendit, et M. de Turenne fit peu après lever le siége de Saint-Guilain. Le jeune roi, qui voulut prendre part aux glorieux travaux de son armée, alla conduire en personne un convoi à Saint-Guilain, action assez téméraire, qui se fit à la vue de l'ennemi, dont les forces étaient employées alors à empêcher les approvisionnements d'entrer dans la place et à priver les assiégés du moyen d'éterniser le siége.

Après les six mois que dura la campagne, le comte de Guiche en revint avec une blessure très-grave au bras droit, ce qui mit le comble à son élégance. Revenir de la guerre avec tous ses agréments et le bras en écharpe, c'était se présenter à la cour de la manière la plus séduisante. L'absence avait considérablement agi sur le sentiment de M. de Guiche pour la comtesse de Fiesque et il allait s'embarquer dans une autre aventure, lorsque ses amis lui dirent qu'il y allait de son honneur de se venger complétement du chevalier de Gramont et que, d'ailleurs, il ne pouvait abandonner un roman si bien commencé.

— Vous avez raison, répondit Armand, il faut s'épargner le remords d'une vengeance perdue; mais peut-être mon

(1) Ville du Hainaut autrichien, à deux lieues de Mons.

oncle ne pense-t-il plus à la comtesse; il n'est pas sujet aux maladies de langueur.

— Sans doute, reprit M. de Wardes; mais comme le marquis de Beuvron est toujours là pour lui disputer la comtesse et pour s'emparer des moindres faveurs qu'il négligerait de prendre, cela maintient son zèle; et puis il a pour toi un fond d'envie, de jalousie, trop riche pour ne pas l'employer. Cela est si amusant pour nous de voir ce modèle des mauvais sujets tourmenté comme un honnête homme!

— Je suis charmé de vous procurer ce plaisir, dit en riant M. de Guiche; mais rappelez-vous qu'il m'a déjà coûté cher et que je ne veux pas aller passer l'hiver dans quelque château lointain. Le roi est amoureux. Nous allons avoir de grandes fêtes à la cour, pendant lesquelles, tout occupé de sa passion, il ne prendra pas garde aux nôtres. Ce n'est pas l'instant de risquer une disgrâce pour des plaisirs très-incertains. La comtesse est fort aimable, je ne le nie pas; mais sans l'amour qu'elle inspire à mon oncle, j'en aimerais autant une autre. N'importe, vous le voulez, je ferai tout mon possible pour vous contenter.

Le soir même, le comte de Guiche alla au Luxembourg faire sa cour à Mademoiselle pour revoir madame de Fiesque. Il en fut accueilli de la manière la plus encourageante et l'entendit dire à l'abbé Fouquet qu'elle irait le lendemain matin se promener au Jardin-du-Roi, et qu'il devrait l'y accompagner. L'abbé s'empressa de répondre qu'il était aux ordres de madame la comtesse.

— Et moi aussi, dit tout bas M. de Guiche, qui pensa que ce rendez-vous était donné autant à lui qu'à l'abbé Fouquet.

L'espoir de se trouver presque en tête-à-tête avec madame de Fiesque, avait fait oublier au comte que sa blessure faisait craindre une inflammation, dont les suites seraient fort dangereuses; son chirurgien avait décidé qu'il viendrait le saigner le lendemain matin de bonne heure. L'ordonnance était irrévocable et le maréchal de Gramont, qui se trouvait alors à Paris, entra chez son fils pour s'assurer de sa docilité et lui ôter toute idée de renvoyer la saignée à un autre moment.

Armand se laissa faire, puis ayant l'air de céder au sommeil qu'amène ordinairement une forte saignée, il demanda à rester seul avec son valet de chambre. Le maréchal sortit avec le chirurgien, en recommandant bien à ce dernier de revenir dans la matinée voir son jeune blessé.

A peine Armand fut-il débarassé des soins de son père et de ceux de son chirurgien, qu'il dit à Etienne :

— Va me chercher un bouillon.

— Ah! monsieur, c'est trop tôt, s'écrie Etienne; après avoir perdu tant de sang, il faut au moins rester deux heures sans rien prendre.

— Va me chercher un bouillon, te dis-je et ne raisonne pas. Tu m'apporteras aussi un verre de vin de Malaga.

— Monsieur veut se tuer, c'est certain.

— Tout au contraire, je veux me rendre un peu des forces que ce carabin vient de m'ôter; car il faut absolument que je sorte.

— Sortir! pâle comme vous voilà. Mais on vous croira en délire, monsieur le comte, et le suisse refusera de vous ouvrir la porte.

— Et vraiment, c'est pour me donner des couleurs que je veux avant tout du vin d'Espagne, allons dépêche-toi d'en aller chercher.

— Si j'en demande au sommelier, il ne m'en donnera pas, il ne voudra jamais croire que c'est pour monsieur le comte.

— Et qui te parle de le demander à personne? Morbleu, tu en voles si souvent pour toi que tu peux bien en voler une fois pour moi.

— Ah! monsieur le comte veut rire, dit Etienne en rougissant. Certainement... que... jamais...

— Allons, point de verbiage. Si tu hésites à faire ce que je t'ordonne, va me chercher la Brèche.

— Ce grand sergent que M. le comte a ramené de l'armée?

— Oui, celui-là ne fera pas tant de façons pour m'obéir.

— Je le crois bien, vraiment : il mettrait le feu aux quatre coins de Paris, si vous lui faisiez seulement signe que cela peut amuser votre seigneurie. Mais pour n'être pas aussi fou que lui, on n'en est pas moins capable de bien servir monsieur le comte et sans la crainte de l'aider à faire une imprudence...

— Sois tranquille, on n'en saura rien. Dès que mon père sera parti pour Versailles, tu feras mettre mes chevaux; tu diras que je t'ai chargé d'aller chercher mon ami, M. de Wardes, pour qu'il vienne me tenir compagnie, puis tu remonteras ici, tu m'aideras à m'habiller. Je descendrai par le petit escalier dérobé, dans la cour des écuries; là, je monterai dans mon carrosse avant qu'il soit sorti de la remise; tu viendras avec moi, on ne verra que toi à la portière, et une fois hors de l'hôtel, nous serons libres de faire ce qu'il nous plaira.

Grâce à ces instructions et à l'intelligence d'Étienne pour tout ce qui était furtif, le comte de Guiche sortit sans être vu de personne et il arriva au Jardin-du-Roi en même temps que madame de Fiesque.

L'abbé Fouquet, en confident discret, alla du côté des serres, qui n'étaient pas longues à visiter dans ces temps-là, puis il tira un crayon de sa poche et se mit à copier les noms des plantes nouvellement arrivées d'Amérique, et M. de Guiche profita de ce moment pour dire à madame de Fiesque tout ce qui devait la décider à combler ses vœux. Déjà, elle lui avait permis de venir la voir aux heures où elle ne recevait personne; elle daignait lui indiquer les moyens d'échapper à la surveillance du chevalier de Gramont, lorsque le jeune Armand, peut-être trop ému du bonheur qui l'attendait, et très-affaibli par sa saignée, tomba sans connaissance (1). L'abbé Fouquet accourut aussitôt au cri d'effroi de la comtesse. On fit respirer des sels au pauvre blessé, on le transporta dans son carrosse; l'abbé Fouquet y monta aussi, car la comtesse éplorée lui avait fait promettre de ne pas quitter M. de Guiche avant de l'avoir vu mettre au lit et d'avoir fait appeler son chirurgien.

En voyant dans quel état on lui ramenait son maître, Étienne fit tant d'imprécations contre l'imprudence commise, qu'on apprit ainsi la cause de son évanouissement. Madame de Fiesque se flatta que l'émotion de l'espoir y était pour quelque chose et l'imprudence du comte de Guiche lui parut être la preuve d'un amour délirant. On pouvait s'y tromper. Comment reconnaître l'amour du péril, la manie de se risquer, d'avec le dévouement d'un

____

(1) Mémoires du comte de Bussi.

amour passionné? Les effets en sont les mêmes; et puis les femmes aiment tant à s'abuser!

Le chevalier de Gramont ayant appris par ses émissaire la promenade faite au Jardin-du-Roi, résolut de savoir à quoi s'en tenir sur le degré d'intimité qui existait entre son neveu et la comtesse de Fiesque. Il profita de ce que la blessure du comte devait le forcer à écrire de la main gauche pour adresser en son nom un billet à la comtesse et traça de la main gauche aussi ce peu de mots:

« Je vous en supplie, madame, faites que je puisse vous parler un moment aujourd'hui; mais que mon oncle n'en sache rien, car il nous tuerait tous les deux. Devinez, je vous prie, ce que j'ajouterais à cette prière, si je n'étais réduit à écrire de la main gauche. »

Madame de Fiesque, qui craignait de se compromettre, fit dire au porteur du billet qu'elle chargerait M. de Manicamp de sa réponse à M. de Guiche. Le chevalier vit dans cette précaution une preuve de l'intelligence qui régnait entre son jeune rival et sa perfide. Alors, s'efforçant de dissimuler sa rage, il alla chez madame de Fiesque et lui demanda d'un air indifférent s'il y avait longtemps qu'elle avait vu le comte de Guiche.

— Je ne l'ai pas vu depuis cinq ou six jours, dit-elle.

— Mais il n'y a pas si longtemps que vous en avez reçu des lettres?

— Des lettres! Comment cela se pourrait-il? Est-il en état d'écrire à personne?

— Prenez garde à ce que vous dites, madame! reprit le chevalier d'un ton amer; cela tire à conséquence.

— La vérité est, dit la comtesse, que M. de Manicamp vient de me faire demander si je pouvais recevoir aujourd'hui le comte de Guiche, et que je lui ai fait répondre de venir sans son ami.

— Il est vrai que vous venez demander à Manicamp qu'il vînt sans le comte de Guiche; mais vous oubliez que c'est sur une lettre de celui-ci que vous lui avez mandé cela. Je le sais d'autant mieux, ajouta le chevalier avec un rire infernal, que c'est moi qui l'ai écrite, cette lettre.

— Eh bien, reprit la comtesse, la réponse que j'y ai faite doit vous convaincre de...

— Ah! j'en sais plus qu'il n'en faut pour ne plus douter

de votre perfidie, s'écria le chevalier hors de lui ; me sacrifier à un étourdi qui vous sacrifiera bientôt vous-même au premier minois qui lui sourira, et qui vous aurait déjà quittée impitoyablement si madame d'Olonne accueillait un peu mieux ses soupirs !

Le chevalier continuait sur ce ton, sans que madame de Fiesque songeât à lui répondre, tant elle était préoccupée des moyens de sauver le neveu de la vengeance de l'oncle, lorsque M. de Manicamp entra. Alors M. de Gramont sortit honteux de laisser voir à l'ami d'Armand à quel point il était jaloux de son élève.

Madame de Fiesque instruisit aussitôt M. de Manicamp de la ruse du chevalier et de la cause de l'état violent où il venait de la trouver. Elle le conjura d'engager M. de Guiche à se mettre en garde contre les méchants tours que son oncle méditait sans doute contre lui.

— Se mettre à l'abri des fureurs du chevalier, lui ? Ah ! vous ne le connaissez pas, madame ; il sera si heureux de votre inquiétude qu'il tentera tout pour la maintenir. Mais je lui parlerai du mal qui peut résulter pour vous de la colère d'un jaloux, que l'habitude de jouer le rôle du trompeur doit rendre fort mauvais dans celui du trompé et comme Armand se pique d'originalité, il sera prudent par amour.

Avant que son bras fût guéri, le comte essaya de tenir une plume pour écrire à madame de Fiesque un billet fort tendre, dans lequel il lui affirma que c'était uniquement pour qu'elle ne fût plus dupe des faussaires qu'il prenait la liberté de lui adresser quelques lignes. Enfin, malgré les persécutions, les ruses, l'espionnage du chevalier de Gramont, son neveu parvint à le supplanter. D'abord indigné de l'infidélité de la comtesse, le chevalier résolut de cesser de la voir ; puis il pensa que c'était probablement leur faire un grand plaisir à tous deux que de les délivrer de sa présence et il préféra contraindre son ressentiment et feindre même une sorte de résignation.

— Puisque vous êtes folle de cet écervelé, que votre fantaisie s'accomplisse, dit le chevalier à la comtesse. Au fait, je ne vois pas pourquoi ce caprice nous brouillerait : oui, ce serait un mauvais procédé de ma part de vous abandonner lorsque vous êtes à la veille d'un de ces malheurs qui réclament tous les secours de l'amitié.

— Je vous remercie d'une pitié si prévoyante, répondit la comtesse en riant, et je ne demande pas mieux que vous restiez mon ami; mais c'est à une condition.

— Ah! je la devine sans peine. Vous voulez que je l'adore aussi, n'est-ce pas? Mais vous me permettrez de m'en tenir pour lui à mes sentiments de famille. On aime rarement ses héritiers. Et la peine que celui-ci se donne pour hériter de mon vivant, ne mérite pas ma reconnaissance, convenez-en. Cependant, comme au fond il n'est pas si coupable que vous le croyez, je lui pardonne.

Ainsi, le chevalier ayant l'air de passer sans regret à l'état d'ancien ami, se conserva les moyens de voir journellement la comtesse de Fiesque et de se tenir au courant de toutes ses démarches. Il sut par l'abbé Fouquet, qui tirait vanité de la confiance de madame de Fiesque, que devant suivre très-prochainement Mademoiselle aux eaux de Forges, la comtesse lui ferait remettre quelques papiers importants dont elle le priait d'être le dépositaire jusqu'à son retour.

Le chevalier, présumant que ces papiers n'étaient autres que les lettres du comte de Guiche, obtint à prix d'or du porteur qu'il lui en confierait seulement une.

Muni de cette pièce de conviction, le chevalier va chez M. de Wardes, où il savait trouver M. de Manicamp. Après quelques plaisanteries sur les bonnes fortunes du comte de Guiche et sur sa confiance dans les sentiments qu'il inspirait, M. de Gramont dit :

— Ma foi! mes pauvres amis, vous êtes plus jeunes, plus agréables que moi, et jamais je ne vous disputerai une maîtresse dont vous serez les premiers vainqueurs, mais pour celles qui m'honorent de leurs bontés, il faut que vous renonciez à me les enlever. La vanité d'augmenter le nombre de leurs adorateurs peut bien les engager à vous donner quelque espérance, mais elles ne tardent pas à sacrifier le caprice au sentiment. Vous croyez, mon cher Armand, qu'après toutes les coquetteries, les belles paroles dont madame de Fiesque a payé votre ardeur, elle était tout au bonheur de vous enchaîner? Eh bien, pendant que vous épuisiez votre verve en phrases amoureuses, elle me donnait vos lettres à commenter. Nous nous divertissions ensemble de votre style ampoulé, de vos serments *éternels*. Je vous en montrerai quand vous voudrez tous les originaux. En attendant, voici la copie de la dernière lettre qu'elle a reçue de vous.

Et le chevalier se mit à lire tout haut la copie de la lettre qu'il avait apportée.

Le comte de Guiche, MM. de Wardes et de Manicamp se regardaient étonnés d'une trahison aussi grossière ; mais tous trois étaient bien décidés à déconcerter le plus qu'ils pourraient le petit triomphe du chevalier.

— En vérité, s'écria M. de Wardes, ce fripon de Guiche est trop heureux ; il ne savait comment se débarrasser poliment de la comtesse, et voilà son oncle qui, après avoir eu la bonté de la lui céder, daigne avoir la charité de la reprendre. C'est un procédé deux fois admirable.

— Et qui lui répond de ma reconnaissance, dit Armand du ton le plus naturel. Oui, mon cher oncle, je reconnais vos droits, et jure de les respecter à l'avenir.

— Ce n'est pas assez, ajouta M. de Manicamp, puisque le chevalier attache tant de prix à la correspondance de madame de Fiesque, il faut compléter la collection en lui donnant aussi toutes les lettres qu'elle a bien voulu te répondre, et qui peignent si vivement la terreur, l'ennui qu'il lui inspire.

A ces mots, le chevalier se leva brusquement comme pour repousser une insulte.

— C'est la comtesse qui parle, continua M. de Wardes. Nous sommes bien loin d'être de son avis ; mais les femmes ont souvent des accès de mauvais goût dont elles se repentent. Leur seul tort est d'en laisser la preuve par écrit.

— Cela n'est un tort qu'avec des indiscrets, interrompit M. de Guiche ; mais que madame de Fiesque soit tombée dans celui de médire de ses adorateurs passés ou présents, c'est ce qu'on ne saura jamais par moi. J'aime mieux passer pour être sa victime que d'être son délateur.

Le ton grave qui accompagna cette déclaration mit fin aux plaisanteries qui auraient pu devenir blessantes de part et d'autre. Le chevalier entra dans le cabinet de son frère ; et, à peine fut-il sorti, que MM. de Wardes et de Manicamp se réunirent pour écrire à madame de Fiesque sur l'infamie dont ils la supposaient coupable. La pauvre femme, forte de son innocence, leur répondit qu'ils étaient sans doute encore dupes de quelque ruse du chevalier de Gramont. La preuve en fut bientôt acquise ; mais Armand, qui pensait déjà à une autre conquête, persista dans sa rancune en redisant cette sentence de son oncle : *En amour, l'infidélité seule est inflexible.*

IX

Madame d'Olonne apprit avec plaisir la rupture qui faisait le désespoir de son amie et se donna, en présence du comte de Guiche, des airs de langueur qu'il ne fut pas longtemps à interpréter. Mais le prince de Marcillac régnait alors ostensiblement sur le cœur, ou plutôt sur l'amour-propre de madame d'Olonne, il était jeune, assez bien fait, prince et favori du roi, ce qui avait déterminé la comtesse d'Olonne à lui sacrifier tous ses autres soupirants, parmi lesquels se trouvait le chevalier de Gramont. Comme le prince était sans esprit et partant fort ennuyeux, elle cherchait à se dédommager de sa conversation stérile par la conversation spirituelle du comte de Guiche.

C'est à propos du prince de Marcillac que le chevalier de Gramont avait appelé les adorateurs de madame d'Olonne les *Philistins*, parce qu'ils avaient été défaits, disait-il, par une *mâchoire d'âne* (1).

Après avoir supplanté le chevalier de Gramont, il ne devait pas être difficile de l'emporter sur le prince de Marcillac, et le comte de Guiche était au moment de se donner cette joie, lorsque le duc de Candale vint un matin chez lui accompagné du marquis de Wardes.

— Tu vas me trouver bien ridicule ! dit le duc dans une agitation extrême ; mais c'est lui qui m'a déterminé à cette singulière démarche, ajouta-t-il en montrant M. de Wardes. Il prétend que loin de me jeter par la fenêtre, comme tu en aurais bien le droit après avoir entendu ma proposition, tu es capable d'avoir pitié de ma démence.

— Cette démence-là me paraît fort raisonnable, dit Ar-

(1) *Histoire du comte de Bussi*, t. I, p. 64.

mand, car elle me prépare, on ne saurait mieux, aux propositions les plus saugrenues.

— Voici le fait : tu entames une aventure avec madame d'Olonne; moi, j'en suis amoureux fou ; tes soins pour elle, et sa complaisance à les recevoir, me mettent au supplice; je ne me sens pas de force à te la disputer, mais j'ai la certitude de l'emporter sur tous les autres prétendants. C'est pourquoi je viens te supplier de me sauver la vie, en renonçant au succès qui t'est promis, et qui ne te donnera jamais autant de bonheur qu'il me causera de désespoir.

— En effet, dit le comte, la proposition est bizarre et vient mal à propos, car le prince de Marcillac est avec le roi à Saint-Germain; il n'en reviendra que demain au soir, et comme on a pris la peine de m'en instruire, j'aurais bien mauvaise grâce à ne pas profiter d'une si belle occasion.

— Et n'en as-tu pas tous les jours de semblables? s'écria M. de Wardes. N'es-tu pas l'enfant gâté de toutes nos coquettes? que t'importe un triomphe de plus ou de moins ? Qu'as-tu besoin de désespérer ce pauvre duc, qui, beau, jeune, aimable, a la bonhomie d'aimer madame d'Olonne d'un amour passionné? As-tu cette bonté-là, toi? Non, tu l'acceptes plutôt que tu ne la désires. Il n'y a pas l'ombre d'amour dans cette intrigue-là : et tu peux être généreux sans regret.

— Cela vous plaît à dire, renoncer volontairement à une jolie femme qui daigne vous accueillir d'une manière... Ah! c'est impossible, on se moquerait de moi, j'entends d'ici tout ce que dirait mon oncle sur ce beau trait d'un imbécile!

— Veux-tu qu'il le trouve charmant, dit M. de Wardes, habille-le à sa façon.

— Comment cela?

— Rends le sort arbitre de cette grande affaire. Voici des cartes; jouons au quinze. Le premier décavé cédera tout ses droits au vainqueur. Si c'est moi, j'en serai quitte pour mon argent; mais si c'est un de vous, il perdra non-seulement sa mise, mais sa maîtresse.

— Oh! la bonne idée! s'écria M. de Guiche; je ne refuserai jamais une partie si extravagante. Jouer une femme de la cour au quinze!... Ah! le chevalier nous envierait ce tour-là

— C'est fort amusant pour vous deux, dit le duc tristement; mais ici, je joue plus gros jeu que toi, et j'ai trop peur pour ne pas perdre.

— Allons, du courage, reprit M. de Wardes en faisant préparer la table de jeu. Le ciel n'est pas toujours contre les honnêtes gens. C'est dommage que madame d'Olonne ne puisse pas savoir les émotions dont elle est cause en ce moment, elle serait capable d'en rire.

— Et de nous en punir aussi, dit le comte; mais si on calculait les suites de tout, on ne ferait jamais rien. L'essentiel est de nous jurer le secret sur cette partie de quinze, et qu'on ignore à jamais que le duc et moi étions cavés d'une belle comtesse. Au reste, ce n'est pas la première fois qu'on joue ce qu'on n'a pas, ajouta le comte de Guiche.

Et il s'approcha de la table en riant.

Le duc de Candale mit quelque temps à choisir sa place; il ne voulait pas être sous la coupe de son rival et il s'abandonnait à toutes les superstitions des joueurs pour se guider dans cette circonstance; enfin M. de Wardes s'empara des cartes et le jeu commença.

La fortune aime les indifférents; après plusieurs coups où la prudence du duc de Candale l'avait préservé d'un revers, il succomba à un *quinze premier* dont la chance favorisa le comte de Guiche. Il y a dans les faveurs du sort quelque chose d'énivrant qui inspire la joie, lors même que le résultat en est peu avantageux; et Armand se laissait aller à cette hilarité naturelle au gagnant, lorsque, levant les yeux sur le duc de Candale, il fut frappé de sa pâleur et de l'expression funèbre répandue sur son visage.

— A beau joueur, beau joueur et demi, s'écria le comte de Guiche en tendant la main au duc. Je vous donne votre revanche, et cette fois l'arrêt sera irrévocable. Alors, reprenant les cartes, la partie recommença; mais Armand, touché du désespoir de M. de Candale, résolut de se faire décaver au premier mauvais jeu qu'il aurait. Cette bonne action accomplie, le duc de Candale se jeta à son cou en disant :

— Cher comte, ma vie est à vous, disposez-en.

— Eh bien, reprit Armand, je la cède à madame d'Olonne. Mais je garde votre amitié; elle suffit à payer tous les sacrifices.

— Cela est fort beau, dit en riant M. de Wardes, et les chevaliers dont mademoiselle de Scudéri veut nous humilier, ne font rien de plus héroïque. Mais il faut joindre l'effet aux paroles et compléter le sacrifice par ton absence ; car si tu restes ici, ajouta de Wardes en s'adressant à Armand, malgré que notre cher duc soit aussi beau qu'aimable, tu déconcerteras sans le vouloir toutes ses séductions. Tu as je ne sais quoi d'impertinent qui ravit nos plus fières ; crois-moi, va-t'en.

— On ne saurait chasser un ami d'une façon plus flatteuse, répondit Armand, et je cède à cette gracieuse invitation. Je rejoindrai l'armée sans nécessité un mois plus tôt, soit ; mais vous me tiendrez au courant de ce qui se passera ici. Je veux savoir à qui ma désertion profite.

— Ce sera à moi, je le jure, reprit M. de Candale, ou j'y perdrai mon nom.

La suite a prouvé qu'il savait tenir ses serments.

X

Un de ces hasards qui bouleversent tant de projets, vint ajourner le départ du comte de Guiche pour l'armée. Cependant les ordres étaient donnés de tout disposer à cet effet, et Armand, caché derrière la jalousie de sa fenêtre, regardait charger sa voiture de voyage, lorsqu'il vit entrer dans la cour de l'hôtel de Gramont, une jeune fille d'une beauté remarquable. A son costume bourgeois, sa cornette blanche, ornée de rubans couleur de rose, on reconnaissait une ouvrière ; mais à ses yeux baissés, à sa démarche pudique, à ses jolies mains blanches, on devinait la sagesse de sa conduite et la distinction de son état.

A peine eut-elle demandé au concierge à parler à M. Étienne, que celui-ci l'ayant aperçue, alla vers elle et prit le petit carton qu'elle lui remit, puis il lui fit signe de le suivre ; mais elle lui répondit qu'elle préférait l'attendre chez le concierge.

— Quelle est cette belle personne qui vient te voir ainsi, sans façon ? demanda le comte à son valet de chambre en le voyant poser le carton sur une commode.

— Quoi ! monsieur le comte ne la connaît pas? C'est la fameuse Marguerite Duverger, celle que les peintres se disputent. Ah! M. Lebrun a plus d'une fois emprunté son beau visage.

— Je le crois bien ; vraiment il m'a paru assez régulier pour cela, mais ce n'est pas en qualité de modèle qu'elle vient te voir, je pense.

— Oh! si je savais peindre, je ferais son portrait mieux que personne, car j'ai toujours sa figure devant mes yeux ; mais, c'est que la belle Marguerite n'est pas souvent occupée à poser pour des tableaux, par la raison qu'elle ne veut jamais laisser voir au peintre que son visage et ses bras, et que les jours où elle ne sort pas, elle raccommode des dentelles. Vous allez voir, monsieur, comme elle travaille! c'est une vraie fée...

En parlant ainsi, Etienne montrait les manchettes que venait de rapporter Marguerite.

— Ce qu'il y a de positif dans tout cela, reprit le comte, c'est qu'elle est adorable, et que tu en es fort amoureux.

— Moi! amoureux de la belle Marguerite? Ah! pas si bête, vraiment. Est-ce qu'elle prendrait garde à un pauvre diable comme moi! Elle est bien trop fière ; sa tante l'a élevée dans des idées d'ambition qui n'ont pas le sens commun, et cela sous prétexte qu'elle n'était pas née pour travailler, et que si son père n'avait pas fait de mauvaises affaires dans son commerce, elle ne serait pas obligée de raccommoder des dentelles pour vivre. Enfin, elle veut pour sa nièce un clerc de notaire ou de procureur : pas moins que cela.

— Peste! quelle ambition! s'écria le comte en riant; et tu crois qu'avec l'un de ces deux grades, on pourrait parvenir à se faire écouter de la belle Marguerite?

— C'est trop sûr; et nous autres, gens de maison, nous n'avons rien à prétendre auprès de ces princesses qui font les dédaigneuses. C'est dommage, cela m'aurait bien convenu, une femme comme celle-là, ajouta Etienne en soupirant.

— Je le crois sans peine, et à ta place je me vengerais de ses dédains.

— Vous croyez rire, monsieur, mais j'en ai quelquefois l'idée. Au fait, elle en épousera peut-être un qui ne me vaudra pas. Eh bien, quand je la verrai malheureuse, ça me fera plaisir.

— Tu as là un mauvais sentiment fort naturel, mon garçon, dit en riant le comte; mais il faut espérer qu'un vœu si charitable ne sera pas exaucé, et que le ciel, en donnant à la terre une si belle créature, a voulu qu'elle fût heureuse. Dans quel quartier de Paris voit-on luire ce bel astre?

— Rue d'Enfer; et quand le dimanche elle va se promener avec sa tante au Luxembourg, il faut voir comme tous les étudiants la suivent, et des plus grands seigneurs même; car si j'étais indiscret...

— Eh bien, sois-le.

— Ah! je ne puis pas, j'ai reçu de l'argent pour me taire.

— Belle considération! si je t'en donne davantage pour parler?

— Ah! c'est différent!

— Eh bien, je t'en promets, cela revient au même.

— Pas tout à fait; mais si monsieur veut bien s'engager à ne pas me compromettre...

— Je m'engagerai à tout ce que tu voudras. Allons, parle...

— C'est que M. le marquis de Wardes n'est pas endurant; et que s'il venait à savoir...

— Quoi! Wardes connaît cette belle Marguerite? interrompit Armand.

— Il l'a rencontrée un soir au Luxembourg au moment où il sortait de chez Mademoiselle; et dernièrement, comme je portais les manchettes de M. le comte chez Marguerite, j'ai trouvé là Siméon, le valet de confiance du marquis de Wardes, qui rôdait autour de la maison où loge la tante; il m'a demandé où j'allais, et quand il a su que c'était chez la belle Marguerite, il a fait un cri de joie, et m'a conjuré de glisser dans le tablier de la nièce un petit billet qu'il tenait à la main, sans savoir comment il pourrait le faire parvenir à son adresse; car d'après les informations prises dans le quartier, Siméon savait que la tante était un vrai cerbère. Dans mon premier mouvement, je m'indignai du métier que Siméon voulait me faire faire; puis tout à coup je réfléchis que cela m'éclairera sur la vertu de la belle, et je me charge de glisser le billet.

— Non pas gratis, je pense?

— Ah! monsieur sait qu'on ne fait pas ces choses-là pour rien.

— Elle a lu la lettre, sans doute? est-ce qu'une femme se refuse jamais ce plaisir-là?

— Certainement elle l'a lue, mais elle a eu la niaiserie de la montrer à sa tante. Alors celle-ci m'a demandé si le marquis de Wardes, qui faisait de si tendres déclarations d'amour, n'était pas un ami de mon maître.

» — Oui, ai-je répondu.

» — Eh bien, a-t-elle ajouté, engagez-le à faire entendre raison à son ami, et à lui conseiller de ne pas perdre son temps, ses pas et son encre pour entraîner à mal une honnête fille qui n'est pas assez sotte que d'écouter ses promesses, ses paroles dorées.

» Pendant que la vieille me dégoisait tout cela, je ne me sentais pas d'aise ; et Dieu sait avec quel plaisir j'ai répété à M. le marquis les injures de la tante, car il a voulu savoir par moi même l'effet de son billet.

— Il a dû être fort découragé?

— Pas le moins du monde. Il a dit :

» — Cela commence toujours ainsi. Au second billet, elle jettera encore feu et flamme, au troisième elle s'humanisera. Avec les femmes il faut de la persévérance. Voilà tout.

» Puis il a parlé de différents projets pour lesquels il a mis à contribution mon savoir-faire, et comme il a payé d'avance et très-généreusement mon zèle et mon intelligence, je vais de ce pas, quoi qu'il m'en coûte, disposer Marguerite à être moins!...

— Ne te presse pas... va donner tout ce que je possède de dentelles à ta belle ouvrière.

— Mais j'ai beau chercher, je n'en vois pas de déchirées ; elles sont toutes en bon état, dit Étienne en regardant dans la commode de son maître.

— Qu'à cela ne tienne ! reprit le comte en s'emparant d'un rabat que tenait son valet de chambre, et il y fit deux grands accrocs.

En ce moment, M. de Wardes arriva ; Étienne sortit en faisant une foule de mines qui toutes voulaient dire : Pour Dieu, ne me trahissez pas! Et le comte de Guiche, n'y prenant pas garde, s'écria :

— Ah! ce traître de Wardes qui ne se contente pas des plus jolies femmes de la cour! et qui veut encore séduire nos bourgeoises!

— Pourquoi pas? dit le marquis; cela fait diversion : nos grandes dames sont peu variées dans leurs intrigues; ce sont toujours les mêmes cajoleries, les mêmes tromperies, le même dénoûment; et, lorsqu'on rencontre ailleurs un peu d'ignorance et de candeur, on s'y attache, cela repose.

— Tu me persuades, et j'en veux essayer, reprit Armand en souriant. Il faut qu'un homme bien élevé sache un peu de tout, et connaisse les mœurs de son pays. N'avoir d'idée que sur la cour et l'armée, c'est par trop restreindre sa science, et j'ai dessein de porter mes études sur une autre partie de la société qui, quoique dédaignée, n'en est pas moins intéressante.

— Que veut dire ce pathos philosophique?

— Que je me précipite, sans nulle restriction, dans un amour bourgeois.

— Quelle folie!

— Ah! tu n'as pas le droit de la blâmer, puisque c'est la tienne.

— Je ne te comprends pas.

— Eh bien, je vais être plus clair, reprit le comte. Tu veux plaire à la belle Marguerite; j'ai le même projet. Nous avons les mêmes obstacles à vaincre, les mêmes armes à employer, les mêmes avantages à faire valoir. Eh bien, agissons en bons camarades : servons-nous mutuellement, et convenons que celui des deux qui sera repoussé ne nuira point au succès de l'autre.

— J'y consens de bon cœur, dit M. de Wardes en serrant la main d'Armand; j'aime les choses qui sortent de la route commune, et ce mélange de vice et de vertu, cette manière d'appliquer la loyauté à une mauvaise action me ravissent. Tu peux compter sur ma parole.

— Ce n'est pas tout, il faut traiter ce roman avec toutes les ressources du genre; l'héroïne en vaut, ma foi, bien la peine. Travestissements, mystères, enlèvement, nous ne devons rien épargner. Voici mon plan : les chevaux de poste vont venir me prendre; au lieu de me conduire à Saint-Denis, ils me descendront dans une mauvaise auberge, près de la barrière d'Enfer. Là, je prendrai le nom de M. Dufour, puis j'enverrai chercher, chez un costumier, un habit de clerc de notaire et j'irai me planter avec un livre de droit dans l'allée solitaire où la belle Marguerite vient chaque soir se reposer de son travail du jour. Après quelques œillades et quelques soupirs adroitement glissés, il faudra que je sois bien sot, ou bien malheureux, si je ne trouve pas une occasion de déclarer et même de faire accueillir mon amour. Il est nécessaire que l'intrigue marche vite; je n'ai qu'un mois à y consacrer; passé ce temps, je dois rejoindre l'armée.

— Un mois entier, s'écria le marquis, c'est bien assez vraiment pour triompher d'une vertu bourgeoise. Mais il n'y a pas de temps à perdre et je pars avec toi.

— Allons donc! c'est impossible! Et que diront la comtesse, la petite baronne et tant d'autres qui ne peuvent se passer de toi!

— Elles gémiront.

— Mais le roi, comment lui expliquer ce brusque départ?

— J'inventerai quelque vieux parent à la mort dont je dois hériter... et qu'il me fallait embrasser avant son dernier soupir; le roi lui même approuvera mon absence, et je reviendrai à temps pour faire taire les mauvais propos des gens qui en auront médit. Attends-moi un quart-d'heure, le temps d'aller chez moi prévenir mes gens de l'état du moribond dont l'agonie me réclame, puis je reviens suivi de Siméon, qui nous sera fort utile dans l'apprentissage que nous allons faire, toi dans le notariat, et moi dans la bazoche; car tu penses bien qu'en te créant clerc de notaire, tu me fais clerc de procureur.

Alors les deux amis se mirent à rire de la comédie qu'ils allaient jouer : s'exiler du grand monde pendant tout un mois, se faire simples bourgeois pour s'initier dans les habitudes, les plaisirs, et même les secrets d'une pauvre ouvrière; quitter le ton, les manières des seigneurs de la cour, pour adopter les airs modestes et la galanterie vulgaire des soupirants de la classe moyenne; aller au bal du carrefour, au café des étudiants, aux guinguettes des artisans; voir un nouveau public, de nouvelles coquetteries, des plaisirs sans vanité, des sentiments sans calcul; que de joie en espérance!

XI

M. de Wardes ne se fit point attendre. Siméon le précéda de quelques minutes, muni d'une petite malle qu'il attacha derrière la chaise de poste du comte de Guiche.

— J'ai une commission importante à te donner, dit ce dernier à Étienne; il te faudra bien deux jours pour la faire, car il s'agit d'aller porter cette lettre au château de B...; puis tu viendras me rejoindre à Amiens, où je compte passer une semaine...

— Qui monsieur le comte emmènera-t-il à ma place?

— Personne, Siméon nous suffira, au marquis et à moi, pendant la route.

Étienne ne fut pas dupe des raisons que donnait son maître pour l'éloigner de lui; mais il fallait obéir, et il dissimula de son mieux la curiosité inquiète que lui causait ce voyage fait sans lui.

Une heure après le départ des deux amis, ils descendaient à l'auberge du *Grand-Monarque*, près de la barrière d'Enfer. Ils avaient eu soin de se faire conduire fort au delà pour avoir l'air d'arriver de province. En descendant, ils avaient feint de se disputer sur les avantages et les inconvénients de loger en dehors de Paris. Mais le comte ayant fait valoir que tout devait y être meilleur marché, et l'aubergiste ayant nécessairement appuyé sur cette vérité, ils s'étaient décidés à s'établir dans les deux chambres les plus propres de cette hôtellerie, plus souvent visitée par des rouliers que par des gentilshommes.

Siméon est aussitôt chargé de se procurer tout ce qui doit servir au déguisement de son maître et du comte; il doit louer de plus un appartement ou deux mansardes, le plus près possible de la maison habitée par Marguerite Duverger. Si le bonheur voulait qu'il y eût une seule chambre à louer dans cette maison même, Siméon avait ordre de la retenir à tout prix, et le démon, protecteur des mauvais sujets, voulut qu'il se trouvât, justement en face des fenêtres de la belle Marguerite, deux petits logements vacants, l'un au deuxième, l'autre au troisième.

Armand céda poliment le plus beau à son ami, trait moins généreux qu'il ne le paraissait; car c'était se rapprocher de la belle Marguerite que de s'établir un étage plus haut.

— Maintenant, à l'ouvrage! dit M. de Wardes. Simon va s'informer des faits et gestes de la tante, des heures où la nièce sort, de celles où nous pouvons la trouver à l'église ou à la promenade; et quand il nous aura donné nos instructions, nous combattrons loyalement chacun pour notre gloire.

— C'est entendu, reprit Armand, et nous convenons de nous nuire mutuellement le plus que nous pourrons, tant qu'il s'agira de plaire; mais le choix une fois fait par la belle, le sacrifié se retirera sans mot dire, et le vainqueur jouira en paix de sa conquête.

Les moyens à employer en semblables circonstances sont toujours les mêmes; ils ont beau être prévus, ils n'en ont pas moins de succès. En peu de jours, le comte de Guiche avait inventé un danger où il était arrivé à temps pour sauver la vieille. Le marquis de Wardes avait écrit un volume de lettres passionnées dont il attendait un effet merveilleux, car il s'était opéré un changement visible dans les habitudes de la belle Marguerite; elle ne travaillait plus près de la fenêtre, comme de coutume; ce n'était plus elle qui nettoyait la cage accrochée au treillage de la fenêtre, et dans laquelle un joli chardonneret gazouillait dès l'aurore. On ne la voyait plus dans les allées du Luxembourg, et Siméon n'avait pas encore découvert de quel côté elle allait prendre l'air; lorsque Marguerite sortait pour aller reporter de l'ouvrage, ou pour se rendre à l'église, elle était toujours accompagnée de sa tante ou d'une voisine.

— C'est toi qui nous vaut toutes ces précautions, disait Armand à son ami; avec tes idylles en prose et tes bouquets, tes corbeilles de rubans et tes soupirs en plein air, tu as jeté l'alarme dans la maison, nous ne pourrons jamais y pénétrer. Je suis sûr que tu es déjà consigné par la vieille; et je te préviens qu'à dater d'aujourd'hui je suis sensé ne pas te connaître, je n'ai pas envie de partager la mauvaise humeur que tu lui donnes.

— Ah! je ne demande pas mieux que de la supporter tout entière, dit le marquis, pourvu que la nièce m'en dédommage. Mais n'as-tu pas remarqué l'expression langoureuse des beaux yeux de Marguerite, lorsqu'en entrant ce matin à l'église elle les a levés au ciel, en s'inclinant devant l'autel. Mon Dieu qu'elle était belle! et que sa pâleur, son embarras l'embellissaient encore! Car je ne sais lequel de nous deux la trouble, mais elle est visiblement émue, lorsqu'en passant au milieu de la basilique, elle nous aperçoit parmi les fidèles. Bien que nous soyons toujours séparés, elle nous reconnaît presque en même temps, et sa démarche, sa physionomie décèlent aussitôt une émotion invincible. La pauvre enfant n'est plus à elle : reste à savoir auquel de nous elle voudra appartenir.

— Si elle a bon goût je suis perdu, dit Armand d'un ton moitié humble, moitié moqueur.

— Tu railles, mais tu es forcé de convenir que si elle avait un peu de jugement c'est en ma faveur qu'elle se déciderait.... Car je suis par nature facile à attacher, et je serais capable d'aimer cette belle Marguerite très-sérieusement, tandis qu'elle ne sera jamais pour toi qu'un charmant caprice.

— Qui sait? on a vu des rois épouser des bergères, on peut bien voir un simple officier adorer une grisette.

En cet instant, Siméon accourut apprendre à son maître que la tante et la nièce allaient sortir pour se rendre à l'atelier d'un des rivaux du fameux Lebrun.

— Elle pose, ajouta Siméon, chez Testelin, pour un tableau d'église qui doit être livré incessamment au curé de Saint-Paul. Il faut qu'elle traverse le jardin du Luxembourg pour gagner la rue de Vaugirard, où demeure le peintre.

— C'est bien, dit le marquis, donne-moi mon chapeau et un parapluie, je vais la rencontrer comme par hasard, et la suivre comme par distraction. Tu le permets? ajouta-t-il, en se tournant vers le comte.

— Je t'en prie même; sois très-séduisant, très-pressant, audacieux, tu ne saurais m'obliger davantage, répondit Armand sans bouger de son fauteuil,

Alors M. de Wardes se précipita vers l'escalier et fut se poster à la grille du Luxembourg, pour y guetter le passage de la belle Marguerite.

Elle ne tarda pas à paraître; sa tante marchait à côté d'elle, et d'un pas que son âge rendait assez lent. Le marquis les suit à quelque distance, ayant soin d'éviter les regards de la vieille en attirant l'attention de la jeune. Peu à peu il s'enhardit jusqu'à lui adresser la parole à voix basse, de manière à n'être entendu que d'elle. Marguerite fait un mouvement de surprise et d'effroi en s'entendant parler d'amour par un inconnu, et dans un lieu public. La peur de faire un esclandre l'empêche d'avoir recours à sa tante pour imposer silence à l'impertinent. Dans la terreur qu'elle éprouve, elle est prête à se trouver mal, lorsqu'une voix impérieuse demande au marquis de quel droit il s'obstine à importuner, dans sa promenade, la plus belle femme de Paris.

— Apprenez, monsieur, ajoute-t-il d'un air menaçant, que je ne souffrirai pas qu'on l'insulte et que si vous troublez plus longtemps la marche de ces dames, c'est à moi que vous aurez affaire.

— Qu'entends-je? s'écrie M. de Wardes en reconnaissant la voix du comte de Guiche, il se pourrait...

— Silence! reprit le comte. Je ne doute pas, monsieur, que vous ne soyez un homme d'honneur, et je m'en fie à tout ce que votre loyauté vous dictera en cette circonstance.

— Il suffit, monsieur, reprit le faux clerc de procureur d'un ton irrité, je sais à quoi m'oblige votre procédé, et j'y répondrai comme je le dois. Votre adresse, s'il vous plaît!

— Rue d'Enfer n° 15.

A ces mots, le marquis s'éloigna, et Marguerite laissa échapper une exclamation qui prouvait son regret d'être cause d'une semblable querelle.

Alors la tante se confondit en remercîments envers le comte de Guiche et se décida à accepter son bras jusqu'à la porte du peintre.

— Ah! monsieur, que d'obligations nous vous avons! disait-elle. Hélas! ce n'est pas sa faute, mais cette chère enfant a un visage qui nous attire journellement des désagréments de ce genre. En vérité, on n'est plus en sûreté à Paris; on y laisse parcourir les rues à tant d'indignes créatures que les hommes s'y trompent et attaquent les honnêtes filles aussi bien que les autres; cela fait horreur. En vérité, monsieur, ajouta-t-elle, je ne sais comment reconnaître le service que nous vous devons, car cet insolent personnage m'avait l'air d'être un bien mauvais sujet, un de ces misérables qui se croient tout permis auprès des pauvres femmes qui n'ont point là d'hommes pour les défendre, et sans vous, Dieu sait ce que nous serions devenues !

— Eh bien, madame, si vous croyez me devoir quelque chose pour vous avoir débarassée de cet impertinent monsieur, prouvez-le-moi en acceptant mon bras pour votre retour ; car malgré l'air penaud qu'il avait en se retirant, il est bien capable de ne pas se décourager et de vous ennuyer de nouveau quand vous serez sans protecteur.

— Volontiers, reprit la tante, et si vous n'avez rien à faire pour le moment, je vous proposerai d'assister à la séance que ma nièce va donner ; c'est l'affaire d'un quart d'heure. M. Testelin veut retoucher aux yeux de sa Madeleine, et comme Marguerite lui a servi de modèle pour cette belle tête, il l'a priée de poser un moment, ce sera la dernière fois.

On devine avec quel empressement le jeune clerc de notaire accepta la proposition. Pouvoir contempler à l'aise ce noble visage, rester près de cette adorable Marguerite, l'entendre, lui parler, c'était atteindre en un instant à tous les biens qu'il pensait devoir être longtemps à obtenir ; aussi se félicita-t-il de sa ruse aussi vivement que M. de Wardes la maudissait.

Le tableau de Testelin avait pour sujet une descente de croix, où Madeleine éplorée baignait de ses larmes les pieds sanglants de Notre-Seigneur. Le modèle était obligé de lever les yeux au ciel et de donner à sa figure l'expression la plus dramatique. La beauté de Marguerite gagnait encore à cette révélation de son âme. Armand sentit en l'admirant que son caprice pour cette charmante personne prenait un caractère plus sérieux, et que près d'elle il ne lui restait ni regrets, ni souvenirs de toutes les grandes dames de la cour.

La séance terminée, Armand reconduisit ces dames ; il parla en route du bonheur qu'il avait d'être leur voisin. On l'invita à profiter du voisinage, le soir, en sortant de l'étude de son notaire ; et l'on se doute qu'il profita de la permission pour achever sa séduction que ses agréments personnels et sa modestie feinte avaient déjà commencée.

En sa présence, la pauvre Marguerite rougissait et pâlissait chaque fois qu'il lui adressait la parole. Elle était prise d'un frisson général chaque fois que la main d'Armand effleurait la sienne.

Un soir, elle travaillait à la lampe, et raccommodait un rabat de point d'Alençon. C'était celui qu'il s'était amusé à déchirer, pour qu'Étienne le donnât à raccommoder à Marguerite et qu'il lui fournît par là l'occasion de revenir à l'hôtel de Gramont.

— Ah! voilà de belles dentelles! s'écria le comte; j'ai bonne idée de celui à qui elles appartiennent : il sait bien choisir.

— Elles sont à M. le comte de Guiche, dit Marguerite, sans lever les yeux de dessus son ouvrage; autrement, elle se serait aperçue de la joie qui brilla tout à coup sur les traits d'Armand, en entendant son nom prononcé par cette voix si douce.

— Le connaissez-vous, ce beau comte de Guiche? demanda la tante Duverger.

— Non, madame ; mais je crois que le notaire chez qui je travaille fait ses affaires.

— Si c'est ainsi, il ne doit pas lui donner souvent d'argent à garder, car il ne sait faire que des dettes, et nous en savons quelque chose; depuis le temps que Marguerite raccommode les dentelles de la maréchale et de son fils, elle n'a pas reçu un sou de celui-ci.

— C'est infâme, s'écria vivement le comte, en oubliant un moment son rôle, je suis sûr que c'est la faute de son coquin de valet de chambre ; ce scélérat aura reçu l'argent de son maître et il n'aura point payé; ils n'en font jamais d'autres.

— Ah! mon Dieu, comme vous prenez chaudement le parti de ce beau monsieur! dit Marguerite. S'il faut en croire le concierge de l'hôtel, ajouta-t-elle en souriant, ce n'est pas un très-bon sujet, il ne rentre qu'au petit jour, ou bien quand il reçoit ses amis, c'est un train à bouleverser toute la maison.

— S'il s'en tenait là, ce ne serait rien encore ; mais on raconte de lui des choses qu'on ne peut pas répéter, dit la tante en montrant des yeux Marguerite, comme pour faire entendre qu'on devait épargner à l'innocence de sa nièce le récit des amours du comte de Guiche !

— Ah! bien, si vous jugez des maîtres par les propos des domestiques, vous serez souvent dans l'erreur, répliqua M. de Guiche, subissant cette impulsion naturelle qui porte à ne pas se laisser calomnier, lors même qu'il est dangereux de prendre sa propre défense. Il aura peut-être grondé son valet de chambre ou son portier, le jour où vous serez venue rapporter ses manchettes et les drôles se sont vengés, comme toujours, en disant du mal de leur maître à tous les gens qu'ils rencontrent.

— On ne peut dire cela de M. Etienne, reprit Marguerite; il paraît fort attaché à son maître, et quand il affirme que le comte de Guiche est le plus grand scélérat de toute la cour, il croit en faire le plus bel éloge. Je sais bien qu'à force d'en médire ainsi, il m'avait donné un grand désir de voir ce beau monsieur; mais comme je vais ordinairement avant son lever à l'hôtel de Gramont, je n'ai pas eu l'occasion de le rencontrer.

— Il n'y a pas grand regret à avoir, dit la vieille. Tu es bien assez jolie pour attirer les regards de ce franc libertin, et il vaut tout autant le laisser à ses duchesses. Les pauvres filles comme toi n'ont jamais rien à gagner à donner dans l'œil de ces beaux messieurs. Il les prennent et les plantent là quand ils en ont assez; voilà tout.

A ces mots, Armand fut saisi d'un remords de conscience qui l'interdit. Madame Duverger, étonnée de son silence, lui demanda s'il n'était pas de son avis.

— Si, vraiment, répondit-il en sursaut; puis l'amour l'emportant sur toute considération, il ajouta : Ce n'est pas moi qui vous vanterai les manières des seigneurs de la cour. Certes, je crois qu'il se trouve dans un rang très-inférieur de braves garçons qui peuvent arriver un jour à la fortune et faire le bonheur d'une belle femme; ne le pensez-vous pas? mademoiselle.

— Mais... sans doute... Cependant on doit...

Et la pauvre enfant, émue au dernier point, regardait sa tante comme pour la supplier de l'aider à répondre.

— Il est certain, reprit la vieille en prenant un ton caressant, que lorsque des intentions honnêtes sont connues, on ne doit pas les repousser; mais c'est qu'il faut qu'on ne puisse pas s'y tromper; comprenez-vous bien?

— Cela va sans dire, reprit le comte, et la difficulté

n'est pas là; c'est bien plutôt dans la crainte d'être mal accueilli... Encore faut-il se croire un peu aimé pour s'aventurer dans certaines démarches, et je n'ai pas l'espoir... d'être vu comme je le désirerais...

— Menteur! dit Marguerite avec un sourire angélique.

Alors la joie d'Armand ne se contraignit plus. Il baisa la main de Marguerite, il embrassa la tante et les força à partager sa gaieté folle. Madame Duverger avait beau vouloir interrompre toutes les actions de grâces qu'il adressait à Marguerite, toutes les extravagances que le bonheur d'être aimé lui faisait dire, en vain elle voulait le ramener à des choses raisonnables, il n'écoutait rien.

— A un autre jour, répondait-il, quand j'aurai la tête à moi; mais comment voulez-vous qu'un homme dans le ciel vous parle des affaires de la terre? Demain, ou après, je serai à votre disposition, mais d'ici là, laissez-moi savourer mon enchantement.

— Eh bien, soit, reprit la tante, mais allez-vous-en savourer ce beau plaisir chez vous, monsieur l'amoureux, il est tard; nous avons à travailler demain matin de bonne heure, commencez par ne pas nous déranger avant de nous arranger pour le mieux ensemble.

— Je vous obéis, quoiqu'il m'en coûte furieusement, dit le comte, mais c'est à condition que vous me permettrez de lui apporter demain un joli bouquet.

— Quand à cela, je n'y vois pas de mal; cependant, avant d'aller plus loin, il faut que nous causions tous les deux.

— Tant qu'il vous plaira, pourvu qué Marguerite me promette de penser à moi, tout le temps de notre entretien, vous pourrez l'éterniser si cela vous convient.

— Je vous le promets, dit Marguerite, avec cet accent tendre, ce regard langoureux qui révèlent le premier amour d'une femme.

Et le comte de Guiche la quitta pénétré d'un sentiment que nulle belle dame ne lui avait fait éprouver, car il s'y mêlait un respect pour l'innocence, qui redoublait la joie coupable d'avoir ce rare obstacle à vaincre. Être le premier trouble, la première faiblesse d'un cœur tout neuf, se voir aimé pour ce qu'on vaut, et non pour ce qu'on est, c'étaient deux séductions irrésistibles; aussi Armand y succomba-t-il. Nous ne l'excuserons pas dans ce tort; il est de ceux que la société ne punit point assez sévèrement. C'est sans doute pour cela qu'il se recommence sans cesse.

XII

— Ah! je te rends les armes, avait dit M. de Wardes en rentrant le soir du jour de la scène qui s'était passée au Luxembourg; quoique le plus jeune, tu es en état de m'en remontrer. Diantre! je n'aurais jamais imaginé de me servir de toi pour jouer le rôle d'un chevalier errant, et pour me faire le sauveur de toutes vertus qu'on attaque, surtout dans la bonne intention de profiter seul de ma bravade chevaleresque; car, d'après nos conventions, il n'y avait pas moyen de dénoncer ta ruse. Je ne pouvais que t'en demander raison et laisser croire à la belle que nous allions nous couper la gorge pour elle, événement dramatique dont tu es capable de tirer d'immenses avantages.

— Ma foi, tu m'y fais penser, reprit Armand en souriant, et je sens d'avance tout ce qu'il y a de charme à tenir son bonheur des mains d'un ami.

— C'est cela, vante-toi du succès après y être parvenu par tant d'affreux moyens. Vraiment, je crois bien qu'on t'aime beaucoup plus que moi; tu me places en poursuivant et toi en protecteur, et quand tu es prêt à recueillir le fruit de toutes tes tromperies, tu t'en fies à ma parole pour ne pas apprendre à cette pauvre fille ce qu'elle doit attendre d'un monstre tel que toi; mais puisque tu comptes sur ma loyauté, je n'en manquerai pas en cette circonstance. Ainsi donc, poursuis ton roman avec Marguerite, je me rends justice, tu mérites mieux que moi d'en être le héros; seulement je voudrais bien, de mon côté, mettre un peu à profit l'*incognito* forcé où me réduit ma sotte manie de prendre part à tes folies.

— C'est juste, répondit le comte, et tu peux mettre à l'épreuve mon zèle à te procurer tous les plaisirs dont notre incognito est susceptible.

— Eh bien, la foire de Saint-Germain vient de s'ouvrir.

Les bateleurs, les escamoteurs, les danseurs de corde y attirent chaque soir en *catimini* nos belles de la cour. Je serai charmé de les voir là dans tout l'abandon de l'intimité sans être aperçu ; cela peut être un plaisir mêlé de beaucoup de découvertes.

— Eh bien, nous irons dès demain. Tu es si parfaitement aimable envers moi sur un point que tu ne peux douter de mon empressement à satisfaire à tes moindres caprices.

En effet, dès le lendemain les deux amis, après s'être déguisés d'une manière méconnaissable, se rendirent à la foire de Saint-Germain. Les premières personnes qu'ils y rencontrèrent leur donnèrent une idée des couples qui venaient s'y amuser : c'était la comtesse de Fiesque et le duc de Candale.

— Il paraît qu'elle se console de mon absence, dit le comte de Guiche d'un ton amer.

— Ne va pas lui reprocher de se laisser adorer par un autre, répondit M. de Wardes, occupé comme tu l'es en ce moment ?

— Cela n'est pas juste, j'en conviens, mais mon crime n'excuse pas le sien ; au contraire, à force de chercher la candeur, la sincérité, il faut bien descendre où elles se trouvent. Ce n'est pas ma faute, si nos grandes dames n'ont rien de vrai, pas même le teint.

— Que vois-je, interrompit le marquis d'un air stupéfait, la comtesse de Soissons avec le duc de Guise ? Ah ! si le roi savait cela !

— Il n'en serait pas plus content que toi, dit en riant le comte.

— Moi, reprit M. de Wardes avec une indifférence affectée, je ne me lance pas dans de si hautes régions.

— A quoi bon feindre avec moi ? Tu es amoureux de la comtesse, tu attends que le roi s'en lasse pour lui déclarer ta passion. Eh bien, tu n'as pas longtemps à languir, seulement il ne faut pas laisser le duc de Guise profiter du premier moment de dépit : la femme quittée par un roi appartient de droit au premier gentilhomme un peu bien tourné qui se trouve là. Aussi je t'engage à finir ton voyage au faubourg avant le mien, et à te presser de t'inscrire en tête de la liste de ceux qui vont s'offrir en qualité de pis-aller. C'est prudent, je t'en avertis. Vois les petites mines qu'elle adresse au duc; elle ne se doute pas qu'elle fait toutes ses gentillesses devant les gens qui s'en amusent le moins et en jugent le mieux. Va, crois-moi; tu n'as pas un moment à perdre.

— Le conseil me paraît bon. Je ne suis pas fier, moi, j'aime mieux succéder à un roi qu'à un faquin, c'est plus rare et moins humiliant. Voilà qui est résolu. Dès demain je tue mon cousin.

— Ah! mon Dieu, quelle férocité!

— Oui, je tue ce vieux cousin dont je devais hériter; je serai arrivé trop tard, il ne m'aura pas laissé un sou, et mes créanciers n'en seront pas plus avancés; seulement je leur aurai prouvé, par cette fable ingénieuse, mon zèle à courir après l'argent qu'ils désirent.

— Je comprends, dit le comte; s'ils ne sont pas contents ils seront bien difficiles. Je n'aurais jamais autant d'esprit pour faire prendre patience aux miens!

Par suite de cette résolution, M. de Wardes abandonna toutes ses prétentions sur la belle Marguerite, pour aller commander la troupe de soupirants qui étaient déjà aux ordres de la belle Olympe de Soissons. Le comte de Guiche s'en trouva plus libre dans tout ce qu'il voulut entreprendre pour réussir. Si peu gêné qu'on puisse être par la présence d'un rival complice, il est pourtant de certaines ruses si coupables qu'on n'oserait les confier même à un mauvais sujet. Celle que méditait Armand était de ce genre.

Le terme de son congé approchait; il voyait le moment où ce mois, auquel il avait sacrifié tant d'intérêts divers, s'achèverait dans les seuls plaisirs d'un amour platonique. Il croyait, comme la plupart des seigneurs de son âge et de son époque, qu'il y allait autant de sa gloire que de son bonheur à remporter, sur l'objet de son amour, une victoire complète, et, pour arriver à ce but, voici ce qu'il imagina :

Madame Duverger lui avait déjà demandé plusieurs fois comment s'était terminé son défi avec le monsieur du Luxembourg. Il lui avait répondu qu'ayant été remarqués par les gardes de la grille du jardin et certains d'être arrêtés sur-le-champ s'ils n'ajournaient leur affaire, ils s'étaient donné rendez-vous au bois de Vincennes quinze jours plus tard pour mieux dérouter la police.

— Mais, dit alors Marguerite avec anxiété, les quinze jours sont passés.

— Aussi est-ce demain matin que je vais me promener au bois de Vincennes, répondit le comte d'un air indifférent.

— Ah! mon Dieu, s'écria Marguerite, si vous alliez être blessé!...

— Tranquillisez-vous, belle Marguerite; cet effroi me portera bonheur.

— En vérité, s'écria la tante, c'était bien la peine de prendre avec lui tous nos arrangements; car tu sauras qu'avant de laisser M. Armand t'en conter aussi tendrement, j'ai voulu savoir à quoi m'en tenir sur ses intentions. Elles sont fort honnêtes, grâce à Dieu, et nous n'avons qu'à nous louer de lui. S'il se maintient dans ses bons sentiments, tu seras une femme heureuse, je t'en réponds. Mais quand nous sommes d'accord sur tous les points, que je te permets de l'aimer, de le regarder comme ton futur mari, le voilà qui va se faire tuer! Cela n'a pas le sens commun. Il faut aller trouver ce monsieur et lui expliquer la situation où vous vous trouvez, à la veille d'un mariage, et il entendra raison.

— D'ordinaire cela ne se passe pas ainsi entre gens d'honneur, reprit le comte.

— Bah! quand ce ne sont pas des gens d'épée, répliqua la vieille.

— Croyez-vous donc, madame, que les bourgeois ne soient pas aussi braves? dit Armand d'un air digne.

— Ah! vraiment, je ne doute pas de votre courage, mais se couper la gorge pour quelques propos galants dits de trop près à une belle fille, vrai, cela n'en vaut pas la peine.

— Eh bien, reprit Armand, ayant pitié de la douleur profonde qui se peignait dans les yeux de Marguerite, puisque vous l'exigez, je ferai une démarche auprès de cet audacieux galant; et, pour peu qu'il se montre traitable, je ne ferai pas le récalcitrant.

— Merci, dit Marguerite en serrant la main d'Armand, et en lui souriant avec les larmes aux yeux.

Ce remercîment, qui exprimait tant de douces pensées, l'émut au point de renoncer pour un moment à l'infernal projet qu'il méditait; mais madame Duverger répéta par malheur qu'elle était obligée d'employer toute sa matinée du lendemain à la recherche des papiers nécessaires pour dresser l'acte de mariage de sa nièce. Elle ajouta en riant :

— J'en suis fâchée pour vous, mes enfants, mais vous ne vous verrez qu'à mon retour. Marguerite ne reçoit jamais de jeunes gens dans mon absence. Ah! pardine, vous aurez bien assez de temps pour vous adorer, quand le notaire y aura passé.

Ces mots furent l'arrêt de Marguerite; il n'y avait plus à délibérer, le dénoûment était inévitable; il fallait être heureux avant d'être maudit, et tous les scrupules cédèrent au désir effréné d'avoir en sa possession la plus belle et la meilleure de toutes les femmes de Paris.

XIII

Le lendemain, dès qu'Armand vit sortir de chez elle madame Duverger, il appela Siméon, que M. de Wardes lui avait cédé pour tout le temps qu'il en aurait besoin ; il lui ordonna de porter à Marguerite quelques lignes écrites tout de travers, et figurant à merveille des mots que la douleur empêche de bien tracer. Il fut enjoint de plus à Siméon de revenir aussitôt après avoir remis le billet, pour éviter de répondre à aucune question.

A dire vrai, ce message n'étonna point Marguerite, elle avait bien pensé qu'Armand chercherait à se dédommager du chagrin de ne pas la voir par le plaisir de lui écrire. Elle laissa donc partir le commissionnaire avant de se livrer sans contrainte au bonheur de lire à quel point elle était aimée : sorte de rabâchage dont l'esprit ne se lasse jamais quand le cœur en est ému. Mais quelle terreur s'empara d'elle en lisant :

« J'étais trop heureux pour ne pas payer un si grand bonheur... Si c'est de ma vie, que je ne meure pas sans un regard, un mot de vous! Marguerite... je vous attends... Si vous l'aimez, vous ne laisserez pas mourir sans adieu ce pauvre Armand qui vous adore. »

Comment n'être pas saisie d'un désespoir aveugle à la lecture d'un tel billet? Comment se méfier de la vérité d'un

malheur si bien préparé ? et puis le soupçon d'une si
cruelle ruse peut-il venir dans une âme noble, franche,
incapable de supercherie? Marguerite, dans le délire
de l'inquiétude, n'hésita pas un instant; elle prit à la
hâte son mantelet et traversa la rue, puis elle demanda
sans honte M. Armand au portier de la maison qu'habitait le blessé. Siméon est là qui la guette ; elle veut le
questionner, il lui fait signe de garder le silence, et il
la conduit à la chambre du comte. Le jour y pénètre à
peine. Elle s'approche du lit, Siméon sort en fermant la
porte.

L'émotion d'Armand est si vive qu'il ne peut proférer
une parole. Marguerite le croit évanoui, mourant, elle tombe
à genoux en suppliant Dieu de sauver celui qu'elle aime ;
elle jure de ne pas lui survivre. Jamais l'amour et la douleur n'ont été plus éloquents. Elle s'empare de la main
qui sort du lit d'Armand; elle la couvre de baisers et de
pleurs. C'était mettre la vertu du blessé à une dure épreuve ;
il ne peut se voir aimer si vivement sans en perdre la raison. Il se trahit, s'accuse et se soumet d'avance à tous les
châtiments dus à son crime. Mais s'il n'est point blessé, il
est plus malheureux encore, car son adversaire est atteint
mortellement, et il faut qu'il parte la nuit même pour se
soustraire aux poursuites de la maréchaussée. La prison
l'attend, l'échafaud peut-être, et il n'a pas eu le courage de
se séparer de Marguerite sans l'avoir serrée contre son
cœur. Si elle hésite à combler ses vœux, eh bien, il restera là près d'elle, il y attendra que l'exempt de la prévôté
vienne s'emparer de lui ; il subira son sort sans mur-
murer, tel que Marguerite voudra qu'il soit; c'est à elle à
décider de sa vie; s'il a mérité la mort en la trompant
pour la revoir encore, qu'elle prononce, il souscrira à
tout.

En se soumettant ainsi, le traître savait trop bien que sa
résignation obtiendrait plus que son audace, et que la terreur de le perdre, de le livrer au bourreau pourrait seule
entraîner la pauvre Marguerite. Elle succomba, et le délire
de son amant, l'idée de n'avoir cédé qu'à la passion d'un
époux, l'enivrement qui suit le bonheur qu'on donne,
rien ne put lui faire illusion sur sa faute : des larmes
amères couvrirent son visage; un tremblement convulsif

l'agita longtemps avant que, tombée dans un profond accablement, elle fût en état d'entendre toutes les bonnes raisons qu'Armand lui donnait pour ne pas laisser soupçonner leur intimité à la tante. Armand fut contraint de parler encore au nom de son intérêt personnel pour obtenir d'être obéi.

Enfin madame Duverger rentra sans se douter de ce qui s'était passé dans son absence. Seulement elle trouva sa nièce si tristement rêveuse, qu'elle la crut malade, et sa sollicitude envers elle vint augmenter encore le trouble de Marguerite. L'arrivée d'Armand lui rendit du courage. Il n'est pas de regrets qui résistent à la présence de ce qu'on aime. Il raconta son duel imaginaire de manière à se faire conseiller de sortir au plus tôt de Paris par madame Duverger, qui mourait de peur d'être mêlée dans une affaire de ce genre, et d'être obligée de comparaître comme témoin au tribunal de la prévôté.

Marguerite joignit aussi ses instances à celles de sa tante pour engager Armand à ne pas s'exposer au danger d'être saisi d'un instant à l'autre. Mais comme le bonheur l'enchaînait à Marguerite, et qu'il n'avait pas encore rencontré de créature plus digne d'adoration, il ne songeait qu'aux moyens de faire durer son enchantement le plus longtemps possible. En conséquence, il leur répondait qu'elles pouvaient être tranquilles, qu'un ami dévoué le préviendrait du moment où il serait urgent de fuir. Cet ami était fort lié avec des agents de la prévôté ; il devait être averti par eux du moment où ils auraient l'ordre de sévir contre l'affaire du bois de Vincennes. Enfin, tout était si bien calculé, si bien prévu, qu'à moins d'un acte public qui aurait compromis la sûreté du coupable, il pouvait rester en paix dans un coin jusqu'à nouvel ordre.

Rien n'était plus ingénieusement arrangé pour se maintenir dans l'état présent des choses, sans que personne eût à blâmer cette immobilité.

Mais pendant que le comte de Guiche était tout à l'amour, son père et sa mère traitaient pour lui d'un grand mariage. Déjà le maréchal de Gramont et la duchesse de Sully en avaient discuté tous les points essentiels, ils en étaient à désirer l'entrevue prochaine des futurs. Le maréchal venait d'obtenir du ministre une prolongation de congé pour le comte de Guiche, qu'il lui avait adressée chez le maréchal de Turenne, à l'armée, ne doutant pas qu'il ne fût instruit du lieu où se trouvait Armand. Mais M. de Turenne ayant répondu à M. de Gramont que le comte de Guiche n'était point encore de retour à l'armée, le maréchal s'enquit sérieusement de ce qu'était devenu son fils. La reine lui en avait parlé quelques jours avant, de manière à lui faire entendre qu'elle désirait voir le jeune comte éloigné du roi, par la raison qu'il donnait à Sa Majesté de mauvais conseils et de mauvais exemples.

Un semblable avis, joint à celui reçu du maréchal de Turenne, jeta l'alarme dans le cœur paternel du duc de Gramont. Mais avant de confier la recherche de son fils à l'autorité, il pensa à consulter l'ami, le confident du comte, il peignit à M. de Wardes l'embarras qu'il éprouvait de ne pouvoir faire savoir à Armand la disgrâce qui le menaçait si la reine mère apprenait sa conduite désordonnée, et le bonheur qui l'attendait, d'un autre côté, s'il consentait à épouser la charmante Marguerite-Louise de Béthune, fille du duc de Sully, et l'un des premiers partis de la cour de France.

Exposer son ami aux recherches de la police, au scandale de le trouver déguisé sous un faux nom et tout occupé à séduire une honnête fille, c'était le perdre, et le marquis s'engagea à ramener Armand avant trois jours à l'hôtel de Gramont sans bruit, à la seule condition qu'on ne questionnerait ni ne tourmenterait son ami à propos de la petite absence qu'il venait de faire.

Le maréchal, ravi de l'idée de revoir bientôt son fils en sa puissance, promit tout ce que voulut M. de Wardes, et ce dernier courut aussitôt mettre fin au bonheur de l'heureux clerc de notaire.

XIV

Avant de se rendre rue d'Enfer, le marquis eut soin d'aller revêtir son habit de clerc de procureur, puis il fit appeler Siméon pour qu'il eût à prévenir le comte de Guiche de sa visite. Il le trouva heureusement seul et au moment d'aller chez Marguerite. Il lui fit part de l'objet de sa mission, et eut bien de la peine à lui faire comprendre que toute résistance aux volontés de son père ne servirait qu'à le faire persécuter lui et la pauvre Marguerite, qui ne tarderait pas à être reconnue pour la cause de ses refus.

— Cela t'est bien facile à dire, répondit Armand; mais si tu la connaissais comme moi; si elle t'aimait, tu verrais qu'il n'est rien de plus pur, de plus divin que son amour, et qu'en faire le sacrifice est un trait d'héroïsme au-dessus des forces humaines.

— Pourtant, il faudra bien en venir là; tu ne peux pas l'épouser?

— Eh! voilà ce qui me désespère; car, j'en suis trop certain, celle qu'on me destine ne la vaut pas.

— Ma foi elle est fort belle, fort bien élevée, d'un nom illustre; elle a tous les avantages qui font supporter le mariage, et tu te pendrais un jour de regret de les avoir laissés échapper.

— N'importe! elle serait la perfection même, que je l'aurais en horreur. M'arracher à Marguerite, la mettre au désespoir : non, je n'en aurai jamais le courage.

— Eh, qui te parle de t'arracher à elle! de la faire mourir de chagrin! N'est-il pas possible de la laisser dans toute ses illusions, du moins assez de temps pour que votre ardeur, à tous deux, s'apaise? Le temps fait de grands miracles : tu n'as pas manqué de raisons pour tromper Marguerite jusqu'à présent, tu en trouveras bien encore une pour expliquer l'obligation où tu es de t'éloigner d'elle pendant quelques jours. Tu resteras locataire de cette chambre-ci, où tu pourras revenir souvent reprendre ton rôle de clerc amoureux. Cela te sera d'autant plus facile que tu te montreras plus disposé à suivre les avis de ton père. Ta soumission te délivrera de toute surveillance; tu ne seras pas même infidèle à ta passion; car ce n'est pas de l'amour qu'on te demande pour ta femme, c'est ta main, ton nom, quelques égards, et voilà tout; et, pour prix de cette complaisance, tu mèneras un grand train, tes créanciers seront payés; la reine-mère te laissera tranquille; le roi te croira converti; tu jouiras, dès l'âge de vingt ans, de la considération due à un père de famille; cela te donnera du poids à l'armée, de l'influence à la cour, des honneurs et de l'argent; et, par-dessus le marché, tu garderas ta maîtresse.

— Ah! sans ce dernier article, je ne signerais pas le traité, s'écria le comte. Mais si tu me réponds qu'à travers tous ces nobles ennuis-là je pourrai trouver souvent moyen de venir m'en consoler près de Marguerite; si ma condescendance aux volontés de mon père ne doit me coûter ni l'amour, ni le bonheur de l'être le plus adorable qui soit au monde, alors je verrai à prendre un parti.

— C'est qu'il ne s'agit pas de perdre du temps. Dès demain, les espions du ministre seront à ta recherche, et une fois leur zèle en train, on ne pourra plus l'arrêter; tu seras contraint par la force à ce que tu peux faire de bonne grâce, et tu perdras ainsi tous moyens de communiquer encore avec ta chère Marguerite. Penses-y bien. C'est ta résistance qui vous séparera pour toujours.

Cette dernière raison, la seule qui émût le cœur du comte, le détermina à céder, mais il voulait revoir Marguerite avant de retourner à l'hôtel de Gramont. C'était un dimanche, il lui avait promis de la mener se promener avec lui dans les champs au delà de la barrière d'Enfer. Il suppliait comme un enfant le marquis de le laisser encore la fin de ce jour près d'elle.

— Que je la voie encore aujourd'hui, disait-il, que j'entende sa voix angélique me dire qu'elle m'aime, et la crainte de perdre un tel trésor me donnera la force de m'en éloigner.

— Belle promesse, vraiment! Si je m'y fie, tu resteras ici.

— Non, j'ai trop peur qu'on vienne me l'enlever. Cette crainte te répond de moi. Ordonne à Siméon de m'attendre demain de grand matin à la barrière, dans la même mauvaise auberge où nous sommes descendus, et où j'ai laissé ma chaise de poste, qu'il la fasse atteler, et je jure sur l'honneur d'être à l'hôtel de Gramont avant l'heure du réveil de mon père.

On ne pouvait sans injure douter d'un semblable serment, et M. de Wardes quitta Armand en le prévenant qu'il allait annoncer son retour au maréchal de Gramont; c'était lui ôter tout moyen de le retarder.

Resté seul, M. de Guiche ne perdit pas son temps en vaines réflexions. Sa destinée était inévitable, et il avait trop d'esprit pour dissiper ses facultés en petites révoltes, en mutineries inutiles. Son père, dont le crédit était à la fois celui d'un favori et celui d'un important soutien de l'État, aurait toujours l'autorité de se faire obéir. Ainsi il fallait se soumettre, et ne penser qu'à profiter des moments qui lui restaient pour donner un prétexte à son brusque départ, et s'en consoler par des adieux fort tendres.

Il fut rejoindre Marguerite, qui l'attendait dans sa parure des dimanches, avec sa jupe grise, son corset de velours noir, et ses manches larges de tarlatane blanche, serrées par intervalles de rubans et ornées de bouffettes couleur de feu; avec sa jolie cornette de dentelles, cachant à peine ses beaux cheveux, Marguerite était plus belle que jamais. Et Armand hésitait à jeter un voile de tristesse sur ce beau visage, à rendre cette démarche moins légère, ce sourire moins joyeux, en parlant de la séparation prochaine. Cependant il fallut bien aborder ce douloureux sujet. Les suites du duel imaginaire servirent encore dans cette occasion; l'adversaire avait succombé au traitement de sa blessure, il fallait se soustraire à la vengeance hypocrite de ses héritiers. Il était convenu qu'Armand passerait pour s'être réfugié en Hollande, et que les amants ne se verraient plus que rarement, le soir, et dans le plus profond mystère, pour éviter le danger d'être pris et livré à la justice.

En débitant tous ces mensonges, il ne faut pas croire qu'Armand ne se fît aucun reproche; loin de là; il éprouvait un malaise indicible, et sa modestie seule venait au secours de sa conscience.

— Je ne suis pas plus aimable qu'un autre, pensait-il, pourquoi m'aimerait-elle plus longtemps que celles qui m'ont honoré de leurs bonnes grâces? Dans le petit nombre de celles qui ne m'ont point devancé en inconstance, il s'en est trouvé si peu qui ne se soient vite consolées, que je n'ai aucune raison de me croire regrettable.

Mais tout en s'efforçant d'apaiser ses remords, M. de Guiche pressentait que Marguerite serait une exception dans les aventures amoureuses de sa vie, et que le désespoir d'une jeune fille si belle et si noblement dévouée, serait un souvenir accablant qui mêlerait son amertume à tous les plaisirs que l'amour lui réservait encore.

Elle s'était déjà aperçue de la mélancolie qu'il ne pouvait vaincre et l'accusait parfois de penser à une autre. Alors, heureux de la trouver sur ce point injuste envers lui, il lui serrait la main pour toute justification ; mais cette faible démonstration de tendresse était accompagnée d'un regard si brûlant, qu'il pénétrait jusqu'au cœur de Marguerite et lui rendait la sécurité.

Madame Duverger les surveillait d'ordinaire dans leurs promenades ; mais ayant ce jour-là un peu mal aux pieds, Armand l'avait conduite en voiture de place jusqu'à l'hotellerie où ils devaient dîner tous trois ; c'était près des bois de Verrières, dans une vallée délicieuse. Le repas fini, la bonne femme leur avait permis de faire leur promenade sans elle. L'amour d'Armand s'augmentait si visiblement chaque jour, il parlait si naturellement de consacrer sa vie à Marguerite, de l'épouser dès qu'il n'aurait plus à redouter d'être arrêté par suite de son duel, que la vieille tante ne se faisait plus scrupule de les laisser ensemble.

Lorsque le comte de Guiche se trouva seul avec Marguerite, il lui dit, qu'ayant appris, par un avis secret, que son adversaire avait succombé à sa blessure, les poursuites contre lui allaient devenir plus actives et qu'il serait obligé de quitter Paris dans la nuit même pour se réfugier chez un ami aux environs de Meaux.

A cette nouvelle, Marguerite fondit en larmes, et le comte, sans courage contre la douleur de cette belle personne, chercha à la tromper de nouveau sur la nature du danger qu'il venait d'inventer, mais il n'y parvint pas complétement ; et Marguerite fut prise d'un accès de tristesse, que la présence, les assurances d'amour de son cher Armand ne purent dissiper.

Un marchand de verroteries qui se rendait au bal de Sceaux vint à passer près de l'arbre sous lequel les amants étaient assis. Il leur proposa ses colliers, ses bagues de porcelaine, et se mit en devoir de leur étaler toute sa marchandise avant de s'informer d'eux s'ils se souciaient de la voir.

Au milieu de tous ces bijoux de campagne se trouvait une petite croix d'or attachée à un velours noir dont Armand demanda le prix.

— Oh ! pour ce qui est de ça, c'est différent, dit le marchand; c'est de l'or vrai; voyez plutôt le contrôle. J'ai acheté cette croix à une vente cossue, parce que je sais où la placer. Il y a là-bas, près de Châtenay, une grosse fermière qui me l'achètera sans marchander C'est une gaillarde qui ne se refuse pas les belles choses.

— Mais si je te la payais aussi cher qu'elle, tu me la céderais, je pense? dit le comte.

—Pardine, ça va sans dire. Mais c'est que les jeunes gens les plus gentils même, soit dit sans vous offenser, ça promet plus que ça ne paye.

— As-tu encore peur? reprit Armand en sortant un louis d'or de sa poche.

— Non, ma foi, prenez tout et la boutique aussi, dit le marchand, si elle vous convient, car la croix ne vaut que huit livres dix sous, et je vous ferai bon marché du reste.

— J'en serais vraiment bien embarrassé! Garde-le et ta monnaie aussi.

— Ah! monsieur, quelle bonne action! s'écria le marchand; comme je vais prier Dieu pour vous!

—Et pour celle que j'aime, ajouta le comte en passant la croix autour du cou de Marguerite.

—Ce que vous faites là n'est pas raisonnable, dit-elle. Pourquoi donner votre argent ainsi au premier venu!

— Parce que je suis si heureux en ce moment, que je voudrais que tout ce que je rencontre se ressentît de mon bonheur.

— Vous savez bien cependant que je ne veux rien accepter de vous avant notre mariage.

— Ah! cette petite croix est sans conséquence, et à l'instant de nous séparer pour quelques jours, vous ne pouvez pas refuser de porter ce souvenir.

— J'y consens, puisque vous le désirez, et je m'engage à ne la quitter qu'à la mort; mais à ce dernier moment, je vous la remettrai, si le ciel me garde la douceur de mourir près de vous, et je vous la renverrai si, abandonnée... par vous... je meurs de chagrin... et seule... dit Marguerite en sanglotant.

Une lueur funeste venait, sans l'éclairer tout à fait, de jeter un grand trouble dans son esprit : ce louis d'or, trouvé si vite, donné de même; cette habitude de luxe à laquelle Armand se reprochait vivement d'avoir cédé, avaient livré

Marguerite à des suppositions inquiétanes, et sans se rendre compte de ce qu'elle éprouvait, on peut dire que le vrai agissait sur elle, en dépit de tous les efforts du comte de Guiche pour le dissimuler.

Le moment où il fallut se séparer, mettre un terme à cette journée, qui ne devait plus se recommencer, vint encore ajouter une douleur réelle à tous les sinistres pressentiments qui tourmentaient l'imagination de Marguerite; tout, jusqu'aux regrets déchirants qu'elle lisait dans les yeux d'Armand, ajoutait à sa peine. Ces regrets lui semblaient trop vifs pour une séparation momentanée, et une terreur secrète se mêlait au bonheur de se voir si tendrement aimée.

Enfin, l'heureux clerc de notaire s'arracha des bras de la belle Marguerite pour redevenir l'élégant comte de Guiche.

Que de fois, depuis, il s'est écrié, en pensant à ce mois de délices : Que sont toutes les vanités, toutes les joies du luxe, l'enivrement de la faveur du monde, en comparaison des plaisirs d'un amour vrai!

XV

Le comte de Guiche parut au déjeuner de son père sans plus d'embarras que s'il avait dîné avec lui la veille. Il pressentait que le maréchal serait trop content de le voir disposé à lui obéir et à le laisser l'arbitre de l'avenir, pour le tourmenter sur l'emploi du passé.

En effet, le maréchal lui dit de s'apprêter à être présenté le soir même à mademoiselle de Sully.

— Mais si je lui déplais? demanda Armand.

— C'est que vous le voudrez bien, et j'espère que vous n'aurez pas cette fantaisie, reprit le maréchal d'un ton sévère.

— J'aurais désiré m'enchaîner quelques années plus tard au char de l'hyménée, reprit le comte en souriant.

— Pour achever de vous ruiner de toutes les manières, interrompit le maréchal. C'est une belle idée.

— Aussi je n'y tiens pas, comme vous le voyez, puisque

je suis tout prêt à vous suivre chez la duchesse de Sully et
à dire à sa fille tout ce qu'il vous plaira.

— Vous n'avez vraiment pas besoin qu'on vous dicte des
propos galants. Vous en savez que de reste ; mais avant d'aller vous faire adorer ce soir à l'hôtel de Sully, il faut partir
dans une heure pour Saint-Germain, où le roi veut vous parler.

— Partir sans avoir vu ma mère !

— Vous la verrez à votre retour ; soyez tranquille, ses
sermons ne vous manqueront pas ; elle n'est pas moins ré-
voltée que moi de vos extravagances ; mais j'ai promis de
ne pas vous les reprocher, et je me borne à vous dire de ne
pas perdre un instant pour courir après la faveur prête à
vous échapper. Pendant que vous allez vous divertir on ne
sait où ni comment, le prince de Marcillac, protégé par la
reine, prend votre place auprès du roi ; il devient son compagnon de travail, de plaisirs ; et l'avantage d'avoir été
élevé avec le roi, d'avoir pris part jusqu'ici à toutes ses joies
d'enfant, à toutes ses amours, à ses dangers même, d'avoir
reçu ses premières confidences amoureuses, d'être celui de
ses favoris qui l'amuse le plus ; tout cela, si vous n'y prenez
garde, va vous devenir complétement inutile. Je sais, par
madame de Fleix, que la reine-mère, craignant votre esprit
d'indépendance et les mauvais conseils que vous pouvez
donner à son fils, cherche à vous brouiller avec lui. Le
cardinal, sans seconder ouvertement ce projet, ne s'y oppose
pas, et nous sommes au moment de perdre le fruit de tous
nos soins. Déjà le duc de Larochefoucault lance des bons
mots sur le tort des absents, et court après tous ceux qu'il
a dits sur le peu d'esprit et les balourdises de son fils. Pourtant, c'est à ce manque d'intelligence que le prince de Marcillac doit la protection de la reine et le dédain du cardinal.
Mais le roi n'a pas encore eu, j'espère, le temps de vous oublier tout à fait. Allez donc vous rappeler à lui, et tâchez
de vous rendre assez utile, assez agréable, pour rentrer
dans tous vos droits. La nouvelle de votre prochain mariage
vous sera d'un grand secours auprès de la reine : c'est un
acte de raison et d'obéissance qui lui fera croire à votre
conversion. Tâchez d'en tirer parti, et ne revenez qu'avec
les bonnes grâces de la Trinité.

C'est ainsi que le maréchal désignait les trois puissances
réunies : de la reine, du roi et du cardinal Mazarin.

A peine le comte de Guiche fut-il arrivé à Saint-Germain et admis chez le roi, qu'il reconnut la vérité de ce que lui avait dit son père, et l'inutilité des efforts qu'il tenterait pour recouvrer la faveur du roi. En livrant Sa Majesté pendant un grand mois à l'encens épais d'une flatterie grossière, le comte de Guiche s'était ôté tous les moyens de ramener le roi au goût d'une conversation piquante et à l'attrait d'une amitié noble, où le respect s'alliait à des idées indépendantes.

A la manière froide ou plutôt indifférente dont le roi l'accueillit, le comte jugea que sa disgrâce était inévitable, et il ne pensa plus qu'à l'atténuer en retrouvant près de Monsieur ce qu'une négligence impardonnable chez un courtisan venait de lui faire perdre auprès du roi. Cette manœuvre réussit à merveille. La reine, enchantée de voir le roi soustrait à l'influence du caractère indomptable d'Armand, le laissa prendre tout l'empire qu'il voulut sur l'esprit de Monsieur. Et le comte de Guiche resta à la cour dans une position aussi brillante qu'enviée.

Le comte avoua franchement à son père ce qu'il devait regretter et espérer. Le maréchal y vit une raison de plus de conclure tôt l'alliance avec la famille des Sully ; et l'ambition du jeune comte l'emportant en ce moment sur son amour, il reconnut la nécessité de s'appuyer sur l'éminent crédit du chancelier Séguier, en épousant sa petite-fille, pour résister aux coups portés par la reine-mère. Il rangea donc son mariage parmi ses actions soumises à la discipline, et que le code militaire ne permet pas de discuter, parmi ces expéditions périlleuses où il y a cent à parier contre un qu'on y laissera sa vie, ce qui n'empêche pas d'en affronter le danger.

En se rendant le soir avec sa mère à l'hôtel de Sully, Armand fut si vivement troublé par le souvenir de Marguerite, qu'il se promit de lui rester fidèle autant que la circonstance le lui permettrait. Pour tenir son engagement, il commença par saluer mademoiselle de Béthune sans lever les yeux sur elle. Le duc de Sully prit la parole pour dire les phrases d'usage en pareil cas ; il se félicitait tout haut de posséder pour gendre le jeune seigneur le plus aimable de la cour. A tous ces compliments flatteurs, Armand répondit en s'inclinant respectueusement, et son silence fut mis sur le compte d'une modestie de bon goût.

Le maréchal de Gramont, le duc de Sully et le chancelier s'approchèrent d'une embrasure de fenêtre, où ils tinrent une espèce de conseil de famille, tandis que la duchesse de Sully, le comte de Béthune et la maréchale de Gramont soutenaient de leur mieux une conversation vague où les futurs ne mêlaient pas une parole.

Pendant que les pères réglaient les formalités à remplir, et fixaient le jour où ils demanderaient une audience à la reine, au roi et au cardinal, les mères parlaient robes, diamants, et se délectaient dans les apprêts d'un riche trousseau et d'une magnifique corbeille. Tous étaient d'accord pour presser la cérémonie solennelle. Le comte de Guiche seul réfléchissait au moyen d'en reculer l'époque.

— Il faut au moins que j'aie le profit de mon sacrifice, pensait-il ; en m'engageant ainsi d'une façon irrévocable, je puis, sans crainte d'événement, me donner le temps de plaire ou plutôt de m'accoutumer à l'état conjugal. Trop d'empressement à m'assurer de la dot de mademoiselle de Béthune compromettrait la noblesse de mes sentiments, et d'ailleurs il me faut bien quelques mois pour préparer Marguerite aux tristes révélations que j'ai à lui faire. Pauvre amie, que de soins réclame son amour ! Quel bon génie m'inspirera les mots qui doivent l'éclairer sans la mettre au désespoir ?

Et M. de Guiche imaginait tour à tour les moyens les plus contraires pour arriver à conserver l'amour de Marguerite, en dépit du ressentiment qu'elle éprouverait en apprenant le rang de son cher Armand, et le devoir qui le forçait à contracter un prochain mariage.

Tout occupé de cette difficulté, Armand ne répondit point à sa mère, lorsqu'en revenant de chez la duchesse de Sully, elle lui demanda comment il trouvait la future comtesse de Guiche. Voyant que son fils ne l'écoutait pas, elle ajouta d'un ton plus élevé :

— Vous reconnaissez là, j'espère, ma sollicitude maternelle ; j'ai pensé qu'ayant débuté dans le monde par des succès auprès de quelques jolies femmes, il vous serait trop pénible d'en épouser une laide, et vous voyez celle que je vous ai choisie. Elle est charmante, n'est-ce pas ?

— Je le crois, puisque c'est à votre bonté que je la dois, répondit le comte en sortant de sa rêverie.

— Comment, vous le croyez, reprit la maréchale avec étonnement ; mais il me semble que vous pourriez en être sûr ?

— Je ne l'ai pas regardée.

— Quelle plaisanterie !

— Non, d'honneur, j'ai craint que sa personne n'ébranlât mon courage à vous obéir. Son titre de riche héritière va rarement avec un beau visage, et comme il n'y avait plus à se dédire, j'ai préféré rester dans une douce incertitude sur la beauté de ma future compagne ; d'ailleurs j'aurai assez le temps de la voir.

— Ce que vous avez fait là est fort impoli, fort dédaigneux, et vous mériteriez qu'elle s'en vengeât en vous refusant.

— Elle ne s'en est pas seulement aperçue, je gage ; la timidité, la pudeur, l'auront tenue les yeux baissés tout le temps.

— Ne vous flattez pas de cela, interrompit la maréchale ; une jeune fille trouve toujours moyen de regarder le mari qu'on lui offre et n'avoir pas même échangé entre vous deux un regard, c'en est assez pour amener une rupture.

— A la volonté de mademoiselle de Béthune, reprit le comte en se retirant. Je l'épouserai si vous l'exigez et si cela peut lui être agréable ; mais je n'irai pas me noyer si j'ai le malheur de lui déplaire.

— Le monstre ne caint pas d'être dédaigné, il est bien trop aimable ! pensa la maréchale avec toute l'indulgence et l'orgueil maternel.

En effet mademoiselle de Béthune ne fit aucune observation sur les manières froides de M. de Guiche avec elle. Le consentement du roi et de la reine furent demandés et accordés ; mais les soins du comte de Guiche à retarder toutes les démarches qui devaient amener la conclusion n'étant pas sans succès, il eut plusieurs occasions de revoir Marguerite.

Chaque fois qu'il revêtissait l'habit du clerc de notaire, il se promettait de faire ses pénibles aveux, il en perdait le courage en recevant les témoignages d'amour de cette belle fille ; alors il revenait en se disant : Ce sera pour ma première visite.

XVI

Il était d'usage, en ce temps-là, de se faire peindre à l'époque de son mariage ; cela complétait la collection de portraits que possédait chaque famille illustre. La maréchale de Gramont, insista pour que le comte de Guiche fît faire le sien par un élève de Mignard, dont on vantait le talent pour la ressemblance. Il en donna la preuve dans le portrait du comte, où il le représenta revêtu d'une armure qui, sans dissimuler l'élégance de sa taille, donnait à sa tournure un air martial fort en harmonie avec l'expression de son beau visage (1). Ce jeune artiste, tout en gagnant de l'argent à peindre les grands seigneurs, voulait atteindre à la réputation des Lebrun des Lesueur, et s'exerçait sur des sujets d'histoire ; il avait déjà esquissé le tableau d'une Vierge pleurant sur le tombeau de Notre-Seigneur, et il s'était vu arrêté dans son travail par la difficulté de trouver un modèle capable de donner une idée de la Vierge qu'il rêvait. Enfin, ayant parlé de son embarras à un peintre de ses amis, celui-ci lui indiqua la belle Marguerite, comme le modèle le plus parfait qu'il connût.

— Elle n'a jamais posé que pour Testelin, ajouta-t-il, elle ne va pas chez tout le monde, et ne marche jamais sans sa tante. Malgré cela, je t'engage à faire tout ce qui dépendra de toi pour te procurer ce beau modèle ; car je n'ai jamais vu de traits plus réguliers, d'ensemble plus admirable.

Le peintre n'avait pas hésité à suivre le conseil de l'ami et la tante de Marguerite avait accepté, sans la consulter, la proposition qu'elle pensait devoir être avantageuse à sa nièce.

Le jour convenu, toutes deux se rendirent dans l'atelier de l'élève de Mignard, et en entrant, Marguerite fit un tel cri, que sa tante crut qu'elle s'était blassée. Mais ce cri lui fut bientôt expliqué par la surprise qu'elle éprouva elle-même en reconnaissant les traits d'Armand dans le portrait de ce

(1) Ce portrait est maintenant chez le petit-neveu de M. le comte de Guiche, M. le duc de Gramont.

jeune militaire occupant un des grands chevalets qui se trouvaient là.

— Ah! mon Dieu, quelle ressemblance! s'écria madame Duverger; il est impossible que le hasard seul...

Puis se tournant vers le peintre ;

— C'est une tête de fantaisie?

— Non, madame, c'est le portrait de M. le comte de Guiche, et je vois avec plaisir que mademoiselle l'a tout de suite reconnu.

— M. le comte de Guiche! répéta Marguerite en pâlissant, je ne l'ai jamais vu!

— Ni moi non plus! dit la tante ; mais nous connaissons un jeune clerc de notaire qui a les mêmes traits et je dirais presque le même air, s'il n'y avait pas toujours une grande différence entre l'habit bourgeois et la tenue d'un militaire.

— C'est à confondre, disait tout bas Marguerite, et je ne sais quel effroi m'inspire cette étrange ressemblance...

— Ah! cela vous rappelle un de vos amis! ma foi, tant mieux pour lui, car le comte de Guiche est un des plus jolis hommes de l'armée, reprit le peintre, et son mariage va causer de grands désespoirs parmi les beautés de la cour.

— Il se marie si jeune que cela, dit madame Duverger; c'est trop tôt devenir raisonnable. Je plains la femme qu'il épouse, car il faut que jeunesse se passe.

— Ah! chez ces messieurs-là, le mariage n'oblige à rien : ils ne s'en divertissent ni plus ni moins; cela ne les empêche pas de garder ou de faire autant de maîtresses qu'ils en peuvent avoir. Ne croyez-vous pas que cet élégant comte de Guiche va renoncer à ses amours de jeune homme pour s'établir à vingt ans en père de famille? Il n'est pas si dupe, vraiment, et je suis bien sûr qu'il ne fera pas le moindre sacrifice à sa nouvelle situation. Il s'arrangera pour contenter la femme qu'il prend sans désespérer celle qu'il a. Pourquoi faire des malheureuses, quand on a le cœur vaste et généreux?

Pendant cette conversation, Marguerite les yeux fixés sur le portrait, se livrait à des suppositions plus désolantes l'une que l'autre. Une foule de petits faits revenaient à son esprit et l'affermissaient dans le soupçon d'avoir été indignement trompée. Cependant, l'idée d'un hasard de ressemblance qu'elle avait entendu citer quelquefois, et plus que cela, la confiance parfaite que témoignait sa tante dans ce hasard auraient dû la rassurer; mais le sentiment du vrai s'était emparé de son âme; il y portait sa clarté fatale. Elle se rappelait ce louis d'or jeté pour ainsi dire en aumône à ce petit marchand; la scène du Luxembourg, et ce duel dont les suites toujours menaçantes n'aboutissaient à rien. A mesure que ses souvenirs jetaient plus de jour sur son malheur, sa respiration s'altérait, un frisson mortel parcourait ses veines, un nuage passait sur ses yeux, et elle tomba sans connaissance.

— Ah! mon Dieu, c'est la chaleur du poêle qui lui aura fait mal, s'écria la tante en volant au secours de sa nièce, ouvrez la fenêtre.

Et Marguerite, ranimée par le grand air, rouvrit les yeux. Après quelques moments de calme, elle prétendit être en état de retourner chez elle, et, s'excusa auprès du peintre de se trouver encore trop souffrante pour lui donner séance. L'altération de son visage démontrait visiblement le malaise qu'elle éprouvait, et le peintre ne tenta point de la retenir.

De retour dans sa petite chambre, elle se mit au lit pour obéir à sa tante, qui, la voyant grelotter, croyait avec raison qu'elle avait la fièvre; car, pour Marguerite, elle ne se sentait pas souffrir. Les douleurs de l'âme ont cela de bon, qu'elles rendent insensible aux autres. Elle aurait éprouvé quelque soulagement à confier à sa tante la cause de ses tortures; mais un reste d'espoir, une de ces illusions qui n'aveuglent qu'à moitié la retenaient, et puis cette crédulité de sa tante qui résistait à une sorte d'évidence lui semblait le seul obstacle qui la séparât du précipice. Laisser à cette pauvre femme la tranquillité qu'elle-même avait perdue sans retour paraissait à Marguerite un acte de charité.

— Elle sera bientôt assez malheureuse, pensait-elle, car, je l'espère, Dieu me fera la grâce de mourir!

La fièvre ne quittant pas Marguerite depuis deux jours, madame Duverger prit le parti d'appeler un médecin malgré la volonté de sa nièce, qui s'obstinait à répéter qu'elle n'était point malade. En peu de temps la fièvre prit un caractère sérieux, elle devint inflammatoire et se porta au cerveau.

Dans son inquiétude, la tante avait appelé à son aide une

de ses voisines qui veillait la malade, lorsque la pauvre vieille était épuisée de fatigue. Le médecin vit approcher le neuvième jour de la maladie avec effroi ; on était au soir du huitième, et le délire allait toujours en augmentant ; le docteur, prenant pitié de madame Duverger, et craignant que dans un moment lucide Marguerite ne lût son danger dans les yeux désolés et sur le front pâle de sa tante, ordonna à la bonne femme de se mettre au lit après lui avoir promis que la voisine ne quitterait pas le chevet de la malade.

Dès qu'il fut obéi, il sortit lui-même en annonçant qu'il reviendrait à minuit voir l'effet des calmants donnés par lui ; et cette triste chambre redevint silencieuse, car le délire de Marguerite se manifestait par crise, et dans les intervalles on n'entendait d'autre bruit que celui de sa respiration haletante.

Madame Grandier, la voisine charitable qui lui donnait ses soins par pure amitié, frémissait de l'idée que cette nuit pouvait être la dernière de cette belle fille, si justement aimée par tous ceux qui la connaissaient. Se trouver seule avec elle au moment de son agonie inspirait une vive terreur à la bonne garde-malade ; aussi fut-elle agréablement surprise lorsqu'elle vit la porte s'ouvrir.

— Que demande monsieur ? dit-elle.

— Madame Duverger ou mademoiselle Marguerite.

— La mère Duverger est allée se reposer, elle en avait grand besoin, je vous jure. Quand à la pauvre Marguerite, elle n'est pas en état de vous recevoir, monsieur. C'est sans doute de l'ouvrage que vous venez chercher ; mais il n'a pu y...

— Que vois-je ! s'écrie Armand, elle est au lit ! mourante...

Et il se précipite vers Marguerite, qui fixe sur lui des yeux sans regard, et lui sourit d'un air stupide.

— Qu'est-il arrivé ? grand Dieu !... sa main brûle... elle respire à peine ?... Marguerite... c'est moi... Ciel ! elle ne me reconnaît pas...

Et le comte de Guiche tomba anéanti sur la chaise qui était près du lit de Marguerite.

— C'est bien vrai que la pauvre enfant est bien mal, reprit la voisine, et que le médecin ne nous donne guère d'espoir ; mais pourtant, si la potion qu'elle vient de prendre parvient à calmer la fièvre, il a dit qu'elle en réchapperait.

— Elle sait tout... je l'ai tué... je suis un monstre, disait Armand en se frappant la poitrine. Mais comment la secourir?

— Ah! monsieur, elle ne manque de rien ; nous vendrions plutôt notre mobilier que de lui refuser la moindre drogue que le médecin ordonne.

— Qui la soigne?

— Le docteur Renaudin, un brave homme, s'il en fût jamais.

— Je cours chercher Vallot ; pourvu qu'il ne soit pas près du roi ! N'importe, je le ferai demander. Il aura pitié de moi... Il la sauvera... ou je meurs... Ma bonne dame, ne la quittez pas ; donnez-lui tous vos soins, ajouta le comte en posant sa bourse sur les genoux de la voisine. Si elle reprenait un moment sa raison, dites-lui qu'Armand est venu et qu'il va revenir pour la sauver ou mourir avec elle.

Et le comte s'enfuit aussitôt sans écouter ce que lui répondait la voisine.

XVII

Madame Grandier se demandait quel pouvait être ce jeune homme si désespéré de l'état de Marguerite, lorsque madame Duverger, réveillée par l'inquiétude, vint savoir comment se trouvait sa chère malade. Hélas ! elle n'était pas mieux !

Madame Grandier lui raconta la singulière visite du beau jeune homme au désespoir.

— Ah! je le reconnais bien là, s'écria la tante; c'est M. Armand, cet excellent garçon qui recherche en mariage notre pauvre Marguerite.

— C'est donc ça qu'il avait la tête à l'envers. Le pauvre diable a été si saisi en trouvant sa bonne amie dans ce triste état, qu'il ne savait plus ce qu'il disait, et parlait du roi, de la cour... que sais-je!

— Et comment a-t-il pu la quitter dans cet état-là?

— Il va revenir.

Et la voisine répéta les mots sans suite que le jeune homme avait dits en partant.

Trois quarts d'heure après, elles virent arriver Armand suivi d'un homme grave, en habit de docteur, et dont l'air important inspirait une sorte de crainte. On devinait, à sa contenance magistrale, un juge habitué à rendre des arrêts. Armand, les yeux fixés sur ceux du docteur, cherchait à y lire s'il restait quelqu'espoir d'arracher à la mort sa chère Marguerite.

— Comment ne l'a-t-on pas encore saignée? Qui donc a traité cette pauvre fille? s'écria Vallot; comment a-t-on laissé venir l'inflammation à ce point? Vite, courez chercher un chirurgien, il n'y a pas un moment à perdre.

— Jurez-moi de ne la point quitter, dit le comte à Vallot, et je vous ramène à l'instant un chirurgien.

Rassuré par un signe du docteur, Armand sort et revient presqu'aussitôt avec celui qu'on attend pour piquer le beau bras de Marguerite. A mesure que son sang s'échappe sa respiration devient plus libre; ses paupières se ferment, un accablement profond succède aux mouvements convulsifs qui l'agitaient.

— Si cet instant de calme amène une heure d'assoupissement, elle est sauvée, dit Vallot; mais j'ai peur que l'effet de la saignée ne soit que momentané. Songez à lui éviter toute espèce d'émotion, ajouta le docteur en s'adressant au comte; les bonnes, comme les mauvaises, lui seraient mortelles.

Armand se retira dans un coin obscur de la chambre, et il attendit avec anxiété le moment où Vallot lui ferait signe que la malade revenait à la vie.

Dans son désir d'éclairer le médecin du roi sur ce qu'il présumait être la cause de la maladie de Marguerite, M. de Guiche lui avait avoué ses relations avec elle. Il n'avait pas hésité à s'accuser pour ajouter le poids de ses remords à toutes les raisons qu'il avait de recourir à lui pour sauver cette adorable jeune fille. Certes, il eût été préférable de ne pas séduire et désespérer une personne si pure; mais le mal était fait, et il fallait encore savoir gré au coupable de son repentir et de son zèle à secourir le mieux possible le malheur qui était son ouvrage.

— Retirez-vous, dit Vallot au comte au bout d'une heure ; le sommeil a calmé le pouls, je réponds de sa vie, si nulle impression trop vive ne vient troubler ce calme. Il n'est pas encore trop tard ; vous avez le temps de vous habiller et de vous montrer un instant au bal de la reine. Allez-y, croyez-moi ; car si votre père soupçonnait ce qui vous a empêché d'y être, c'est sur cette malheureuse enfant que tomberait sa colère, et Dieu sait ce qu'elle deviendrait.

Le docteur avait sagement jugé qu'il n'obtiendrait rien du comte de Guiche qu'au nom de l'intérêt de Marguerite, et que la crainte de compromettre la vie de celle qu'il aimait lui donnerait seul le courage de s'en éloigner. Mais dans quelle disposition arriva-t-il au Louvre? Combien il lui fallut d'empire sur lui pour dissimuler à moitié les sentiments qui le torturaient.

D'abord sa mère lui reprocha de n'être point arrivé à une heure plus convenable.

— Vous saviez, lui dit-elle, que la reine donnait en partie ce bal pour célébrer vos accords avec mademoiselle de Béthune, qu'elle protége particulièrement ; et lorsque la duchesse de Sully doit présenter à leurs majestés les futurs époux, on vous cherche vainement ! La reine dit :

» —Mais qu'a-t-il donc de mieux à faire que d'être ici en ce moment?

» Le roi ajouta :

» —Ah ! je le reconnais bien là, se faisant attendre partout.

» — Excepté à l'armée, dit votre père.

» Et cette répartie vous sauve ; mais tout en prenant votre parti, le maréchal est très-mécontent de vous, et je vous engage à changer de conduite, sinon le duc de Sully rompra avec nous, et votre père ne vous le pardonnera jamais.

— Si vous daigniez me regarder, répondit Armand, au lieu de m'accabler ainsi, vous auriez pitié de moi ; car je souffre le martyre. Et si vous saviez combien il m'a fallu de courage pour venir ici... peut-être seriez-vous...

— En effet, vous êtes pâle ; vos lèvres sont tremblantes... Oh ! mon Dieu, qu'avez-vous?

— Je ne puis vous le dire, ma mère, mais je suis bien malheureux, reprit le comte en se penchant vers l'oreille de la maréchale pour n'être entendu que d'elle. Par grâce, par prudence, aidez-moi à cacher mon supplice... ou je suis perdu.

Un fils n'implore jamais en vain sa mère. La duchesse de Gramont, touchée de l'accent douloureux qui accompagnait la prière d'Armand, s'empressa de donner un nom à la souffrance de son fils pour lui assurer l'indulgence et même l'intérêt de ceux qui le blâmaient avec le plus de sévérité.

— Ne le grondez pas, dit-elle à voix basse au maréchal; sa blessure s'est rouverte; il s'est trouvé mal au moment de se rendre chez la reine, et sachez lui gré d'être venu malgré ce qu'il souffre.

Le duc ne perdit pas un instant pour donner cette bonne excuse au roi et à la reine. On dispensa le comte de Guiche de figurer au quadrille du roi, et comme il était d'usage à la cour qu'une fiancée ne pût danser qu'avec son futur mari, la duchesse de Sully appela sa fille, qui causait alors avec les filles d'honneur de la reine.

— Marguerite, lui dit-elle, vous refuserez toutes les invitations.

— Excepté la mienne, j'espère, dit le roi en venant prendre la main de mademoiselle de Béthune, pour la conduire à la contredanse.

Ce nom de Marguerite venait de jeter tant de trouble dans l'âme du comte de Guiche, qu'il saisit involontairement le bras de sa mère, et qu'elle le crut pris de mouvements convulsifs.

— Qu'avez-vous? répéta-t-elle, vous m'inquiétez horriblement. J'ai imaginé de dire que votre blessure s'était rouverte : ne me démentez pas. Mais apprenez-moi la vérité; puis-je quelque chose pour vous sortir de peine?

— Hélas! rien... mon sort est irrévocablement fixé; mais je ne puis trouver que dans votre bonté, votre tendresse, la force de m'y soumettre. Ne m'abandonnez pas, et quand vous me verrez distrait, sombre, inattentif aux devoirs qu'on m'impose, dites-vous : il est bien à plaindre!

Ces tristes paroles s'écoutaient entre les violons et les fifres, et n'étaient interrompues que par les félicitations des personnes qui n'avaient pas vu le comte de Guiche depuis que son prochain mariage n'était plus un mystère. Cependant la mère du comte, désolée de ce mariage qui semblait désespérer son fils, alla jusqu'à profiter du bruit de la fête pour lui proposer de chercher un moyen d'amener la rupture qu'elle redoutait quelques minutes avant. Mais Armand savait qu'il n'avait aucune chance d'améliorer sa situation, et qu'en se révoltant contre l'autorité paternelle, il risquait de la voir sévir contre Marguerite, et, sage par désespoir, il supplia sa mère de ne rien tenter pour le soustraire à sa triste destinée.

— Je saurai que vous me plaignez, dit-il, cela me suffira.

— Puisque vous êtes si résigné, reprit la duchesse en soupirant, il faut l'être de toute manière, il faut rompre le silence que vous gardez avec mademoiselle de Béthune, et qu'elle doit trouver étrange.

— Pour aujourd'hui, cela m'est impossible; je n'ai pas ma raison, je dirais quelque sottise. Vous, dont la bonté m'a trouvé un si bon prétexte pour ne pas danser, laissez-moi m'en servir encore pour ne pas parler. Faites qu'on ne s'étonne pas de me voir sortir aussitôt que la reine aura passé dans son appartement. La blessure rouverte peut motiver tout cela.

— Soit, mais songez que demain matin le chirurgien de votre père sera chez vous, et que le prétexte ne peut durer que jusque-là.

— C'en est assez, reprit le comte.

Et dès que la cour s'est retirée, il cache à la hâte son riche vêtement sous un grand manteau, et il se fait conduire chez la pauvre malade.

Là, il trouve le docteur Vallot, qui vient à lui d'un air joyeux, en disant :

— La crise est passée, et je la crois hors de danger; mais son état exige de grands ménagements.

— Ne puis-je la voir?

— Je veux bien vous le permettre, parce qu'elle dort en ce moment, dit Vallot : mais vous prendrez garde à ne la point réveiller.

— Soyez tranquille.

En parlant ainsi, M. de Guiche s'approcha du lit de Marguerite. Bien qu'il ne fît le pas moindre bruit, elle ouvrit les yeux, et l'on ne saurait peindre le sourire enchanteur qui illumina, pour ainsi dire, son beau visage, en apercevant devant elle cet Armand, la cause de tout ce qu'elle souffrait. Il semblait que le plaisir de le revoir lui fît oublier la trahison dont le soupçon l'avait mise aux portes du tombeau. Elle lui tendit la main qu'il couvrit de baisers. Elle semblait renaître à chaque parole qu'il lui disait, et regrettait d'être trop accablée pour pouvoir lui répondre. Enfin, rassemblant le peu de forces que la maladie lui laissait, elle lui fit signe de s'approcher encore plus pour l'entendre, et lui dit d'une voix à peine articulée :

— Ce... n'était pas... vous, n'est-ce pas?...

— Que veux-tu dire?

Et croyant que dans son délire la malade ne le reconnaît point :

— C'est moi, ajoute le comte, c'est ton Armand...

— Ah! ne me quitte plus... sinon... je croirai que... tu... me trompes... que tu n'es pas...

— Non! je suis tout à toi, s'écrie le comte.

— Assez. Vous allez ranimer sa fièvre, dit le docteur en voulant éloigner M. de Guiche du lit de Marguerite.

Mais celle-ci s'efforce de le retenir par un bout de son manteau; tiré ainsi des deux côtés, le manteau tombe et laisse voir le comte en habit de cour. Marguerite jette un cri perçant et tombe inanimée dans les bras du docteur.

— Sortez d'ici, ou vous la tuerez, dit Vallot avec autorité.

Et M. de Guiche, au désespoir, se laisse entraîner par la vieille tante qui lui dit en pleurant :

— Vous lui avez fait assez de mal. Pour Dieu, laissez-la vivre.

Il fallut céder à cet ordre doublement impérieux, et le comte de Guiche rentra chez lui au comble de la douleur.

Il n'essaya pas même de prendre quelque repos; et lorsque le docteur Vallot se présenta chez lui à sept heures du matin, en sortant de chez la jeune malade, il le trouva assis près de sa table, écrivant à Marguerite tout ce qu'il croyait devoir atténuer ses torts envers elle.

La visite du docteur avait pour but d'effrayer le comte sur le résultat de son aventure amoureuse, et de l'instruire des volontés de sa victime.

— Elle sait qui vous êtes, elle vous défend de chercher à la revoir, dit Vallot et le désespoir où vous la plongez lui donne bien des droits à votre obéissance. A vous dire vrai je m'étais fort abusé sur la vertu de cette belle fille. Je pensais qu'une première faute la rendrait fort traitable, et qu'elle n'en mourrait pas plus que tant d'autres; mais elle prend la chose plus sérieusement, et j'ai la conviction que si vous ne respectez sa résolution de rompre tous ses rapports avec vous, elle se portera à quelqu'acte de désespoir dont vous serez responsable.. Ainsi respectez sa défense, et comptez sur moi pour lui donner tous les soins que son état réclame. C'est par intérêt pour vous que j'ai entrepris sa cure; maintenant c'est par intérêt pour elle que je veux l'achever. On ne peut connaître cette adorable Marguerite sans lui porter une vive affection. Soyez sans inquiétude, je vous promets de la traiter comme si j'étais son père; mais, je vous en préviens, à dater de ce jour je suis de son parti et je ne suis plus du vôtre. Je veux la rendre au calme, à défaut du bonheur que vous lui avez enlevé à jamais; et pour cela il faut qu'elle vous oublie, il faut que je lui prouve que vous ne méritez pas qu'on meure d'amour pour vous.

— Ah! dites-lui que je suis un monstre de légèreté, de mensonge, que je n'ai rien pour plaire, j'y consens, s'écria le comte; mais ne calomniez pas l'amour qu'elle m'inspire. Qu'elle sache que cet amour seul m'a rendu coupable, et qu'il la venge bien par le supplice que j'endure.

— Je dirai tout ce que je penserai devoir la rendre à la vie et à la raison; de votre côté, faites tous vos efforts pour cacher et votre peine et ce qui la cause, autrement Marguerite aurait à joindre les persécutions de deux familles puissantes et la honte d'un éclat scandaleux à tous les chagrins que déjà elle vous doit.

En achevant ces mots le docteur sortit et laissa Armand en proie aux plus amères pensées : les deviner en lui sauvant l'embarras de les exprimer, c'était deux fois lui rendre service.

Le même jour, à la chasse, le roi, frappé de la tristesse profonde empreinte sur le visage d'Armand, et du peu d'intérêt qu'il semblait prendre à la poursuite du cerf, lui fit signe de s'approcher de lui. Le comte, pensant que c'est un ordre que le roi veut lui donner, s'empresse d'aller le recevoir, et s'étonne d'entendre cette question faite d'un ton affable :

— Qu'avez-vous, de Guiche? Puis-je quelque chose au chagrin qui vous tourmente? Il me semble que pour un homme à la veille d'épouser une jolie femme, vous êtes bien taciturne. Serait-ce l'effet du mariage? J'en ai peur, et sans trop en connaitre les inconvénients ni les avantages, j'éprouve toujours je ne sais quelle pitié pour le malheureux qui va s'enchaîner à jamais. On dirait un pressentiment. Les rois font rarement un mariage d'inclination; mais la politique n'est pas si exigeante pour nos gentilshommes, ils peuvent épouser celles qu'ils aiment, ajouta le roi en faisant un profond soupir dont Marie de Mancini aurait pu être fière.

— Ah! sire, quelque soit le chagrin qui m'oppresse, il devrait céder à l'honorable intérêt que Votre Majesté daigne me témoigner. Mais dans ce brillant mariage, qui me fait tant d'envieux, je suis juste heureux comme un roi, et j'ai le trône de moins.

— Quoi! vous n'êtes point amoureux de mademoiselle de Béthune?

— C'est une injustice que je me reproche. Mais Votre Majesté sait par elle-même que l'amour est enclin à la révolte, et sujet à prendre en haine ce qu'on lui commande d'aimer.

— Conçoit-on rien à l'acharnement des familles contre des sentiments involontaires, invincibles, et que la persécution rend plus impérieux encore! s'écria le roi avec une véhémence qui trahissait son intérêt personnel, et le motif qui lui faisait prendre tant à cœur la cause du comte de Guiche. Les grands parents ont tous éprouvé ce sentiment qui nous domine, continua-t-il; eh bien, ils l'oublient pour nous tourmenter, pour exiger de nous des sacrifices qu'ils auraient été incapables d'accomplir...

— Heureusement qu'ils ne les obtiennent pas... complets, dit en souriant le comte.

— C'est qu'ils en demandent trop aussi, reprit le roi. Prétendre soumettre nos actions, c'est déjà beaucoup, mais vouloir changer nos sentiments, voilà ce qu'il leur est aussi impossible qu'à nous. Et pourtant comment faire? ajouta le roi en regardant le comte comme s'il attendait de lui un conseil complaisant.

— Je vais vous étonner, sire, car en cet instant je suis peut-être, de tous vos sujets, celui qui comprend et partage le mieux les sentiments et les ennuis dont Votre Majesté est préoccupée. Eh bien, malgré mon penchant à la révolte, mon peu de goût pour les actes d'autorité du cardinal, pour ceux des grands parents; malgré mon antipathie pour le mariage et pour la femme qui en est le prétexte, je vois tant d'inconvénients à résister, sans espoir de succès, à ce qu'ils appellent la raison d'État ou la raison de famille, selon qu'on est roi ou simple gentilhomme, que je me rends sans combat, mais non pas sans mettre à prix ma soumission.

— Comment, tu crois pouvoir accorder cette obéissance avec l'amour qui te tourne la tête en ce moment?. dit le roi, revenant à son ancienne familiarité envers le comte de Guiche, à mesure que leurs confidences mutuelles les rapprochaient. Tu penses qu'un mariage tout de politique ne peut nuire en rien à un attachement de cœur?

— Je crois, au contraire, que la passion en redouble, sire, et j'espère le prouver.

— Cela peut être vrai pour ceux qui, ainsi que toi et Lauzun, sont chéris de nos belles Françaises, de ces aimables coquettes dont l'amour n'exige pas plus qu'il ne donne; mais les cœurs passionnés ne s'arrangent pas de semblables partages.

— Votre Majesté croit le sang italien trop irritable, trop brûlant pour souffrir de pareils affronts, et je conviens qu'on peut citer plus d'un coup de poignard à l'appui de ce raisonnement; mais les femmes que la passion égare à ce point, n'ont pas l'esprit de celle que votre amour honore aujourd'hui de sa préférence; et je parierais bien, sire, qu'elle ne sera pas la première à rompre une chaîne si douce, quels que soient les sacrifices qu'on lui imposera.

A ces mots, le roi s'indigna qu'on pût le soupçonner d'inconstance dans son amour pour Marie de Mancini, et il alla jusqu'à insinuer au comte de Guiche qu'il saurait bon gré au maréchal de Gramont de persuader à la reine-mère de consentir à avoir pour belle-fille la nièce du cardinal Mazarin.

La loyauté d'Armand ne lui permit pas de servir le roi dans un projet qui lui semblait flétrissant pour la couronne, et les représentations qu'il se permit à ce sujet furent la première cause de la malveillance dont le roi donna depuis tant de preuves au comte de Guiche. Louis XIV ne lui pardonna point de prendre mieux que lui les intérêts de sa gloire ; il avait espéré qu'en se confiant à un jeune homme placé, comme lui, entre l'amour et le devoir, il en obtiendrait sans peine l'approbation de la folie qu'il méditait, et dont M. de Guiche eût été fort capable pour son compte ; mais ce qui nuit simplement à la fortune d'un grand seigneur peut compromettre la puissance d'un roi ; et le comte n'hésita pas à s'offrir en exemple à Louis XIV pour lui prouver qu'on pouvait concilier ses devoirs de famille et ses faiblesses de cœur.

XVIII

Le maréchal de Gramont, très-mécontent du peu d'empressement que témoignait son fils à plaire à mademoiselle de Béthune, le fit passer pour être plus malade qu'il ne l'était effectivement, et lui ordonna de garder sa chambre pendant plusieurs jours. Armand se félicita de la reclusion qui lui permettait de se livrer sans contrainte à ses tristes sentiments.

Le docteur Vallot venait chaque matin, sous prétexte de le soigner, lui donner des nouvelles de Marguerite. Elle était en pleine convalescence, à ce qu'il affirmait : la religion, qu'elle avait appelée à son aide, calmait ses chagrins et la portait à pardonner à celui qui en était l'auteur ; mais Armand, peu confiant dans ses paroles rassurantes, méditait tout bas d'en vérifier l'exactitude, lorsque le docteur lui apprit qu'il venait d'être fort surpris, en arrivant chez madame Duverger, de ne plus trouver ni elle ni sa nièce.

— Toutes deux sont parties cette nuit pour se rendre dans une ville de province, dont la portière n'a pas pu me dire le nom, ajouta le docteur ; mais je recevrai sûrement une lettre d'elles, et je vous en ferai part.

— Vous n'en recevrez pas, répondit Armand accablé, et j'ai perdu Marguerite pour toujours. Que le ciel la protége et lui donne d'aussi beaux jours que j'en vais passer de malheureux !

Le comte, s'étant assuré par Étienne de la réalité du départ de Marguerite, tomba dans un désintéressement de lui-

même qui le fit se soumettre sans nulle résistance à tout
ce qu'on exigeait de lui. Lorsqu'on se croit dans l'impossibilité d'atteindre à aucun bonheur, on ne dispute pas sur
le plus ou moins d'ennuis qu'on vous impose. Armand accepta toutes les conditions attachées à son mariage avec mademoiselle de Béthune, approuva tous les arrangements pris
à cet égard, accomplit toutes les démarches, les devoirs
insipides qu'entraînent ces grandes solennités sans en témoigner la moindre impatience. Aussi le chancelier Séguier
disait-il qu'il ne comprenait rien à la réputation de légèreté
de despotisme et d'indépendance qu'on s'était plu à faire
au comte de Guiche.

—Je ne connais pas de jeune homme plus doux, plus
sensé, ajoutait-il, et je lui reprocherais plutôt un excès de
retenue dans ses sentiments. Il se connaît trop bien en jolie
femme pour être insensible à la beauté de ma petite-fille.
Eh bien, on croirait qu'il n'y prend pas garde. Cependant
au point où ils en sont, il pourrait, sans craindre d'effa-
roucher la modestie de sa fiancée, lui laisser voir son admiration.

—C'est par timidité, répondait le marquis de Wardes en
ayant beaucoup de peine à ne pas rire ; les mauvais sujets
comme nous ne savent parler qu'aux beautés encoura-
geantes qu'on trouve à la cour. La vue de l'innocence les
interdit. Il ne faut pas s'en plaindre, c'est un hommage
rendu par le libertinage à la pureté.

Enfin le jour du mariage fut fixé au 28 janvier suivant.
Le chancelier exigea que la cérémonie eût lieu dans la
chapelle de l'hôtel Séguier, qu'il venait de faire décorer
nouvellement, et la plus brillante partie de la cour fut
invitée à être témoin de ce grand mariage. Le cardinal Mazarin promit d'y assister. La raison qui le détermina à honorer la cérémonie de sa présence mérite d'être
citée.

On sait que le comte de Guiche avait été élevé avec le roi.
L'idée de cette camaraderie d'enfance devait naturellement
inspirer à Louis XIV le désir d'en perpétuer le souvenir par
quelque gage d'une généreuse amitié. Il avait déjà choisi
le présent qu'il destinait au jeune marié ; mais comme le
cardinal Mazarin s'appliquait à laisser le roi sans argent,
Sa Majesté se vit contrainte de prier Son Éminence de lui

donner la somme indispensable pour payer le présent qu'elle voulait faire.

— A quoi bon cette dépense ? dit le cardinal, ce souvenir... Votre Majesté ne craint pas que jamais le comte de Guiche oublie l'honneur qu'il a eu de partager ses jeux d'enfant et même ses plaisirs. De semblables faveurs n'ont pas besoin de récompense; il ne faut pas gâter les courtisans. Que Votre Majesté daigne signer le contrat des enfants du maréchal de Gramont et du duc de Sully : ce sera le plus beau présent qu'elle pourra leur offrir. Quant aux autres faveurs à leur accorder, je m'engage à assister à la cérémonie et au repas de noces.

Cette manière de diriger les bienfaits du roi lui déplut infiniment; mais le cardinal régnait, il fallut se soumettre. Le roi se contenta de se venger de cette ladrerie en la racontant. Le prince de Marcillac fut chargé de la confier au comte de Guiche, qui prétendit avoir un moyen de satisfaire à la fois la bonne volonté du roi et l'extrême économie du cardinal.

En effet, le jour où les chefs des deux grandes familles furent admis dans le cabinet du roi, pour lui présenter le contrat de mariage de leurs enfants, le comte s'empara de la plume dont Louis XIV venait de se servir pour tracer son nom auprès du sien, et lui demanda la permission de la garder comme un gage de faveur que Sa Majesté lui accordait en ce moment.

Le roi, touché de cette requête, y répondit avec une reconnaissance affectueuse, car il avait été deviné dans ses regrets.

Louis XIV possédait à un degré éminent le don de plaire aux personnes qu'il avait intérêt à captiver, et le duc d'Épernon était de ce nombre. Mais si le roi n'épargnait rien pour s'assurer un suffrage important, ou pour reconnaître une action flatteuse, il gardait un souvenir implacable des torts qu'on avait envers lui ou envers les siens. Nous en citerons un seul exemple, parce qu'il fut à son tour la cause du refroidissement qui survint tout à coup dans l'amitié exaltée du comte de Guiche pour son royal compagnon d'enfance.

Par une belle matinée d'hiver, le roi ayant ordonné une grande chasse, se laissa aller si loin à la poursuite du cerf, que la nuit vint, le força d'abandonner la chasse et de revenir en hâte au château où la reine-mère l'attendait avec inquiétude; elle fut étonnée de le voir revenir sans le comte de Guiche, sans le comte du Lude (1), M. de Wardes et M. de Lauzun qui l'avaient accompagné. Le fait est que la chasse les ayant conduits dans des parties du bois qu'ils ne connaissaient point, ils s'égarèrent. Las de se laisser conduire par leurs chevaux et dans une obscurité profonde à travers les taillis, au risque d'être éborgnés par des branches épineuses, ils se consultaient sur le parti qu'ils avaient à prendre lorsqu'ils aperçurent, dans le lointain, une petite lumière. Ils se dirigèrent aussitôt vers cette bonne étoile, et arrivèrent à la porte d'un tout petit château. Là, à force de crier, de frapper, de répéter leurs noms, d'implorer un moment d'hospitalité, ils se font ouvrir la porte. Le maître de la maison s'empresse de venir au-devant d'eux, les invite à se débotter, à se chauffer, ordonne qu'on mette leurs chevaux à l'écurie, et fait préparer à ses hôtes un excellent souper dont ils avaient grand besoin.

A ces manières polies, ni trop cérémonieuses, ni trop familières, ils ont reconnu dans le châtelain un homme habitué au grand monde. Ils apprennent d'abord d'un des domestiques qu'ils sont au château de Courson, chez M. de Fargues; et puis, du châtelain lui-même, qu'il vit depuis plusieurs années, sans femme ni enfants, dans ce même petit domaine, heureux d'y recevoir parfois quelques amis dont le dévouement pouvait braver l'ennui de la solitude.

Après un excellent repas, animé par une conversation sémillante, M. de Fargues avertit les chasseurs que de bons lits les attendaient.

Le lendemain, à leur réveil, ils trouvèrent leurs chevaux attelés et un déjeuner servi. Charmés des politesses de M. de Fargues et de sa bonne réception, les élégants chasseurs lui firent beaucoup de remercîments et même des offres de service; mais M. de Fargues, loin d'en profiter, leur dit qu'il se contentait du bonheur d'avoir eu l'honneur de recevoir les quatre plus aimables seigneurs de toute la France.

(1) Depuis duc du Lude et second mari de la comtesse de Guiche.

La disparition de ces messieurs pendant toute la nuit, avait fait grande sensation à Saint-Germain ; leur retour n'en fit pas moins. Le roi voulut savoir ce qu'ils étaient devenus pendant cette nuit entière...

— Si vous m'en croyez, dit M. de Wardes à ses amis, vous laisserez croire à Sa Majesté tout ce qu'elle voudra sur l'emploi de cette nuit. Je suis sûr qu'on a fait à ce sujet une foule de suppositions très-flatteuses pour nous. Pourquoi ne pas les accepter ?

— Il a raison, dit M. de Lauzun, et je vais dès à présent prendre un air mystérieux qui me vaudra, j'espère, quelques bonnes scènes de jalousie.

— Moi, je sourirai à toutes les questions qu'on m'adressera : c'est une manière d'aveu qui ne compromet point et qui laisse un champ vaste à l'imagination des questionneurs.

— Tout cela ne m'apprend pas ce que je désire savoir, dit le roi, et je pressens que de Guiche seul me dira la vérité.

— Est-ce un reproche que Votre Majesté me fait de la dire trop souvent ? demanda le comte ; c'est un tort que je confesse, mais dont on se corrige vite à la cour ; encore quelques mois, et je promets...

— En ce cas, je n'ai pas de temps à perdre pour apprendre comment vous vous êtes égarés cette nuit, et par quelle raison vous êtes revenus si tard et si joyeux.

— Joyeux ! répéta M. de Lauzun ; ah ! vraiment, on le serait à moins !

— Votre Majesté sait bien qu'auprès de deux beaux yeux une nuit passe vite, dit M. de Wardes en souriant.

— Et que ce bonheur là force à la discrétion, ajoute M. du Lude.

— Mais ce n'est pas vous que j'interroge, reprit le roi avec une légère impatience ; laissez-le parler, ajouta-t-il en montrant le comte de Guiche.

— Vous y perdrez, sire, dit Armand, car à la tournure que prenaient leurs mensonges, ils promettaient des histoires amusantes, et la véritable est bien simple.

Alors M. de Guiche raconta comment ils avaient échappé au supplice de passer la nuit en pleine forêt et par un froid glacial ; il s'étendit sur la politesse affectueuse, les manières nobles du châtelain de Courson, et finit par dire qu'ils seraient tous heureux si Sa Majesté leur donnait les moyens de reconnaître, par quelque grâce de sa part, l'aimable hospitalité qu'ils avaient reçue de M. de Fargues.

— M. de Fargues!... s'écria le roi en fronçant les sourcils, M. de Fargues est en France, à dix lieues de Paris ?... Je ne m'en serais pas douté! Êtes-vous bien sûrs que ce soit le nom de celui qui vous a reçus?

— Parfaitement, sire, et nous ne pouvons nous tromper tous les quatre à la fois, répondit M. de Guiche.

A ces mots, le roi réfléchit un instant, puis il passa dans la chambre de sa mère, et laissa les quatre chasseurs atterrés de l'effet qu'avait produit sur Louis XIV le nom de M. de Fargues.

Ils ignoraient que M. de Fargues s'était signalé dans la révolte de Paris contre la cour et le cardinal Mazarin; que ce dernier l'avait longtemps poursuivi dans l'espoir de le faire pendre, et que M. de Fargues ayant été formellement compris dans l'amnistie, il avait fallu le laisser tranquille. La prudence exigeait qu'il sortît de France, mais il avait cru suffisant de s'éloigner de Paris et de la cour.

En effet, dans la retraite où il avait vécu depuis les troubles, il s'était fait complétement oublier, et sans cette malheureuse circonstance il aurait fini ses jours dans la paix et la solitude. Mais la vengeance des rois se joue souvent des amnisties. Dès que la reine apprit qu'un des ennemis qui lui avaient causé le plus de frayeur était là, près d'elle, s'en rapportant à la foi des traités, elle s'étudia à trouver un moyen de s'en débarrasser à jamais, et, avec l'aide d'un magistrat célèbre, elle parvint à faire impliquer M. de Fargues dans le procès d'un meurtre commis à Paris au plus fort des troubles. On l'arrêta au milieu de la nuit pour le conduire à la prison de la Conciergerie.

M. de Fargues, qui savait bien n'avoir rien fait de répréhensible depuis l'amnistie, réclama en vain contre l'abus d'autorité qui le retenait prisonnier pour un fait pardonné. En vain il se défendit contre une accusation injuste avec raison et éloquence; en vain les jeunes seigneurs, qu'il avait si noblement accueillis, firent tous leurs efforts près des juges, près du roi, pour soustraire ce malheureux à un jugement inique; en vain le comte Guiche se jeta aux pieds du roi pour le supplier de lui épargner le remords d'avoir livré, sans le savoir, ce frondeur amnistié à la vengeance de la cour, tout fut inutile.

On condamna M. de Fargues à avoir la tête tranchée; ses biens furent confisqués au profit du premier président, et le jour qui vit accomplir cet affreux supplice changea tout à coup l'amitié respectueuse du comte de Guiche, pour son roi, en haine profonde contre l'assassin du châtelain de Courson (1).

XIX

A l'occasion du mariage du comte de Guiche, mademoiselle de Gramont, qui fut depuis la princesse de Monaco, sortit du couvent pour assister à la cérémonie, qui devait avoir lieu dans la chapelle de l'hôtel Séguier, chez le chancelier, grand-père de la mariée. Armand, que ses devoirs ou ses plaisirs attiraient sans cesse à l'armée ou à la cour, se rencontrait rarement avec sa sœur. Il fut frappé de la trouver si embellie. Ce n'était plus une enfant, et sa beauté gracieuse, élégante, laissait prévoir toutes les passions qu'elle allumerait dans la cour la plus galante de toutes celles de l'Europe. Son frère était, sans qu'il s'en doutât, l'objet de son admiration; sa réputation d'homme à la mode avait pénétré jusque sous les voûtes du cloître. Chaque pensionnaire, en revenant de chez ses parents où elle entendait parler trop souvent de ce qui se passait à la cour, avait quelque aventure à raconter où se trouvait toujours mêlé le nom du beau comte de Guiche. Sans deviner jusqu'où allait sa séduction, elle s'en faisait une idée des plus dangereuses, et la sœur de ce héros tant vanté devait nécessairement être fière de lui appartenir de si près.

Les réunions obligées qu'entraînait ce grand mariage furent, pour le frère et la sœur, une occasion de se connaître, et de se féliciter réciproquement des rapports d'esprit qui existaient entre eux. Cette ressemblance fraternelle s'arrêtait à celle de leurs beaux visages à tous deux, et de

(1) *Mémoires* du duc de Saint-Simon, t. VIII, p. 201.

leur esprit sémillant : quant à leur caractère, il différait en tous points. Celui de mademoiselle de Gramont avait toute la souplesse qui, dans les cours, assure la faveur ; et celui de son frère, toute l'indépendance qui mène à l'exil.

Le chancelier s'était promis d'éblouir, par sa magnificence, les seigneurs et dames invités aux noces de sa petite-fille. Le célèbre évêque de Meaux devait bénir les époux en présence de tout ce que la noblesse et la magistrature avaient de plus grands noms. Et la fête qui suivrait la cérémonie ne le céderait en rien aux plus brillantes réunions de l'époque.

Jamais le comte de Guiche n'avait tant regretté d'être trop fier pour être vain. Combien de jouissances auraient tempéré ses regrets s'il avait été plus sensible au faste dont il se voyait entouré, aux éloges qu'on prodiguait à la beauté de sa femme, à ceux dont il était l'objet. Mais, absorbé dans le souvenir de Marguerite, il rêvait à ce qu'elle faisait, à ce qu'elle pensait dans ce même moment où on le livrait à une autre. Le marquis de Wardes, le seul qui fût dans le secret de sa pensée, l'exhortait vainement à se montrer moins soucieux.

— Tu portes fort mal ta croix, lui disait-il à voix basse, et je ne reconnais pas là ton courage habituel ; l'as-tu donc laissé à l'armée? On n'a jamais vu épouser une jolie femme d'aussi mauvaise grâce, et si celle-là se venge un jour de tes dédains, ma foi tu l'auras bien mérité.

Sensible à ces reproches, le comte de Guiche s'efforçait de paraître plus attentif aux nombreux devoirs que lui imposait la grande solennité; mais le moment d'après il retombait dans sa rêverie, et personne n'osait plus lui parler, car on le savait capable de céder à un mouvement de franchise qui aurait tout rompu ; et la maréchale de Gramont se contentait de demander grâce pour la tristesse de son fils en lui donnant le nom d'une mélancolie sentimentale dont elle faisait honneur à mademoiselle de Sully. Ce mensonge officieux était de ceux que tout le monde accepte et dont personne n'est dupe. Le chancelier et le duc de Sully se disaient tout bas :

— Le comte de Guiche pense à ses amours de jeune homme, on ne renonce pas sans peine à tant de folies amusantes ; mais la joie de posséder une aussi belle personne que notre adorable fille lui fera bientôt oublier les bonne grâces de nos dames de la cour!

Le maréchal de Gramont disait de son côté :

— Ce mariage est indispensable à notre fortune; qu'Armand épouse mademoiselle de Sully, voilà l'essentiel, le reste est son affaire.

La fiancée pensait qu'elle épousait le seigneur le plus agréable de la cour, celui dont le roi lui-même était jaloux, et elle supposait que la froideur du comte de Guiche était une des conditions de son état d'homme à la mode; d'ailleurs, elle voulait être un jour duchesse, et cette idée l'emportait sur toutes les autres. Quant au jeune Armand, son instinct lui faisait deviner que l'ambition seule présidait à ses noces, et il ne se croyait pas coupable en n'y apportant pas d'amour.

Enfin l'on vint avertir le chancelier que l'évêque de Meaux attendait les mariés; toute l'assemblée se dirigea vers la chapelle aux acclamations des gens de la maison et des notables du quartier qui avaient été admis à voir la cérémonie.

Le comte de Guiche tenait la main de mademoiselle de Sully et tous deux, embarrassés d'être l'objet de la curiosité générale, marchaient les yeux baissés vers l'autel. La voix puissante de Bossuet les sortit de l'espèce d'engourdissement qu'ils éprouvaient. Il adressa les questions sacramentelles au marié, et celui-ci, levant les yeux au moment de lui répondre, jette un cri involontaire, et reste interdit, comme frappé de la foudre!

Le malheureux vient d'apercevoir le grand tableau placé sur le maître-autel; c'est le chef-d'œuvre du rival de Lebrun; il a reconnu cette divine Madeleine, à laquelle Marguerite a prêté sa belle tête, son regard inspiré, ses bras gracieux, son admirable chevelure... Il la revoit là, telle qu'elle est sans doute à cette heure : les cheveux épars, le visage sillonné de larmes, dans l'attitude du plus profond désespoir.

M. de Wardes, qui avait prévu l'effet du tableau pour lequel Marguerite avait posé, s'approche de son ami, le rappelle par un mot à tout ce que sa situation réclame de son courage; et mettant la stupeur d'Armand sur le compte d'un étourdissement subit, mais passager, il engage l'évêque de Meaux à continuer la cérémonie. Elle s'accomplit sans que le comte de Guiche semble y prendre part. Tout à l'effet que produit sur son cœur cette image adorée, il répète machinalement les mots qu'on lui dicte, il fait ce que son ami lui dit de faire, ce que la voix de Bossuet lui commande :

Enfin, il est marié.

Au sortir de la chapelle, on voit arriver M. de Lauzun ; il vient, de la part du roi et de la reine mère, annoncer au chancelier que Leurs Majestés lui feront l'honneur d'assister à son bal, ainsi que Monsieur, Mademoiselle, la reine et la princesse d'Angleterre.

Cet honneur, quoique prévu, transporta de joie les deux familles. Chacun des membres les plus influents se l'attribua.

Le maréchal de Gramont, qui a quitté pour quelques jours Munich, où une mission importante l'avait appelé, ne doute pas que le roi n'accorde au comte de Guiche la faveur d'assister à ses noces, en reconnaissance des services que son père vient de rendre à la France dans l'importante négociation dont il était chargé.

Le chancelier (1) ne voit dans cette démarche royale qu'un acte de déférence dû à sa charge éminente et à son caractère magistral.

Le duc de Sully la regarde comme un hommage rendu au petit-fils de l'ami du plus grand de nos rois.

Le comte de Guiche se dit :

— Le roi aime les fêtes, le cardinal lui en refuse, et il veut s'amuser de celle-ci.

Le comte seul a deviné juste.

A vingt ans, quelle que soit la tristesse du cœur, elle ne peut résister au bruit, à l'éclat, aux enchantements d'une fête où toutes les vanités sont en jeu et tous les charmes en présence, où l'éblouissement des yeux suspend la pensée, où les sens enivrés ne permettent plus au souvenir d'agir sur l'imagination ; enfin, où le présent se manifeste par tant de sensations délirantes, qu'il efface toute idée du passé et de l'avenir.

Le cardinal avait ménagé au comte de Guiche la plus

____

(1) C'est le même chancelier Séguier qui dit à Louis XIV, lorsque celui-ci voulut donner aux princes de la maison de Lorraine, le rang des princes du sang : « J'en demande pardon à Votre Majesté, mais elle ne peut faire des princes du sang qu'avec la reine. »

agréable surprise qu'il pût lui faire. Lorsqu'il entra chez le chancelier, à la suite de Leurs Majestés, il alla droit au jeune marié, et lui dit :

— Voilà le présent de noce que Sa Majesté m'a chargé de vous remettre.

Armand s'inclina en prenant le papier revêtu du sceau royal que lui présenta le cardinal Mazarin, et l'ayant ouvert, il se sentit rougir de joie, car il tenait en sa main le brevet de mestre de camp du régiment des gardes.

L'amour de la gloire l'emporte sur tous les autres. L'idée de prendre dès le lendemain possession de ce beau régiment dans la plaine de Grenelle, d'y être reçu à la tête de dix-sept compagnies par le duc d'Épernon, de se voir confier à son âge un poste si important, rendait Armand si fier et si heureux, que dans sa reconnaissance il se jeta aux pieds du roi, qui le releva aussitôt en disant :

— J'ai voulu être gardé par mon *camarade,* c'est tout simple.

— Ah! sire, que de bontés! c'est m'assurer le bonheur de mourir avant Votre Majesté, car pour l'atteindre il faudra passer par là, reprit le comte en se frappant la poitrine.

Alors les fanfares firent retentir la salle et la fête commença (1).

Au moment où la fête était le plus animée, où le roi, encore épris des charmes de la comtesse de Soissons, se livrait à un nouvel amour, sans dédaigner aucun de ceux qu'il inspirait, et donnait à toute sa cour l'exemple d'une galanterie sémillante, le maréchal de Gramont prenait à part le cardinal Mazarin pour lui parler de l'arrivée d'un courrier

(1) Leurs Majestés, Monsieur, Mademoiselle et Son Éminence s'étant rendus, sur les huit heures du soir, en l'hôtel du chancelier de France, où se trouvèrent la comtesse de Soissons, et quantité d'autres seigneurs et dames, Sa Majesté, avec Mademoiselle, y ouvrit le bal, qui parut des plus augustes et des plus brillants, par la présence de tant de personnes royales et par l'éclat des lustres, des pierreries, dont ceux de cette illustre assemblée étaient entièrement couverts, la collation ayant, au milieu du bal, été présentée à Leurs Majestés et à toute leur suite, avec une somptuosité digne de la splendeur de celui qui la donnait, c'est-à-dire des plus superbes et des plus galantes. (Extrait de la *Gazette* de janvier 1658. Bibliothèque du roi.)

6

de Francfort qui lui annonçait la prochaine assemblée de la diète. Il importait à la France que le traité de Munster fût reconnu par le nouvel empereur, afin de priver l'Espagne des secours qu'elle pouvait recevoir de l'Autriche. Aussi Mazarin s'empressa-t-il de dire au duc de Gramont :

— J'en suis fâché pour vous et vos joies de famille, mon cher maréchal, mais il faut que vous repartiez dès demain. Vous avez déjà bien commencé nos affaires à Munich; il faut aller les achever à Francfort. Il ne sera pas dit que j'aurai contracté pour rien une alliance avec ce scélérat de Cromwell. Nous voulons la paix, l'Espagne la désire; mais elle hésite à nous tenir compte des succès que nous avons obtenus dans la campagne précédente. Eh bien, il faut la contraindre à traiter en terminant la guerre par une action éclatante. Il faut reprendre Dunkerque.

— L'idée est excellente et digne du bon génie qui gouverne aujourd'hui la France, répondit le maréchal en lançant cette grosse flatterie de l'air d'un homme qui croit dire ce que chacun pense, mais l'exécution n'en sera pas facile. Le marquis de Layde, qui commande à Dunkerque, est un homme habile; il a mis la citadelle dans le meilleur état de défense. Sa garnison est nombreuse; il peut la renforcer encore, et pour lui en ôter l'idée, il faut le tromper sur nos projets en le laissant croire que tous nos armements ont pour but de nous emparer d'Hesdin et de le punir de sa révolte. Alors l'ennemi portera ses forces de ce côté, et dégarnira sans doute la place de Dunkerque.

Le cardinal, qui avait un goût naturel pour toute espèce de ruse, ne manqua pas d'approuver celle que proposait le maréchal de Gramont.

— Marcher sur Hesdin pour attaquer Dunkerque? s'écria-t-il c'est le seul moyen de réussir, et pour vous prouver à quel point j'en suis convaincu, je vais engager le roi et son frère à se rendre dans trois jours à l'armée de Turenne; je les y conduirai, et là nous méditerons avec le chef de l'armée sur l'à-propos de notre fausse attaque.

— Je préviens Votre Eminence qu'elle trouvera le vicomte de Turenne très-opposé à notre plan. Il prétend qu'il est imprudent de s'avancer dans un pays avant de s'être emparé des places fortes qu'on laisse derrière soi. Cela est vrai en principe; mais lorsqu'il s'agit d'étonner,

de surprendre, il ne faut pas suivre la grande route et faire
ce que tout le monde ferait à votre place.

— C'est évident, reprit le cardinal, et, cette fois, la sagesse
de Turenne aura tort. Je vais donner des ordres pour le
prochain départ de la cour. Elle se rendra à Calais; là, nous
serons plus à portée de diriger les affaires, et de suivre les
mouvements de l'armée. Vous m'instruirez exactement de
tout ce qui se passera à Francfort, et, si Dieu nous protége,
je vous enverrai en retour de bonnes nouvelles. Le malheur
est que ces jeunes époux n'auront pas longtemps à savourer
les plaisirs du mariage, car le mestre de camp du beau régiment des gardes doit suivre le roi.

— Ils n'en auront que plus de joie à se revoir, dit le maréchal en souriant.

Et la contredanse étant finie, tous deux se rapprochèrent
de la reine.

Ce fut la première fois qu'on s'occupa à la cour de la princesse d'Angleterre; elle entrait dans sa quatorzième année
et avait encore l'air d'un enfant. Elevée par les soins de sa
mère, à la campagne, au château de Colombes, près de Paris,
et plutôt en simple particulière qu'en fille de roi, elle joignait à toute la fierté qu'expliquaient sa haute naissance et
ses grands revers, les grâces d'un esprit fin, délicat, cul-
tivé, et la naïveté d'une jeune fille dont on s'est plu à prolonger l'enfance. Le peu de probabilité qu'il y avait alors de
la voir jamais sortir de la triste situation où la plongeait la
révolution qui avait conduit son père à l'échafaud, la faisait
regarder par tous les courtisans avec indifférence. Il fallut
un débat d'étiquette pour attirer l'attention sur elle.

Au moment de se rendre dans la salle du festin, on
avait remarqué que mademoiselle de Montpensier avait
passé à la suite de Leurs Majestés, avant la princesse d'Angleterre. La reine sa mère l'ayant vu, s'en était plaint au
vieux duc de Gesvres, qui en parla aussitôt à Monsieur.

— Mademoiselle a eu raison, répondit le prince; nous
avons bien besoin que ces gens là, à qui nous donnons du
pain, viennent passer devant nous! Que ne vont-ils ailleurs (1)?

Ces mots, dits très-haut et entendus de plusieurs personnes,

____

(1) *Mémoires* de mademoiselle de Montpensier, t. III, p. 72.

furent tant commentés et répétés, qu'ils parvinrent aux oreilles de la reine d'Angleterre. Elle en pleura amèrement. La reine le vit et gronda vivement Monsieur. Le cardinal prit parti pour Mademoiselle, en disant que les rois d'Ecosse cédaient autrefois les pas aux fils de France, et que, par cette raison, la petite-fille de Henri IV était en droit de passer devant la princesse d'Angleterre.

La discussion menaçait de se prolonger, si la bonne grâce de Mademoiselle n'y avait mis fin, en allant dire à sa royale tante qu'elle connaissait trop les devoirs de l'hospitalité pour ne pas lui céder en toute occasion.

Pendant ce temps la jeune princesse, désolée d'être la cause d'un débat qui affligeait sa mère, se tenait près d'elle; accablée sous le poids d'une humiliation, qu'on lui avait jusqu'alors épargnée, et dont l'épreuve lui était d'autant plus douloureuse.

— Pauvre enfant, pensait le comte de Guiche en la regardant, et c'est le jour de mon mariage, c'est chez mes parents qu'elle reçoit une si cruelle injure! Par quel triste fait me voilà établi dans son souvenir! Quand elle me haïrait tout le reste de sa vie, je n'aurais pas le droit de m'en plaindre; mais Monsieur lui doit des excuses, et il les lui fera.

Alors le comte, s'approchant de Monsieur, l'endoctrina si bien, qu'il l'amena à venir demander pardon à la reine d'Angleterre, et à sceller leur réconciliation en invitant à danser la princesse Henriette.

La manière gracieuse dont Monsieur céda aux représentations, aux prières du comte de Guiche, lui inspirèrent une si vive reconnaissance, qu'à dater de ce moment il s'attacha au prince et devint son spirituel favori. Quant à la jeune princesse, elle oublia le souvenir des torts de Monsieur, pour ne se rappeler que la bonté, l'élégance, l'esprit conciliant du jeune seigneur qui en avait obtenu le pardon.

La conversation se porta de nouveau sur toutes les magnificences du chancelier, sur la beauté de la comtesse de Soissons, sur l'esprit de sa sœur Marie, sur la danse du roi, qui surpassait en grâce et en noblesse, celle des plus beaux jeunes gens de la cour. Enfin ce fut une émulation générale, à qui flatterait le mieux les goûts et la vanité de Louis XIV, et c'est pendant ce concert d'éloges, d'agaceries mutuelles, de frivolités amusantes, que venait de se prendre l'importante décision de la prise de Dunkerque.

Cet exemple d'une grande détermination arrêtée au bruit des violons, s'est si souvent renouvelé depuis, que le maréchal de Richelieu disait :

— En France, on ne fait de haute politique qu'au bal ; le conseil des ministres n'a été inventé que pour approuver les projets conçus entre deux menuets.

XX

Le jour de ce mariage qui causait tant de peine au comte de Guiche, et lui faisait tant d'envieux, vit naître un amour qui prit bientôt toutes les allures d'une passion profonde et constante. Le marquis de Lauzun n'avait pu voir mademoiselle de Gramont sans admirer sa beauté, l'esprit qui animait toute sa personne, et cette grâce élégante qui révèle tant de charmes dans une jeune personne. Il était son cousin ; et, bien que sa fortune ne lui donnât aucun droit à un si riche mariage, la faveur dont le roi commençait à l'honorer lui permettait d'aspirer à de grands emplois, et il pouvait raisonnablement prétendre à la main de sa belle cousine. Aussi, loin de combattre son amour naissant, employa-t-il tout ce que le ciel lui avait donné de piquant et d'aimable pour s'attirer l'attention de mademoiselle de Gramont.

Sortir du couvent pour se voir tout à coup l'objet des soins d'un des seigneurs les plus brillants de son époque ; s'entendre parler pour la première fois d'amour par l'homme dont le langage séducteur faisait perdre la raison aux plus jolies femmes de la cour et de la ville, c'était une épreuve trop forte pour un cœur de seize ans. Mademoiselle de Gramont, sans se rendre compte de ce qu'elle éprouvait, ne cessait de répéter :

— Ah ! mon frère ! quel beau jour ! quelle fête admirable ! Je savais bien vous aimer, mais je ne me doutais pas encore de toute la part que je pouvais prendre à votre bonheur.

— Mon bonheur... redisait le comte en souriant avec

ironie, ne le confondez-vous pas un peu avec celui que vous avez de ne plus rentrer au couvent?

— Quand cela serait, dit M. de Lauzun, il n'y aurait rien d'étonnant, et pour ma part je ne serais pas embarrassé de dire lequel des deux me réjouit le plus.

— Ne prétends-tu pas, dit Armand, lui faire accroire que sa sortie du couvent est un événement qui va bouleverser toutes les têtes, à commencer par la tienne; que sa beauté va détrôner celles qui règnent en ce moment; et qu'elle n'a qu'un mot à dire pour voir toute la terre à ses pieds? C'est avec ces beaux discours qu'on les trompe, qu'on les enivre, et qu'on les rend à jamais malheureuses, ajouta le comte en pensant à Marguerite.

— Ah! mon Dieu! quel accès de morale, s'écria M. de Lauzun; qui peut te rendre tout à coup si sérieux, si sévère? Le mariage agirait-il si vite? Et te croirais-tu obligé de médire des sentiments... les plus purs... les plus... respectueux, ajouta le marquis, en attachant ses regards sur mademoiselle de Gramont, par la raison que tu n'en peux plus avoir que pour ta femme? Ah! ce serait par trop injuste! n'est-ce pas, mademoiselle?

Un sourire charmant fut la seule réponse de la sœur d'Armand à cette question. L'orchestre venait de donner le signal du branle que devait mener le roi; et M. de Lauzun, sans attendre le consentement de mademoiselle de Gramont, s'empara de sa main pour la conduire à la danse. Elle était si troublée qu'elle se laissa entraîner sans faire la moindre observation sur la manière dont M. de Lauzun disposait d'elle avant de connaîtrtre sa volonté.

M. de Lauzun, quoique très-jeune encore, avait déjà trop d'expérience en amour pour ne s'être point aperçu du trouble que le sien faisait naître dans l'âme de mademoiselle de Gramont, et il profita de l'espèce de tête-à-tête que le bal ménage aux amoureux dansants, pour dire à sa jolie cousine ce qui devait achever de la séduire.

Tout se réunissait pour l'encourager dans son désir de lui plaire; d'abord, le sentiment qu'elle lui inspirait; et puis, il pressentait l'opposition que le maréchal de Gramont mettrait au mariage de sa fille avec un cadet de famille, et il pensait que la résistance du père céderait à la crainte de faire le malheur de cette fille adorée. Mais ces considérations-là n'exerçaient nul empire sur l'esprit du maréchal ; il n'en était pas moins un excellent père ; seulement il connaissait la fragilité humaine, et prétendait qu'il n'y avait pas un seul amour digne du sacrifice d'un grand intérêt.

— Les affections passent, disait-il, et les situations restent ; donc il faut avant tout s'en faire une bonne. Lorsqu'on est bien appuyé dans la vie, on en supporte mieux les coups du sort. Après moi mes enfants seront libres de compromettre leur bonheur, mais je commencerai par l'assurer autant qu'il est en mon pouvoir en leur choisissant des alliances, en leur créant des positions en rapport avec leur nom et la fortune qu'ils sont en droit d'espérer pour prix de nos longs services.

Par suite de cette résolution, le maréchal rêvait déjà une union entre la maison des ducs de Valentinois et la sienne ; ayant peu d'argent à donner à sa fille, le duc de Gramont comptait sur son crédit pour obtenir du roi, ou plutôt du cardinal Mazarin, de rendre aux Valentinois tous leurs droits à la principauté de Monaco, et ce fut en effet sur cette espérance que se conclut, quelques années plus tard, le mariage de mademoiselle de Gramont avec le duc de Valentinois, devenu ensuite prince de Monaco, et cela sans nul égard pour l'amour mutuel de M. de Lauzun et de sa cousine.

Après de semblables coups d'autorité, comment s'étonner de voir ces sentiments romanesques se continuer en dépit des devoirs du mariage et de la jalousie d'un mari ?

Le comte de Guiche, à force de s'entendre complimenter sur la beauté de sa femme, finit par trouver qu'il serait fort ridicule à lui d'être le seul à ne pas lui rendre hommage. D'ailleurs à vingt ans un plaisir présent triomphe sans peine des souvenirs les plus profonds ; mais, si la jeunesse se contente du plaisir, le cœur est plus difficile, et lorsqu'il peut faire la comparaison d'un sentiment fondé sur la vanité, l'ambition et la curiosité, avec un amour tout d'impulsion, avec cet enivrement de l'âme qui fait tout oublier, tout sacrifier pour celle qu'on aime, il reste calme et froid au milieu du délire des sens.

Armand trouva sa femme belle, et peut-être l'eût-il aimée en dépit de l'amour qu'il conservait pour Marguerite, si quelque point sympathique eût existé entre eux ; mais leurs caractères et leurs goûts étaient trop opposés pour qu'il pût s'établir entre elle et lui aucune affection tendre. Dans un ménage bourgeois, cette différence aurait fait naître des querelles sans fin ; mais le grand monde, qui permet de se soustraire aux ennuis domestiques, rend l'existence plus supportable entre personnes qui ne se conviennent pas ; rien ne leur est si facile que de vivre séparées sous le même toit ; on leur pardonne leurs infidélités, leurs fautes, on va même jusqu'à en protéger les suites ; mais aussi les blâme-t-on sévèrement d'avoir recours au scandale. C'est juste ; là où le vice est toléré, l'esclandre est inexcusable.

Le comte de Guiche, décidé à n'accorder à sa femme que ce qu'elle avait droit d'exiger d'un mari qui l'avait épousée sans l'aimer, s'établit avec elle de manière à conserver sa liberté.

Les premiers temps de leur mariage furent employés en grands dîners, en fêtes dont chaque membre des deux familles se croyait tributaire. Le cardinal de Mazarin, lui-même, voulut aussi fêter les jeunes mariés ; car il était dans son système de seconder de son mieux la passion du roi pour les plaisirs en général, et pour le bal en particulier. En vain la reine-mère pensait-elle qu'il n'était pas convenable de voir un roi figurer dans des ballets, sur un théâtre.

— Laissez-le faire, disait Mazarin : s'il cessait de danser il voudrait gouverner, car il faut bien s'amuser à quelque chose.

Et la reine, trouvant la raison bonne, laissait danser son fils. La mort du duc de Candale vint attrister ces réjouissances ; il était jeune et beau. M. de Guiche avait pour lui une véritable amitié, et il prétexta ses vifs regrets pour échapper à l'ennui des réunions qui se succédaient chaque jour chez l'un ou l'autre de ses grands parents.

En ce temps, nos rois ne dédaignaient pas d'aller visiter le grand seigneur que la mort d'un fils plongeait dans le désespoir (1). Louis XIV fut voir le duc d'Épernon, et lui

(1) Le 1er du courant, le roi fit l'honneur au duc d'Epernon de le visiter en son hôtel, pour lui témoigner la part que Sa Majesté prenait en la mort du duc de Candale, son fils. (Extrait de la *Gazette* de février 1658.)

prodigua toutes les consolations qui étaient en sa puissance.
Hélas! il en est peu contre une telle douleur; mais un témoignage d'affection a toujours son prix, et la pitié royale
n'a pas moins qu'une autre le don d'adoucir les peines les
plus vives. Le roi perdait dans le duc de Candale un brave
général, un courtisan aimable, et les regrets sincères qu'il
témoigna en cette occasion aidèrent le duc d'Épernon à
supporter les siens.

XXI

Le froid, qui fut très-rigoureux pendant cet hiver de
1658, retarda l'entrée en campagne. Il fallut attendre le
mois d'avril pour faire marcher les troupes vers Calais, où
le roi devait se rendre accompagné de la reine mère, de
Monsieur, du cardinal Mazarin, et des personnes attachées
à la maison de leurs majestés.

Avant de partir, le roi, la reine et les princes allèrent en
grande pompe à l'église de Notre-Dame prier la sainte Vierge
de protéger les armes de la France.

Malgré tous les plaisirs dont on accablait le comte de
Guiche, il s'éloigna de Paris sans regret et courut devancer
le maréchal de Turenne à Amiens. Tous deux quittèrent
bientôt cette ville pour aller rejoindre l'armée alors campée
sur les bords de la petite rivière d'Austie. Le maréchal ordonna aux troupes de marcher au-devant du roi dont la
présence au milieu d'elles allait, disait-il, faire de chaque
soldat un héros.

Il était urgent de punir la trahison du maréchal d'Hoquincourt, qui, séduit par les charmes de la duchesse de
Châtillon, venait de traiter avec le prince de Condé, et de
lui livrer Hesdin. Les officiers, dans la crainte d'être soup-
çonnés de vouloir imiter cette défection, redoublèrent
d'ardeur. La nécessité de repousser les Espagnols, commandés par don Juan et par le prince de Condé, avait en-
gagé le cardinal Mazarin à s'allier aux Anglais pour assiéger
Dunkerque, et avant même que l'escadre anglaise eût dé-
barqué le renfort qu'on attendait, le maréchal de Turenne
commença l'attaque.

On sait le talent qu'il déploya dans ce fameux siége et les prodiges de valeur qui s'y firent de part et d'autre. Le roi, suivi du cardinal, venait chaque jour de Mardick encourager les troupes; souvent même il allait visiter les gardes de nuit. Un soir qu'il revenait d'une semblable visite, seulement escorté par quelques officiers, il tomba dans une embuscade en traversant un petit bois qui se trouve entre Mardick et Dunkerque. N'apercevant d'abord que deux cavaliers, le roi s'apprêtait à les charger, lorsqu'il vit sortir tout à coup de l'intérieur du bois un gros d'ennemis commandés par le traître maréchal d'Hoquincourt. L'énorme supériorité de sa troupe ne permettait aucune résistance de notre part. Le roi et les siens profitèrent de la vitesse de leurs chevaux pour rejoindre la grand'garde de cavalerie, commandée par le comte de Soissons, et que le maréchal de Turenne faisait sortir tous les soirs avec ordre de surveiller les mouvements de l'ennemi.

Le maréchal d'Hoquincourt, enhardi par le premier effet de sa ruse, profite du combat qui s'engage entre sa troupe et celle du comte de Soissons pour s'approcher de nos lignes. Là quelques mousquetaires cachés sous le pont d'une petite rivière et placés là pour donner l'alarme, en apercevant le maréchal d'Hoquincourt et l'officier qui le suivait, tirèrent sur eux, blessèrent l'un de deux coups de mousquetade, le maréchal eut le corps percé de cinq balles et fut apporté par nos soldats dans les lignes, où il eut la honte de mourir deux heures après, sous les yeux du roi qu'il avait lâchement trahi, et au milieu de cette brave armée qui venait de venger sur lui l'honneur des maréchaux de France.

Avant de rendre le dernier soupir, le maréchal d'Hoquincourt, cédant au remords d'avoir agi contre son pays, voulut réparer un peu de ses torts en apprenant au maréchal de Turenne que l'armée des Espagnols n'était plus qu'à une demi-lieue des lignes, et que les chefs qui la commandaient avaient résolu d'attaquer le lendemain les assiégeants. Le maréchal de Turenne, profitant de l'avis, se décida à marcher sur l'ennemi avant qu'il eût eu le temps de se mettre en ordre de bataille; et la victoire qui résulta de cette décision fut d'autant plus glorieuse, que le prince de Condé la disputa longtemps.

Dès la première affaire qui eut lieu entre les assiégés et les régiments commandés par le marquis de Créqui, le comte de Soissons et le comte de Guiche, ce dernier reçut un coup de mousquet dont la balle lui traversa la main droite (1), et, malgré l'affreuse douleur qu'il en ressentit, saisissant au même instant son épée de la main gauche, il se retourna vers ceux qu'il commandait leur montra sa main d'où le sang coulait, et, se jetant le premier dans la mêlée, il s'écria :

— Mes amis, vengez-moi !

Ses soldats lui obéirent, et ce premier succès enivra à tel point le comte de Guiche, qu'il ne voulut point céder sa part des autres. Il continua à combattre quoique blessé. Cette rage de gloire pensa le rendre estropié pour sa vie: l'inflammation s'étant mise à sa blessure, on fut au moment de lui faire l'amputation ; mais il n'y voulut point consentir, préférant, disait-il, la mort à l'infirmité; seulement, comme il désirait embrasser sa mère et mourir près d'elle, il se fit transporter à Paris. Le souvenir de la comtesse de Guiche aurait dû influencer cette détermination; mais, en historien fidèle, nous sommes forcé d'avouer qu'il n'y eut aucune part.

Pendant ce temps, le roi, succombant à ses fatigues et au mauvais air qu'on respirait à Mardick, était à Calais pris d'une fièvre continue accompagnée du pourpre, qui le mettait dans un grand danger.

Les médecins, voyant la maladie empirer malgré tous leurs remèdes, laissaient deviner qu'ils n'avaient plus d'espérance, et déjà tous les courtisans se retournaient du côté de Monsieur.

Le cardinal Mazarin, qui savait n'être point aimé de Monsieur, envoya un exprès à Paris avec l'ordre de faire enlever de son hôtel ses trésors et ses meubles pour les cacher dans les souterrains de Vincennes (2) ; il se transporta chez le maréchal Duplessis, le gouverneur de Monsieur, lui fit les plus belles promesses. Il alla visiter de même tous ceux qui étaient dans les bonnes grâces de Monsieur, et ne voulant pas se compromettre par une lettre, il chargea son neveu,

____

(1) *Gazette* du 18 juin 1658.
(2) *Mémoires* de madame de Motteville, t. V, p. 173.

le comte de Soissons, de faire auprès du comte de Guiche toutes les démarches les plus humbles pour s'assurer sa bienveillance, et implorer sa puissance sur l'esprit de Monsieur.

C'est par cette démarche que le comte apprit l'état affreux où se trouvait le roi.

— C'en est donc fait, dit le comte de Guiche, en sentant se réveiller son affection pour Louis XIV, on n'espère plus rien.

— Je ne dis pas cela, reprit le comte de Soissons, à l'âge du roi il y a toujours de la ressource ; mais c'est en prévoyant un malheur qu'on empêche les suites d'en être funestes. À peine sommes-nous sortis des troubles de la Fronde, qu'il serait cruel d'y retomber, et le plus sûr moyen d'y échapper est de laisser à la tête des affaires celui à qui nous devons le retour de la paix avec l'Espagne.

— Ainsi soit-il, répliqua le comte d'un air indifférent. Peu m'importe le choix des instruments ; pourvu que cette machine qu'on appelle gouvernement marche bien et se tire de toutes ces difficultés à l'honneur de la France. Comme il est probable que je n'en verrai pas le dénoûment, on doit me pardonner de ne pas prendre grand intérêt à ce drame et d'en dédaigner l'intrigue, ajouta le comte en montrant sa blessure.

Alors, le comte de Soissons, qui aimait sincèrement M. de Guiche, insista pour qu'il se décidât à sacrifier sa main à sa vie ; il l'en supplia au nom de la duchesse de Gramont, de la comtesse de Guiche, qui s'adressaient à tous les amis d'Armand, pour les engager à lui faire entendre raison ; mais il resta inébranlable. En vain les médecins effrayés par les chaleurs que la saison amenait, le menaçaient de voir la gangrène rendre sa plaie mortelle ; en vain sa mère le conjurait en pleurant de se conserver pour elle ; en vain sa femme lui disait-elle tout ce qu'il était convenable de dire en pareille circonstance pour vaincre son entêtement ; il résistait aux prières comme aux menaces avec un calme, une confiance dans sa destinée qui tenaient de l'inspiration.

Une nuit, qu'il souffrait plus que de coutume, et qu'Étienne veillait près de lui, il entendit le brave garçon grommeler des injures contre les docteurs et les chirurgiens, dont tous les remèdes n'aboutissaient qu'à tourmenter son maître.

— Ah! si j'étais monsieur le comte, ajouta-t-il en secouant la tête, comme je les enverrais tous promener!

— Ma foi! dit le pauvre blessé, l'envie m'en prend souvent, mais ce serait faire trop de peine à ma mère : elle a tant de confiance en leur prétendu savoir!

— Pourtant elle voit bien ce qu'il produit. Ont-ils trouvé encore un seul moyen de diminuer votre souffrance?

» —Tous les nerfs sont froissés, disent-ils, rien n'est si douloureux que cette sorte de blessure, les conséquences en peuvent être fort graves.

» Et, satisfaits d'avoir lancé cette belle sentence d'un air capable, ils s'en vont ennuyer un autre malade de leurs grandes phrases, et augmenter son mal à coups de remèdes inutiles.

— Que veux-tu, mon cher Étienne, il faut bien se conformer à leurs ordonnances, puisqu'ils ont seuls le droit de nous tuer ou de nous guérir.

— Ah! si j'osais!... mais non... on dirait que c'est des remèdes de bonne femme... et pourtant c'est avec un emplâtre pareil que mon cousin le sergent a été guéri, après avoir eu l'épaule traversée par une balle, et cette jeune fille avait si bien l'air de croire à la vertu miraculeuse de ce...

— Que parles-tu de cousin, de sergent, d'emplâtre, de fille, interrompit le comte; est-ce que tu as la fièvre aussi, toi?

— Eh bien, oui, j'ai la fièvre de colère, de chagrin, quand je vois un beau jeune homme comme vous souffrir le martyre sans que personne ne trouve moyen de calmer sa torture; je maudis le diable qui l'a fait naître dans une belle chambre dorée, au lieu de lui donner pour mère tout simplement une bonne paysanne... car supposons qu'au lieu d'être le fils de madame la duchesse de Gramont, vous soyez celui de ma mère, je vous aurais déjà appliqué cet emplâtre d'herbes miraculeuses qui guérit toutes les plaies en douze heures ; et, loin d'être étendu là comme un vrai patient, vous auriez déjà écrit un billet doux de votre main malade.

— Quoi! tu connais un remède à ce que je souffre, et tu ne m'en parles pas?

— C'est que vous allez vous moquer de moi et de cette bonne fille... Pourtant il a été un moment où vous n'auriez pas dédaigné de l'entendre et de lui obéir, peut-être bien.

— Que veux-tu dire? reprit le comte d'une voix émue.

— Ah! ma foi, j'aurais trop de regrets, s'écria Étienne; et quand vous devriez me traiter d'imbécile, je vais tout vous conter. Hier soir, comme madame la duchesse et madame la comtesse vous tenaient compagnie, et que j'étais dans votre cabinet de toilette à guetter par la fenêtre l'arrivée du chirurgien, François est venu me dire qu'il y avait, dans la cour des écuries, une personne qui me demandait. D'abord je réponds que, pouvant être appelé d'un moment à l'autre près de mon maître, je n'ai pas le temps d'aller bavarder avec qui que soit.

» — Mais c'est quelqu'un qui veut te donner un avis important et qui regarde M. le comte, reprit François; elle dit comme ça que sa vie en dépend.

» — Ah! mon Dieu, si c'était vrai, m'écriai-je en descendant l'escalier quatre à quatre, et je me trouvai bientôt dans la cour des écuries. Il n'y avait personne, car depuis que M. le comte est malade, madame la duchesse et madame la comtesse ne sortent plus, et cocher, palefreniers, tous sont au cabaret du matin au soir. Je commençais à jurer contre François pour m'avoir dérangé inutilement, lorsque je m'entends appeler par une petite voix venant de la remise; je me retourne et j'ai peine à reconnaître celle qui me parle... Ah! monsieur, qu'elle est changée, que ses beaux yeux sont gonflés par les larmes, qu'elle est maigre et pâle; vrai, cela fait pitié!...

— Quoi... c'était... dit Armand respirant à peine... c'était...

Il ne put achever, une sueur froide couvrit son front, sa tête retomba sur son oreiller, et il resta quelque temps dans une espèce de torpeur qui, sans engourdir la pensée, paralysait tous ses mouvements.

— Oui, monsieur, continua Étienne, c'était cette pauvre ouvrière en dentelle qui, ayant appris par la *Gazette* que monsieur le comte était grièvement blessé, venait me conjurer de lui en donner des nouvelles et me recommander de profiter du moment où il dormirait pour mettre sur la blessure un cataplasme composé d'herbes dont l'effet est certain. En disant ces mots, elle me remit un paquet de ces herbes auxquels elle attribue la vertu de guérir les plaies comme par enchantement. Vous pensez bien que je n'ai pas laissé croire à cette bonne fille que j'irais de mon chef ôter les emplâtres de vos chirurgiens pour les remplacer avec ses herbes; alors elle est tombée dans un grand désespoir en répétant qu'on voulait vous laisser mourir, et que puisqu'on repoussait ce secours infaillible, elle allait s'adresser au docteur Vallot, à madame la duchesse elle-même, pour les supplier d'en faire l'épreuve, qu'elle était prête à braver toutes les humiliations, tous les plus mauvais traitements pour sauver la vie de monsieur le comte. Je vis bien qu'elle avait perdu la tête, et dans la crainte de lui voir faire ce qu'elle disait, j'ai tâché de la calmer en promettant de lui obéir aveuglément; je me suis fait bien expliquer comment on devait employer ces herbes, le temps qu'il fallait les laisser sur la plaie enfin je l'ai si bien trompée, que la pauvre fille est partie convaincue que nous allions lui devoir votre guérison.

— Va me chercher ces herbes, dit le comte en se ranimant.

— Quoi! monsieur voudrait...

— Va les chercher, te dis-je.

— Mais si au lieu de vous faire du bien, elles allaient accroître...

— Non, c'est le ciel qui me les envoie, et j'en veux faire l'épreuve.

— Que penseront de moi ceux qui vous soignent, bon Dieu! quand ils verront que je me suis permis...

— Je dirai que tu m'as obéi... va, dépêche-toi.

— Ah! monsieur, c'est peut-être imprudent, et si j'avais jamais à me reprocher un malheur, si...

— Va, interrompit le comte avec violence, ou si tu hésites plus longtemps à m'obéir, j'arrache les compresses de cette plaie, et je me traînerai comme je pourrai où sont ces herbes.

En parlant ainsi, Armand se soulevait pour sortir de son lit. Mais Etienne, effrayé de le voir si pâle, tremblant de fièvre, s'exposer à tomber de faiblesse après avoir fait quatre pas, le retient en lui disant qu'il va faire ce qu'il désire au risque de tout ce qu'il en peut résulter.

— Ne crains rien, dit le comte lorsque Etienne revint panser son maître et entourer sa main des herbes apportées par Marguerite; j'ai le pressentiment que ce remède me sera salutaire. D'ailleurs, quand je ne lui devrais que la consolation que j'éprouve en cet instant, il me serait déjà d'un grand secours. Elle ne me hait donc pas!... Elle devine ce que je souffre en m'accusant de son malheur?... Ah! bénie soit sa clémence! s'écriait Armand; je lui devrai la vie; oui, je le sens, son pardon est un miracle qui m'en annonce un autre!

Confiant dans la vertu de ce remède infaillible préparé par une main si chère, le comte ne veut pas qu'on en interrompe l'effet. Il recommande à Étienne de dire à ses chirurgiens qu'après avoir passé une mauvaise nuit, il dort; et l'on respectera son sommeil.

Étienne reçoit en même temps l'ordre de s'informer de la demeure de Marguerite; mais lorsqu'elle revient s'informer de l'état du malade et qu'elle apprend la guérison due à son dévoûment, elle demande pour prix de ce bienfait, de la laisser se soustraire à toute reconnaissance et de ne pas chercher à savoir le lieu de sa retraite. Elle a trop de droits à cette preuve de respect pour que le comte de Guiche ne s'y résigne pas.

Malgré le profond dédain des deux docteurs pour le remède de bonne femme dont le comte de Guiche a voulu faire l'essai, ils sont forcés de convenir qu'il a calmé subitement l'inflammation de la plaie, et qu'elle commence à se refermer; les douleurs s'étant apaisées, la fièvre a disparu, et tout présage une prompte convalescence. Le blessé guérira et conservera sa main. A peine cette bonne nouvelle s'est-elle répandue, que tous les amis d'Armand viennent en féliciter sa femme et sa mère.

Les domestiques en sautent de joie; c'est à qui témoignera le mieux combien il partage le bonheur de cette noble famille, et la personne à qui ce bonheur est dû est la seule qui n'ose montrer ce qu'elle en éprouve. Dieu en est l'unique confident, car il la voit chaque jour aux pieds de ses autels lui rendre grâce d'avoir sauvé le coupable qu'elle aime encore.

XXII

On apprit en même temps la résurrection du roi et son prochain retour, car la reine-mère avait hâte de le sortir d'un lieu dont le mauvais air faisait chaque jour de nouvelles victimes. La cour devait s'arrêter quelque temps à Compiègne, et M. de Lauzun irait droit à Paris avec ordre d'instruire l'archevêque de Paris des dispositions à prendre pour le grand *Te Deum* qui devait être chanté à Notre-Dame en reconnaissance de la guérison du roi et de la gloire de ses armes.

En sortant de chez l'archevêque, M. de Lauzun se rendit chez son ami, le comte de Guiche.

— Ma foi, mon cher, dit le marquis en entrant, tu n'as jamais eu une meilleure idée que celle de te faire blesser au siége de Dunkerque.

— Je ne suis pas de cet avis, car après avoir failli en rester estropié, je souffre encore de ma blessure.

— Tu n'en souffrirais plus que ce serait toujours bon de le dire.

— Par quelle raison? Je n'aime pas les mensonges de luxe.

— C'est que tu ignores ce qui s'est passé à Calais pendant que ces ignorants de médecins déclaraient partout que l'état du roi était désespéré. Jamais on n'a vu d'abandon plus naïf. A peine restait-il quelques officiers de service dans les salons qui précédaient la chambre du roi. En récompense, ceux de Monsieur ne désemplissaient point. Il lui était défendu de voir son frère, dont la maladie pouvait être contagieuse; et je lui rends justice, il en éprouvait une sincère douleur. Mais la joie de sa cour intime était par trop franche, et madame de Fienne, entre autres, parlait au prince comme s'il était déjà couronné. Dans son impatience d'apprendre la première quand commencerait l'agonie du mourant, elle s'est laissée surprendre par la nourrice du roi et par une femme de chambre de la reine, au moment où, couchée par terre, au milieu de la nuit, elle regardait, par dessous la porte, ce qui se faisait dans la chambre du royal malade. La reine, indignée de la conduite de madame de Fienne, voulait la faire jeter par la fenêtre, et sans le duc de Créqui, Dieu sait ce qui serait arrivé. Mais la curieuse en est quitte pour être chassée de la cour. Le duc de Brissac et sa femme sont envoyés dans leurs terres. On parle encore de quelque autre exil tombant sur les amis de Monsieur, et comme on n'aurait pas manqué de mêler ton nom à toutes ces intrigues, tu vois que tu ne pouvais mieux faire que de rester au lit pendant que ce drame se jouait à Calais, car on t'aurait peut-être forcé à y prendre un rôle.

— Jamais! s'écria le comte de Guiche. J'ai une amitié très-dévouée pour Monsieur; mais je ne me fais pas d'illusion sur ses qualités, et il n'a aucune de celles qui font un grand roi. Grâce au plus rusé des prêtres, Monsieur et son frère ont été tous deux fort mal élevés; mais le roi a des facultés qui pourront se développer le jour où le diable rappellera à lui le bon cardinal, et malgré la rancune que je garde au roi pour la mort de ce pauvre de Fargues, j'aurais pleuré la sienne comme un grand malheur pour la France.

— Eh bien, rétablis-toi promptement pour le revoir plus beau que jamais, car cette maladie, loin d'altérer ses traits, les a couverts d'une espèce de langueur qui lui sied à ravir. Mais il est question de lui faire épouser la princesse de Savoie, et je doute qu'il se prête de bonne grâce à ce projet, car les soins que lui a donnés mademoiselle de Mancini et le désespoir dont elle a fait preuve pendant tout le temps qu'il a été en danger ont encore redoublé leur flamme. C'est un amour à la hauteur des héros de mademoiselle de Scudéri, et nous allons voir un beau débat entre la passion et la politique.

En effet, Louis XIV ne put se résoudre à sacrifier son amour pour Marie de Mancini à la princesse de Savoie; mais quand le cardinal Mazarin vint lui *offrir la paix et l'infante*, l'intérêt de l'État l'emporta sur tous les autres, et la pauvre Marie de Mancini, celle qui avait été au moment d'atteindre à la couronne, fut immolée sur l'autel de la patrie.

Avant ce grand événement, il en arriva un qui devait avoir une puissante influence sur la destinée de la princesse d'Angleterre. Cromwell mourut; chaque personne de la cour s'empressa d'adresser des félicitations à la reine d'Angleterre, et c'est alors que la malheureuse princesse, découragée par tant d'illustres infortunes, écrivait à madame de Malleville :

« En vérité, j'ai songé que vous recevriez de la joie de la mort de ce scélérat, et je vous dirai que je ne sais si c'est que mon cœur est si enveloppé de mélancolie, qu'il est incapable d'en recevoir, ou que je ne vois pas encore les grands avantages qui nous en peuvent arriver; mais je n'en ai pas ressenti une fort vive, et la plus grande que j'aie, c'est de voir celle de tous mes amis (1). »

Cependant cette mort rendit bientôt le trône à son fils et plaça son auguste fille au premier rang des princesses du sang de la cour de Louis XIV.

Nous passerons rapidement sur l'année qui suivit la prise de Dunkerque; on sait combien d'autres victoires lui succédèrent, et le parti que le cardinal tira de tant de succès pour obtenir le fameux traité des Pyrénées.

Le comte de Guiche n'attendit pas que sa main fût complètement guérie pour retourner à l'armée, qu'il ne quitta que pour venir reprendre son service auprès du roi, et l'accompagner dans les différentes villes du midi de la France où leurs majestés passèrent l'hiver. La santé du roi avait servi de prétexte au séjour de leurs majestés à Toulouse et à Bordeaux; mais le véritable motif de ce déplacement était l'avantage d'être plus à portée de recevoir de promptes nouvelles de Saint-Jean-de-Luz, où le cardinal Mazarin et don Luis de Haro tenaient leurs conférences.

Sauf quelques-unes de ces aventures amoureuses que les jeunes gens rencontrent partout, et qui ne laissent de souvenirs ni dans leur cœur, ni dans leur esprit, le comte de Guiche s'ennuyait de cette vie provinciale, lorsque le roi le fit appeler un matin pour lui apprendre que le traité était conclu entre la France et l'Espagne, grâce à la clémence de la cour et du cardinal, qui consentaient au retour du prince de Condé; il avait choisit le maréchal de Gramont pour aller à Madrid demander en son nom, au roi d'Espagne, la main de l'infante, sa fille.

Le comte de Guiche ne put se dispenser de remercier Sa

____

(1) *Mémoires* de madame de Motteville, t. V, p. 275.

Majesté de l'insigne honneur qu'elle accordait à la famille Gramont, mais il le fit dans les termes les plus dignes.

— Comme je désire être grandement représenté, dit le roi, et montrer à l'infante l'élite des seigneurs de ma cour, nous avons fait la liste de ceux qui doivent accompagner notre ambassadeur ; les premiers noms inscrits ont été le vôtre et celui de votre frère ; je m'en fie à votre bon goût pour aider votre père dans le choix des moyens de donner aux Espagnols une juste idée de notre magnificence.

Le maréchal de Gramont revint d'Allemagne pour remplir cette honorable mission, et il eut bien de la peine à faire comprendre au cardinal Mazarin qu'il était convenable de déployer quelque luxe en cette circonstance, et qu'on ne pouvait aller demander l'héritière de Charles-Quint, à son père, sans plus de cérémonie que pour une princesse de Savoie. L'avarice du cardinal regardait comme un abus toutes les dépenses dont il ne tirait aucun profit ; enfin il se laissa vaincre par les bonnes raisons du maréchal, et une somme considérable fut consacrée aux équipages et aux nouvelles livrées de tous les seigneurs composant cette grande ambassade.

Le comte de Guiche se réjouit d'un événement qu'il pensait devoir captiver le roi, et délivrer ses courtisans de la crainte d'une rivalité fâcheuse ; on sait s'il était dans l'erreur ; il s'abusait moins en comptant sur les plaisirs du voyage pour triompher du fond de tristesse que son mariage n'avait pu vaincre ; il s'était vite aperçu de l'impossibilité d'amener madame de Guiche à penser, à voir comme lui. Tout les frappait différemment, et, comme elle avait la raideur d'une femme irréprochable, il fallait la contrarier ou se taire, se conformer à sa conversation arrangée ou l'éviter ; lui déplaire ou la fuir, et c'est ce dernier parti que le comte se décida à prendre.

Avant son départ, il fut invité à un souper d'adieux, chez mademoiselle de Lenclos que la visite de la reine de Suède venait de mettre fort à la mode ; il vint à l'idée du comte de Guiche de se servir de la spirituelle Ninon pour assurer l'existence de la belle Marguerite.

— J'ai une confidence à vous faire, lui dit-il à voix basse ; il ne tiendrait qu'à vous de lui donner un autre nom ; mais vous êtes occupée, et l'amour de Villarceaux mérite des égards (1). Je prendrai un autre moment. Maintenant il s'agit de m'aider à réparer une mauvaise action qui fait le remords et le désespoir de ma vie. Je ne connais que vous dont l'esprit ait assez de bonté pour s'intéresser au malheur d'une belle personne; si vous voulez m'accorder un instant d'entretien dans la matinée, je vous conterai mon petit roman bourgeois, et vous me direz s'il n'y a pas moyen d'y faire un dénoûment honnête à l'aide de ce jeune peintre que je vois là.

En disant ces mots, M. de Guiche désignait à Ninon l'élève de Lebrun, l'auteur de cette *Descente de Croix* qui était dans la chapelle du chancelier, et pour lequel tableau Marguerite avait posé. Ce peintre était protégé de mademoiselle de Lenclos, et elle avait l'habitude de mêler ses amis aux grands seigneurs qu'elle recevait. C'est là que Molière a eu si souvent occasion de les voir tels qu'ils étaient, quand la présence du roi ne les contraignait pas; c'est là qu'il a saisi leurs manières à la fois gracieuses et insolentes, la flatterie intéressée, la gaieté moqueuse, enfin ce naturel cynique et charmant qu'on retrouve dans le marquis du *Bourgeois gentilhomme*.

Ninon était non-seulement la plus aimable maîtresse, mais la meilleure amie qu'on pût choisir; elle consentit à recevoir la confidence du comte de Guiche, et dès le lendemain, il lui fit un récit fidèle de son aventure avec Marguerite. Il intéressa tellement Ninon au sort de cette belle victime, qu'elle s'engagea à user de son crédit sur l'esprit du jeune peintre pour le déterminer à épouser Marguerite.

— Je la doterai, dit Armand.

— Ce n'est pas avec vos économies, je pense, répondit Ninon en riant.

— Non, mais il vient de me rentrer une somme prêtée à

(1) Cet amour avait laissé tant de rancune dans l'âme de la veuve de Villarceaux, qu'ayant dit un jour au précepteur de son fils d'interroger son élève sur les dernières choses qu'il avait apprises, le pédagogue lui demanda : *Quem habuit successorem Belus, rex Assyriorum? — Ninum,* répondit l'enfant. Et madame de Villarceaux, frappée de la ressemblance de ce nom avec celui de Ninon, s'écria : Voilà une belle instruction à mon fils que de l'entretenir des folies de son père. Molière a mis ce trait dans la *Comtesse d'Escarbagnas.*

un joueur de mes amis, et que j'aime mieux placer là que de la rendre au lansquenet. Le sacrifice n'est pas grand, comme vous le voyez; mais il sera difficile de le faire accepter, et voilà où tout votre génie est nécessaire. Jamais Marguerite n'acceptera rien de moi.

— Je le crois bien, vraiment, ni de moi non plus; mais le marquis de Villarceaux a commandé un tableau au jeune T...; il est son protecteur; il peut bien doter sa femme, surtout avec votre argent, et c'est ce qu'il fera pour me plaire, je vous le promets. Je me charge de cette intrigue : elle fera pardonner les autres.

— Vous êtes adorable, s'écria le comte, et le plus embarrassant n'est pas de vous témoigner sa reconnaissance, mais de vous la rendre agréable, ajouta-t-il en baisant la main de Ninon.

— Allons, point de folies, dit-elle en retirant sa main, songez que vous êtes un jeune marié et que vous ne pouvez décemment être sitôt infidèle.

— Combien de temps me donnez-vous?

— Mais un an tout entier, c'est le moins qu'on puisse accorder à la conjugalité.

— Quel siècle, mon Dieu! Est-ce le terme que vous mettez à votre tendresse pour Villarceaux. Elle n'ira pas jusque-là, j'espère.

— Que vous importe?

— Ah! la question est innocente.

— Moins que vous ne croyez; car bien que vous soyez fort beau et fort aimable, je suis très-décidée à ne vous jamais aimer.

— Et pourquoi! je vous prie.

— Parce qu'il faudrait vous prendre au sérieux, que vous êtes despote, que vous exigeriez le sacrifice de tous les poursuivants, sans vous refuser un caprice, et qu'après vous, il doit être difficile d'en trouver d'amusants. Demandez à cette pauvre Marguerite, je suis sûre qu'elle vous pleure nuit et jour; pourvu qu'elle consente à épouser ce jeune T... il est assez gentil, mais pas assez pour vous succéder.

— Trève d'épigrammes, dit le comte en se levant; si Marguerite me garde quelque bon sentiment en dépit de tout le chagrin que je lui cause, c'est que je la regrette aussi; mais comme il n'y a aucun moyen de changer ma situation, elle consentira à améliorer la sienne. Les affaires désespérées ont cela de bon, qu'on sent qu'il est inutile d'y penser, et surtout d'y sacrifier le reste de son existence. Marguerite cédera à la raison, elle sera heureuse, et je vous devrai son bonheur. Que de motifs pour vous aimer toujours!

Alors le comte de Guiche prit congé de Ninon, en lui promettant de lui écrire ce qu'il verrait d'amusant en Espagne.

XXIII

Avant le départ du roi et de la reine-mère pour se rendre à Saint-Jean-de-Luz, le comte de Guiche obtint du roi la permission de devancer la cour à Bidache, où son père se préparait à l'honneur de recevoir le cardinal Mazarin dans son gouvernement et même dans son château. Rien ne prouve mieux la puissance du cardinal que la relation qu'on lit dans la *Gazette de la magnifique réception faite à Son Éminence à Bidache par le maréchal de Gramont, gouverneur de la province.* Il y a, entre autres, la description de la chambre destinée au cardinal régnant qui mérite d'être citée.

La voici :

« La maréchale, son épouse, y avait aussi de sa part contribué par divers agréments et fait tracer un ameublement de gaze des Indes à fleurs rebrodées d'or, sur un fond isabelle doré, tant le lit que la courte-pointe, et tous les siéges et fauteuils pour garnir l'alcôve d'une chambre de l'appartement destiné à Son Éminence, où le bois de lit était de la Chine, avec des ornements d'ébène à l'espagnole et embellis de plaques d'argent vermeil doré (1). »

On est frappé de la différence de ce lit fastueux avec celui de l'abbé de la Trappe; pourtant sur chacun d'eux reposait un prêtre!

Le maréchal de Gramont, après avoir dépéché des courriers pour savoir le moment où arriverait Son Eminence,

____

(1) Extrait de la *Gazette* de 1659.

envoya le comte de Guiche à sa rencontre. On avait fait suivre la litière de la maréchale, car le cardinal souffrait de la goutte, et on voulait lui épargner toute espèce de fatigue. Le maréchal vint le recevoir avec trois carrosses à six chevaux, marchant à la tête de toute la noblesse de la province et du régiment d'infanterie des terres dudit maréchal, composé de mille cinq cents hommes armés de mousquets de Hollande et de piques de Biscaye. Le comte de Louvigny, le second fils du duc de Gramont, attendait le cardinal à la porte du château, pour le conduire près de la maréchale et de sa fille; toutes deux étaient au bas de l'escalier, comme pour y recevoir le roi en personne.

On monta le cardinal dans sa chambre dont l'élégance aurait mieux convenu à une jolie femme qu'à un vieil ecclésiastique; on lui fit traverser, porté dans sa chaise, une admirable galerie décorée de tous les portraits des ancêtres de cette illustre maison. C'est là qu'on lui donna le lendemain, à l'issue d'un somptueux dîner, le plaisir d'un concert et d'un ballet, où des danses espagnoles se mêlaient à nos danses françaises.

Un courrier, qui vint apprendre l'arrivée de don Luis de Haro à Saint-Sébastien, détermina le cardinal à ne pas prolonger son séjour dans ce château qu'il appelait un lieu enchanté; et il en partit pour se rendre à Saint-Jean-de-Luz. Là, les conférences ayant amené le résultat tant désiré, le maréchal reçut l'ordre d'accomplir sa mission.

A la dernière conférence, le comte de Guiche et son frère avaient été invités à dîner par don Luis de Haro à Fontarabie; et M. de Guiche y fut si parfaitement aimable avec tous les seigneurs espagnols qui avaient suivi leur ambassadeur, et dont il parlait très-bien la langue, que don Luis lui fit présent, au nom de son roi, d'un des plus beaux chevaux de race qui fussent en Espagne.

C'était se montrer, en entrant dans le pays, déjà paré des bienfaits du souverain, et cela, joint à tous les avantages du comte de Guiche, devait lui assurer de faciles succès.

Les articles principaux du traité de paix étant arrêtés, le maréchal de Gramont partit, le 27 septembre 1659, pour

se rendre à Madrid (1). Il séjourna quelque temps à
Irun pour soigner les préparatifs de son entrée, puis il se
rendit à Manden, petit village à un quart de lieue de
Madrid. Là lui et sa suite changèrent d'habillements, et
disposèrent tout pour que rien ne manquât à l'éclat du
cortége.

Le maréchal trouva à Manden un lieutenant des postes,
un lieutenant particulier, six maîtres courriers et huit
postillons conduisant soixante et dix chevaux envoyés par
le roi d'Espagne pour servir à l'entrée de l'ambassadeur.
Ces postillons, en veste de taffetas couleur de rose, cou-
vertes de boutons d'argent, furent mis en tête du cortége,
ainsi que les lieutenants du roi d'Espagne. Le maréchal
leur dit qu'étant envoyé par un roi jeune, galant et amoureux, il n'était pas convenable qu'il entrât à Madrid autrement qu'en courrier empressé de témoigner à l'infante
l'impatience et la passion de son maître, et que lui et sa
suite franchiraient au grand galop toute la partie de la
ville qui sépare la porte du Prado du Palais-Royal.

Cette manière de montrer son empressement plut infiniment aux Espagnols; elle rappelait, disaient-ils, l'ancienne
galanterie des Abencerages. Aussi entendait-on crier :

*Vivat el mariscal de Gramont que es de nuestro sangre,
y que nos trae la paix!*

Jamais entrée pompeuse ne s'était faite avec plus de magnificence et de promptitude. Les cinquante gentilshommes qui accompagnaient l'ambassadeur attirèrent particulièrement l'attention générale par leur bonne mine et leur
élégance. Les balcons et les fenêtres étaient occupés par
les plus grandes dames de Madrid, dont les saluts multipliés forcèrent le maréchal à rester tête nue pour répondre
à leurs politesses. Enfin il arriva au palais et entra à cheval
dans le vestibule qui est au pied du grand escalier, où il
rencontra l'amirante de Castille, et tous les premiers sei-

___

(1) « Le maréchal de Gramont est parti de cette ville pour se
rendre à Saint-Jean-de-Luz, et continuer de là son voyage à Madrid, non-seulement avec un équipage des plus lestes, mais avec
une suite d'un nombre infini de personnes de marque, qui
ont voulu accroître l'éclat d'une ambassade de cette importance. »
(Bayonne, le 27 septembre, *Gazette* de 1659.)

gneurs de la cour désignés par le roi pour le recevoir et le conduire vers Sa Majesté Catholique.

Ce qui surprit beaucoup Armand et son frère, ce fut de trouver mêlée à tous ces grands d'Espagne une troupe de *tapades* (1); chacune d'elles agaçait de la manière la plus provoquante les Français composant la suite du maréchal de Gramont, et plusieurs de ceux qui ne savaient pas l'espagnol se fâchèrent en entendant ces bacchantes répéter sans cesse :

— *Es muy bizarros!*

Le comte de Guiche avait beau leur dire que c'était une flatterie, que *muy bizarro*, et *de muy galano,* signifiaient en français, *fort galant* et *fort magnifique*, ils s'obstinaient à se croire injuriés, et en auraient peut-être prouvé leur mécontentement avec trop de vivacité, si l'obligation d'accompagner l'ambassadeur chez le roi ne les avait distraits de leur colère.

XXIV

Après les compliments échangés entre le maréchal et l'amirante de Castille, don Henriquez fit passer le duc de Gramont et sa suite sous plusieurs portiques et dans diverses salles basses, remplies de peuple et de bourgeois. Les femmes éblouies par le faste et l'élégance des seigneurs français, admirant surtout les belles plumes et la diversité des rubans dont ils étaient parés, ne purent s'empêcher d'y porter les mains et d'en prendre autant qu'il leur fut possible.

Ce pillage galant amusa beaucoup ceux dont les avantages personnels pouvaient se passer d'ornements; mais les gentilshommes déjà sur leur retour, et que leur culte pour la mode maintenait seul au rang des jeunes *agréables*, souffrirent avec impatience cette singulière agacerie, et défendirent leurs panaches et leurs rubans avec une bravoure ridicule.

Enfin, après avoir traversé une haie de gens de qualité,

____

(1) Filles de joie de Madrid.

le maréchal arriva dans un immense salon richement orné. C'est là que le roi d'Espagne l'attendait, sous un dais resplendissant et entouré des plus grands seigneurs de sa cour.

Pendant que l'ambassadeur faisait sa troisième salutation aux pieds du trône, que le roi y répondait en ôtant son chapeau, et qu'il faisait signe au maréchal de se couvrir en prononçant sa harangue au nom du roi de France, le comte de Guiche disait tout bas à M. de Manicamp :

— Tout cela est fort pompeux, mais une cour sans femmes me paraît un corps sans âme, et j'espère qu'on nous fera bientôt sortir de cette prison dorée, pour nous conduire aux pieds de notre future souveraine. Là nous trouverons bien, parmi ces dames, quelque beauté digne de nos adorations ; car, venir en Espagne sans être le héros de quelque aventure romanesque, ce serait nous perdre de réputation ; et, pour ma part, dussé-je éprouver un revers, dussé-je être pourfendu par la lame de quelque mari espagnol, rien ne m'empêchera de tenter une de ces entreprises qui font la gloire ou le désespoir d'un hidalgo. C'est un des fruits du pays dont il faut qu'un voyageur goûte ; et, si tu m'en crois, tu entameras, comme moi, au hasard, une petite intrigue, pour avoir quelque chose à raconter à notre retour.

M. de Manicamp n'était pas homme à refuser une telle proposition, et ils convinrent tous deux de faire leur choix avant de sortir de l'appartement où la reine et l'infante allaient les recevoir.

Ils furent interrompus par la présentation que le maréchal fit au roi de chacun des seigneurs de sa suite, en commençant par son fils aîné. Sa Majesté regarda le comte de Guiche avec attention, et dit en s'adressant au maréchal :

— *Buen mozo es* (1).

Et en voyant le comte de Louvigny, frère du comte de Guiche, il ajouta, dans sa langue, qu'on reconnaissait bien, à leur beauté et à leur air noble, qu'ils avaient du sang espagnol dans leurs veines.

— C'est très-flatteur, dit Armand à son frère, et il faut espérer que les dames de la cour d'Espagne ne seront pas moins indulgentes que leur souverain.

____

(1) C'est un joli garçon.

En achevant ces mots, il leva les yeux sur une espèce de treillis doré à travers lequel il aperçut des robes, des diamants qui trahissaient la présence de la reine et de l'infante. En effet, après s'être donné le plaisir de voir, sans être vues, la réception de notre ambassadeur, elles passèrent dans leur appartement pour le recevoir à leur tour.

Les regards de ceux qui composaient l'ambassade se fixèrent d'abord sur la jeune princesse qui allait devenir leur reine, excepté ceux du comte de Guiche, dont l'intérêt personnel l'emporta sur une curiosité qu'il pensait avec raison avoir tout le temps de satisfaire. D'ailleurs Marie-Thérèse n'avait rien de ce qui frappe à la première vue. Elle était blanche et fraîche, elle avait de beaux yeux peu expressifs, et sa petite taille nuisait beaucoup à la noblesse de sa tournure. Cependant le cercle de vieilles duchesses dont elle était entourée faisait ressortir tous les avantages de sa jeunesse; mais les yeux d'Armand ne s'arrêtèrent pas sur ce premier rang, et bientôt ébloui par la beauté de la marquise del C... il ne vit plus qu'elle. En vain M. de Manicamp et le marquis de Noirmoutiers lui montraient les charmants visages des filles d'honneur de la reine; en vain chacun d'eux, épris d'une des dames de cette cour brillante, voulait le prendre pour juge de sa préférence; tout à son admiration passionnée, le comte ne leur répondait même pas. Choqués de cette préoccupation, ils en devinèrent la cause, et furent forcés de convenir que la marquise del C... était assez belle pour l'excuser.

Le magnétisme du regard est une puissance incontestable et la marquise del C... en subit l'effet promptement. Ses yeux rencontrèrent ceux du comte de Guiche; troublée tout à coup par le sentiment qu'ils expriment, elle les baisse comme pour échapper à un danger inconnu. Mais, se reprochant aussitôt de céder à un mouvement involontaire, elle veut porter de nouveau ses regards sur le héros de la cérémonie, elle veut admirer la magnificence, la bonne tenue de nos seigneurs français; mais, subjuguée par un attrait irrésistible, ses yeux se tournent sans cesse vers Armand, et elle se sent rougir en voyant la joie qui brille aussitôt sur le beau visage de celui que nul intérêt, nulle curiosité ne peuvent distraire d'elle.

Cette manière brusque de se choisir, de s'adorer et de

se l'avouer, était fort en usage alors en Espagne, où la surveillance des parents, des tuteurs et des maris laissait fort peu de liberté aux femmes; là où il leur est défendu de parler et d'écrire, le langage des yeux devient le seul qu'elles comprennent et qu'elles emploient, et il n'en est pas de plus compromettant, car si la parole a été inventée, comme l'a dit un bonhomme d'esprit, pour cacher ce qu'on pense, le regard l'a été pour trahir ce qu'on sent. Ceux du comte de Guiche étaient animés d'un feu qui devait être contagieux ; pourtant, ils ne peignaient ni langueur, ni martyre; seulement ils promettaient de braver tous les obstacles pour parvenir à plaire, fallût-il tenter mille extravagances pour prix de la moindre faveur.

Tout cela avait été compris à merveille.

Le temps était précieux ; il ne s'agissait pas de le perdre en coquetteries, en démarches insignifiantes. Bien que le maréchal de Gramont eût chargé un courrier de porter à Louis XIV la réponse du roi d'Espagne et de l'infante, et que l'ambassadeur dût rester à Madrid le temps de voir tout ce que cette ville renferme de curieux, et de visiter les maisons royales qui en sont à quelque distance, le séjour était limité et il fallait mener une intrigue avec beaucoup d'adresse et de bonheur pour arriver au dénoûment avant l'heure des adieux ; mais les difficultés encouragent les hommes supérieurs, et donnent souvent à leurs caprices toute l'énergie de la passion.

Armand avait si bien persuadé à ses jeunes amis qu'il y allait de l'honneur français de laisser d'eux quelques brillants souvenirs à la cour d'Espagne, que presque tous s'étaient engagés dans une aventure amoureuse, au risque d'en sortir sans gloire. Ils convinrent de se servir mutuellement dans leurs amours, et M. de Manicamp s'étant chargé de prendre tout les renseignements possibles sur le caractère et les habitudes de la marquise del C..., revint dire au comte :

— Ah ! mon ami, c'est désolant, la toison d'or n'était pas mieux gardée!

— Par un mari jaloux, sans doute?

— Non, grâce au ciel, la diplomatie nous débarrasse pour le moment de ce cerbère donné par la loi. C'est la mère du marquis del C... qui s'est fait le dragon de la vertu de sa belle-fille, et l'on dit que cette vieille coquette la surveille d'une manière obsédente.

— Tant mieux, elle doit lui inspirer le désir de la tromper. Tu dis de plus que cette vieille est encore coquette?

— Et ses prétentions de coquetterie font la joie de la cour adorable, malgré ses cinquante ans, et s'établit en rivalité avec sa belle-fille; c'est sa rage de galanterie qui redouble la haine et les mauvais procédés dont elle accable cette charmante dona Fernanda.

— Elle s'appelle Fernanda? interrompit le comte; j'ai toujours adoré ce nom.

— Eh bien, restes-en à cette adoration innocente, et ne te flatte pas d'aller plus loin.

— Si tu étais un véritable ami, tu me le prouverais en cette circontance, dit le comte en soupirant.

— Comment cela ? Parle.

— Non, je ne veux pas te soumettre à un telle épreuve.

— Tu n'as pas le droit de douter de mon zèle à t'obliger. Sans reproche, tu l'as plus d'une fois employé. Comment puis-je te le prouver de nouveau?

— En faisant la cour à la vieille duchesse.

— Ah! cela dépasse mes devoirs de Pylade, et je ne connais pas d'amitié capable d'un tel dévouement.

— Eh bien, ce que l'amitié ne peut faire, l'amour l'accomplira.

— L'amour... tu crois cette vieille Chimène encore assez aimable pour en inspirer?

— Qui te parle de l'aimer? C'est une sottise qui ne me serait jamais venue dans la pensée; il s'agit simplement de lui faire croire qu'on l'adore, et de l'occuper si bien par de petites scènes de dépit, par des brouilles, des raccommodements et même des transports de jalousie, qu'elle n'ait pas le temps de surveiller sa belle-fille, et que je puisse donner à celle-ci tous les moments que me laissera l'autre.

— Cela est bien facile à dire; mais si ce que le duc d'Hijar m'a raconté est vrai, l'amour ne se traite pas ici aussi légèrement que chez nous. On est obligé d'y tenir ses moindres engagements sous peine de mort; et les propos galants, les œillades que nous hasardons d'ordinaire sans y attacher d'importance, sont ici les préliminaires d'un traité dont il faut subir toutes les conséquences. Prends-y garde, une fois la séduction de la belle-mère entamée, il faudra l'achever; et je doute que ta valeur ne soit pas effrayée d'une si terrible conquête.

— Elle est terrifiante, j'en conviens; mais l'amour fait faire des miracles.

Le maréchal de Gramont était alors l'objet de toutes les bonnes grâces du roi et de la reine d'Espagne. Chacun s'empressait de lui être agréable ainsi qu'à ses fils; et le comte de Guiche fut bientôt admis chez la duchesse d'Al... dont la vanité se réjouit beaucoup de recevoir souvent le seigneur le plus à la mode de la cour de France.

A sa première visite, Armand trouva la duchesse entourée de femmes plus laides et plus vieilles qu'elle et de plusieurs très-jeunes gens qu'il devina être les fils ou les neveux de ces dames. Au milieu de ce collège dont les nobles gouvernantes semblaient être là pour modérer les passions, la duchesse d'Al...minaudait avec toutes les grâces d'une coquette de vingt ans.

Armand se prêtait avec complaisance aux agaceries de la duchesse dans l'espoir de voir arriver la belle dona Fernanda; mais elle ne parut point ce soir-là chez sa belle-mère. On vint dire de sa part à la duchesse qu'elle était souffrante, mais qu'elle espérait pouvoir l'accompagner le lendemain à la grand'messe. Ce message était rempli par une créature ravissante, dont le costume arabe, la beauté moresque, la démarche fière et langoureuse, donnaient à toute sa personne quelque chose de romanesque, et rappelaient les princesses esclaves des anciens contes de fées.

Armand ne put contenir une exclamation admirative à la vue de cette charmante Arabe; et la duchesse lui raconta comment son fils, ayant battu un corsaire algérien, n'avait gardé, de tous les prisonniers qu'il avait faits, que cette jeune Moraïma, qu'il avait donnée pour esclave à sa femme. Malheureusement, ajouta-t-elle, dona Fernanda la gâte, elle lui accorde beaucoup trop de confiance. Ces sortes d'esclaves ont, j'en conviens, un attachement animal qui ressemble beaucoup à celui du chien pour son maître, mais qui garde aussi une espèce de férocité effrayante. Je ne voudrais pas que Moraïma vous crût un instant l'ennemi de sa maîtresse.

elle serait capable de vous poignarder sans la moindre hésitation.

A ces mots, Armand fit un geste d'effroi pour cacher la joie qu'ils lui causaient; car l'espoir d'associer à ses projets un être aussi dévoué, redoublait son audace, et même son amour : se faire aimer de son esclave avec tant de fanatisme, n'était-ce pas prouver qu'on était adorable! Déjà enivré d'espérance, Armand met, dans ses flatteries à la duchesse, cette tendresse vague qu'il éprouve; elle est reconnue sans être comprise; oui, c'est bien là cette émotion contagieuse qui naît d'un rêve, d'une ambition de cœur, je suis cause de ce trouble!... pense la duchesse.

La vue de Moraïma, ce que lui en avait dit la duchesse d'Al..., inspira aussitôt à Armand le désir d'en faire sa complice; il savait par expérience que les êtres dévoués sont les plus faciles à duper. L'important est de leur persuader que ce qu'on exige d'eux n'a pour but que le bonheur de ceux qu'ils aiment.

A peine Moraïma a-t-elle quitté le salon après avoir subi *l'exposition* qu'en fait la duchesse, en montrant sa riche tunique, son écharpe brodée d'or et de soie, ses longs cheveux, ses dents d'ivoire, ses bras ornés de bracelets brillants, que le comte de Guiche prétexte l'obligation d'aller rejoindre son père, et sort assez tôt après Moraïma pour avoir le temps de la rejoindre.

Il la rencontre dans le vestibule au moment où elle va ouvrir la porte de l'appartement de sa maîtresse. Il l'aborde en vantant sa beauté, sa parure; il s'extasie particulièrement sur le ruban broché d'or et d'argent qui lui sert de ceinture. Il la supplie de lui céder ce ruban; mais elle s'y refuse, c'est un don de sa maîtresse, elle ne le changerait pas contre un plus beau encore.

— Quoi! pas même contre cette bague, dit le comte en tirant de son doigt une superbe émeraude entourée de diamants?

A l'aspect de ce bijou resplendissant, Moraïma reste interdite; Armand profite de son silence pour s'emparer de la petite main noire de Moraïma; il la pare de la riche bague, puis tirant aussitôt un des bouts de la ceinture qu'il convoite, le nœud se détache, il s'empare du ruban, et rejoint précipitamment son carrosse.

Cette petite scène avait pour témoins la foule de pages et de laquais, dont les antichambres, les escaliers des palais d'Espagne étaient toujours garnis, et la générosité du comte de Guiche envers la jeune esclave devint bientôt la nouvelle de toute la maison. Chacun l'interpréta à sa manière. Le majordome prétendit que par ce riche présent à une pauvre Arabe, le fils de l'ambassadeur avait voulu donner un exemple de la magnificence des seigneurs français. La vieille duchesse y crut voir l'intention de corrompre Moraïma pour arriver jusqu'à elle; dona Fernanda s'en trouva flattée, sans trop savoir pourquoi... et lorsque Moraïma vint s'accuser d'avoir accepté cette belle bague pour prix de sa ceinture, elle lui montra tant d'indulgence, que l'esclave en fut étonnée.

— Je n'ai donc pas mal fait de la garder? dit-elle.

— Non, certainement, reprit la marquise; mais j'ai peur que tu ne la perdes ou qu'on ne te la vole; tu es étourdie, sans cesse courant seule dans le palais, dans les jardins.

Cette réflexion produisit l'effet qu'en attendait la marquise. Moraïma la conjura d'être dépositaire de ce qu'elle appelait son trésor, et d'en disposer comme il lui plairait. On devine que la marquise se rendit bientôt acquéreur de la bague, uniquement pour mettre à la disposition de son esclave une somme qui dépassait de beaucoup ses espérances de fortune.

Le lendemain, à la grand'messe du roi, qui fut célébrée avec pompe, et à laquelle avaient été conviés le maréchal de Gramont, le nonce et les autres ambassadeurs, on vit paraître le comte de Guiche, revêtu d'un habit magnifique dont les aiguillettes en ruban brochées d'or et d'argent fixèrent tous les regards des personnes pour qui la mode est un culte dont le fanatime l'emporte sur tous autres. Les vieillards seuls, plongés dans le recueillement de la prière, ne s'aperçurent point du mouvement qui se fit lorsque le jeune comte entra dans la chapelle. La marquise del C... reconnut aussitôt la ceinture de Moraïma dans les élégantes aiguillettes qui ornaient l'habit du comte. Et la marquise ayant ôté son gant, le comte reconnut à son doigt la bague qu'il avait donnée. Il n'avait pas trop présumé de l'intelligence de dona Fernanda. D'abord elle était spiri-

tuelle, mais en Espagne les femmes qui le sont le moins,
ont une perspicacité en amour qui défierait la surveillance
jalouse de tous les *Bartholo*.

Nous ne fatiguerons pas nos lecteurs du récit des moyens
employés par le comte de Guiche pour arriver à la conquête
de la belle dona Fernanda. Peut-être avec plus d'amour
n'eût-il pas été capable de l'obtenir par d'aussi étranges
sacrifices; mais l'imagination et le désir ne sont arrêtés
par rien.

Il nous suffira de dire que le jour où le maréchal de
Gramont quitta Madrid avec toute sa suite, trois femmes
cachées derrière des jalousies pleuraient séparément le
départ de celui qu'elles aimaient, et que le comte de Guiche
portait à son cou le riche chapelet de la duchesse d'Al..., à
son bras l'écharpe de Moraïma, et dans son portefeuille le
portrait de dona Fernanda.

XXV

Pendant que le maréchal de Gramont accomplissait à
Madrid son importante mission, trois grands événements
jetaient la cour de France dans l'étonnement, le deuil, et
la joie : le roi Charles Stuart venait d'être rappelé sur le
trône d'Angleterre; la réconciliation du prince de Condé
avec la cour rendait à la France un grand capitaine; et
Monsieur, frère de Louis XIII, Gaston d'Orléans, ce timide
ennemi de Mazarin, ce frondeur amnistié, venait de succomber presque subitement à une fièvre inflammatoire. Sa
mort n'était un malheur pour personne; elle rendait la
liberté à sa femme et la paix à ses enfants qu'il tyrannisait
sans relâche. Mais cette mort arrivait en plein carnaval,
au moment où la France se réjouissait du retour du prince
de Condé, et l'ennui du deuil suppléait aux regrets qu'aurait dû causer la mort d'un fils de Henri IV. Les cloches
de toutes nos cathédrales sonnaient en même temps le
Te Deum chanté en l'honneur de la paix, et les prières

funèbres adressées au ciel pour le repos de l'âme du premier prince du sang. On ne s'abordait à la cour, à la ville, qu'en se félicitant des bonnes nouvelles d'Espagne, et de la rentrée en grâce de ce grand capitaine dont la gloire présente répondait de la gloire à venir; jamais on n'avait vu réunie à ce point la tristesse des vêtements à la gaieté des visages.

Le dernier courrier expédié par le maréchal de Gramont en sortant de son audience de congé et la lettre ci-dessous venaient de mettre le comble à l'ivresse générale.

« Sire,

» Je m'estime le plus heureux de tous les hommes, de pouvoir, sans flatter Votre Majesté, l'assurer qu'il n'y a rien de plus beau que l'infante, et que le roi d'Espagne l'a accordée pour femme à Votre Majesté avec des témoignages de joie et des paroles si obligeantes, qu'on n'y saurait rien ajouter, dont je me réserve à rendre en peu de jours un compte plus exact à Votre Majesté, lorsque j'aurai l'honneur de lui présenter la lettre du roi catholique. Ceux qui ont l'honneur de connaître l'infante sont en admiration de sa beauté et de la douceur de son esprit. Mais, à dire vrai, c'est de quoi je puis informer Votre Majesté, ses paroles, dans les deux audiences que j'ai eues, ayant été si mesurées, qu'elles n'ont point passé, la première, la demande de la santé de la reine; et la seconde, des assurances d'être en toutes occasions soumises à ses volontés, sans qu'il m'ait été possible d'en tirer d'avantage; de quoi Votre Majesté ne s'étonnera pas, s'il lui plaît, puisque, excepté le roi son père, elle n'entretint jamais homme si longtemps.

» Je suis, avec un profond respect, etc., etc.

« Madrid, ce 22 octobre 1659. »

Cette lettre ne laissait aucun doute sur l'alliance tant désirée, et l'ordre fut aussitôt donné de tout préparer pour hâter cette grande solennité; mais en s'abandonnant à l'idée de joindre à tous les biens dont le sort le comblait, celui de posséder une jolie femme, Louis XIV se méfiait pour la première fois des flatteurs; il devinait que ce maréchal si brave, qui avait déjà si souvent risqué sa vie pour son roi, n'aurait jamais le courage de lui dire que sa royale fiancée était laide, si le malheur voulait qu'elle le fût. En cherchant de qui il pouvait attendre un tel excès de franchise, le souvenir du comte de Guiche fut le seul qui lui vint à l'esprit, et il se promit de le faire demander aussitôt son retour à Toulouse, où le maréchal de Gramont devait incessamment rejoindre la cour.

A peine arrivé, le maréchal se rend chez la reine-mère, dans l'espoir d'y trouver le roi et de n'avoir qu'un récit à leur faire de tout ce qu'il a vu en Espagne, et du point où en sont les conférences du cardinal Mazarin et de don Luis de Haro. Le roi l'écoute d'un air distrait et l'interrompt pour lui parler d'Armand, il feint de désirer vivement le revoir et fait promettre au maréchal de le lui envoyer le plus tôt possible. Le duc, pensant qu'il s'agit de quelques nouvelles grâces pour son fils, s'empresse de lui communiquer les ordres de Sa Majesté, et le comte de Guiche se rend à l'audience du roi sans se douter du piége qui l'y attend.

Cependant il est sans illusion sur ce que les courtisans de Louis XIV appelaient *l'ineffable bonté* de Sa Majesté, et lorsqu'il voit le roi venir au-devant de lui et l'accueillir avec toutes les démonstrations d'une vive amitié, Armand se dit tout bas :

— Il attend quelque chose de moi.

En effet, le roi, pressé d'arriver au sujet qui l'intéresse, et voulant par sa familiarité encourager la franchise de son camarade d'enfance, dit :

— Ce que j'ai à te demander va te prouver mon estime pour ton caractère.

— Ah! mon Dieu! sire, vous me faites frémir. Qu'exigez-vous de moi?

— Ce que je n'oserais réclamer de personne, tant je serais certain de ne pas l'obtenir.

— Pourtant les frondeurs sont vaincus?

— Oui, on ne sait plus s'il en reste; mais les flatteurs sont plus vaillants et plus nombreux que jamais, et ce n'est pas d'eux que j'apprendrai la vérité! Toi seul peux me la dire sans crainte; enfin, je n'en croirai que toi, car ton père lui-même, qui fait profession d'une bonne foi à toute épreuve envers moi et les miens, nous ment probablement de tout son cœur en nous affirmant que rien n'égale la beauté de l'infante, et c'est pour savoir au juste ce qu'il en faut penser que j'ai voulu causer avec toi.

— C'est la première fois que cet honneur-là ne me sera point envié, sire.

— Allons, parle franchement, elle est laide? n'est-ce pas?

— Non, sire.

— Quoi! elle serait aussi belle que le prétend ton père?...

— Non, sire; mais avec des traits assez réguliers, un teint éclatant et toute la fraîcheur de la jeunesse, on peut se passer de beauté. C'était du moins l'avis de Votre Majesté, il y a peu de temps, ajouta le comte en souriant.

— Je te comprends, reprit le roi, tu veux parler de Marianne. Mais que de grâce! que d'esprit! que de passion suppléaient chez elle à de vains agréments! Ah! sans l'intérêt de l'État jamais je n'aurais eu la force de l'abandonner.

Cette exclamation, lancée uniquement pour se justifier d'une inconstance trop subite, resta sans réponse, et le roi reprit le cours de ses questions.

— Est-il vrai qu'elle ressemble à la reine ma mère?

— Mais autant qu'une petite femme, à peine développée, peut ressembler à une grande et belle princesse.

— Enfin, penses-tu que je puisse l'aimer?

— Et comment ne pas aimer la jeune personne à qui l'on va donner la vie? comment ne pas être ému à chaque sentiment, à chaque sensation qu'on fait naître en elle? Songez donc, sire, qu'excepté à son auguste père et au mien, jamais l'infante n'a adressé le moindre mot à un homme; que la voix de Votre Majesté sera la première à faire battre son cœur, et que s'il en faut juger par l'expression à la fois naïve et langoureuse, par le regard à la fois calme et brûlant de notre future reine, il y aura autant de mérite que de bonheur à lui plaire.

— C'est fort bien; mais que conclure de tout cela?

— Que Votre Majesté doit rendre grâce à Dieu de n'être pas contrainte par des raisons d'État à épouser un de ces nobles monstres dont les familles royales sont trop souvent pourvues.

— Il est vrai que je puis me vanter de l'avoir échappée

belle, dit le roi en riant, et que le souvenir de la princesse de Savoie doit me rendre fort indulgent pour les défauts de l'infante; mais je voudrais les connaître, et cela dans son intérêt même, car, après l'avoir rêvée telle que ton père me l'a dépeinte, si la réalité me la montre tout autrement, j'aurais bien de la peine à dissimuler ma surprise et la profonde tristesse qui en résultera; au lieu que, préparé à la vérité, je l'affronterai courageusement.

— Si c'est ainsi, reprit le comte, je ne risque rien de la dire, et même de la montrer du côté le plus défavorable; Votre Majesté n'en sera frappée que plus agréablement... En bien, je lui affirme, sur l'honneur, que l'infante est juste assez jolie pour être épousée avec plaisir et trompée sans beaucoup de remords.

— Ah! quelle indigne prévoyance!

— J'en demande pardon à Votre Majesté; mais elle est bien jeune; les femmes de sa cour sont très-séduisantes, et l'on peut, sans crime, avoir l'idée qu'un jour...

— Je vous défends d'avoir cette mauvaise pensée, interrompit le roi avec humeur; j'ai promis à ma mère d'être un mari parfait, je lui tiendrai parole; seulement, je pensais que cela me serait plus facile.

En disant ces mots le roi sonna pour demander le prince de Marcillac, et le comte de Guiche, sentant que cette interruption volontaire marquait la fin de son audience, prit congé de Sa Majesté par un salut respecteux, et sortit de chez elle avec le profond regret, commun à tous les courtisans qui, entraînés par les cajoleries d'un roi, se laissent aller au tort de lui dire *la vérité!*

XXVI

Le récit des cérémonies du mariage de Louis XIV et des fêtes qui le suivirent, se trouve dans tant d'ouvrages, que nous nous croyons dispensé de les répéter ici. Nous dirons seulement qu'en revenant de Fontarabie après que don Luis de Haro eût épousé l'infante au nom du roi de France, et le soir du jour où Louis XIV imagina de se déguiser en simple gentilhomme pour se mêler à ceux qui accompagnaient la reine mère chez son frère le roi d'Espagne, Louis XIV dit au comte de Guiche :

— Il faut que les jolies femmes de notre cour vous aient donné le droit d'être bien difficile, monsieur le comte, autrement vous auriez été moins sévère pour la beauté de l'infante. J'avoue qu'elle n'a pas l'éclat de celle de madame de Soissons et que sa taille n'est pas aussi élancée que celle de la comtesse de Guiche; mais elle est parfaitement proportionnée, et l'on n'a rien vu d'égal à la fraîcheur éblouissante de son jeune visage. Convenez-en? ajouta le roi avec une sorte d'aigreur dont Armand aurait pu s'alarmer, s'il n'avait été vivement préoccupé d'une apparition qui le laissait dans un grand trouble, et dont voici la cause :

Lorsque le roi d'Espagne et sa fille s'entretenaient dans la salle des conférences avec la reine Anne d'Autriche et Monsieur, le comte de Guiche avait été choisi par le roi pour aller dire au cardinal Mazarin d'obtenir du roi d'Espagne la permission de laisser pénétrer jusque sur le seuil de la porte un *inconnu*. Ce personnage mystérieux ne voulait que jeter un coup d'œil sur cette illustre assemblée.

Pendant qu'Armand attendait la réponse de S. M. Catholique, il se sentit tout à coup brûlé par l'étincelle d'un regard électrique, et ses yeux se portèrent, comme par l'effet d'une attraction irrésistible, sur la belle marquise del C... Elle avait été désignée par le roi d'Espagne pour accompagner l'infante jusqu'à la frontière, sous la garde de la *camarera mayor*, dont la surveillance redoubla d'activité au moment où parut le comte de Guiche. Mais là où règne la tyrannie, la ruse est toujours sous les armes.

La belle dona Fernanda avait prévu ce que la curiosité de Louis XIV lui ferait tenter; et, dans l'espoir qu'il se servirait de son plus spirituel courtisan pour obtenir ce qu'il voulait, elle avait écrit à tout hasard, ainsi que la Rosine de Beaumarchais, ces simples mots sur la marge d'un petit livre de prières qu'elle comptait faire tomber dans les mains d'Armand, par le secours d'un de ces moyens miraculeux que le ciel fournit aux amants dans les moments désespérés :

« *Cette nuit, à une heure, à la petite porte du pavillon de la Casa Bianca.* »

L'inconnu royal ayant pénétré assez avant dans la salle de la conférence pour voir tout à son aise la princesse qui lui était destinée, et ayant joui suffisamment du trouble que sa présence faisait naître, se retira discrètement pour retourner à Saint-Jean-de-Luz pendant que la reine mère et Monsieur suivraient le roi d'Espagne dans la chapelle attenant à la salle des conférences, là où devait se chanter le *Te Deum* en réjouissance de cette auguste réunion.

Le comte de Guiche, décidé à se délecter le plus longtemps possible du bonheur de voir dona Fernanda, avait suivi Monsieur dans la chapelle, en feignant de ne pas s'apercevoir de la retraite du roi pour se dispenser de le suivre.

Les prières achevées et assez mal entendues par tous les assistants, dont la plupart étaient en proie à de grandes agitations, un jeune moine s'approcha timidement de M. de Guiche, lui dit en espagnol et à voix basse :

— Voici le livre de messe que Votre Excellence a oublié sur son banc.

— Un livre? vous vous trompez, mon frère.

— Pourtant, c'est bien à monseigneur le comte de Guiche que j'ai l'honneur de parler?

— Certainement, mais je n'avais pas de... Alors, s'interrompant tout à coup à la vue d'un signe que lui fit le moine. Ah! oui, je me le rappelle maintenant, ajouta-t-il en prenant le petit livre. Oui, je l'avais oublié: oui, et, en reconnaissance de la peine que vous prenez de me le rapporter, je vous prie de distribuer ceci aux pauvres de votre communauté.

En finissant ces mots, le comte glissa sa bourse dans la main du moine, et courut s'enfermer pour feuilleter le livre saint où il découvrit bientôt les paroles mystérieuses dont le souvenir le rendait inattentif aux discours du roi; car peu lui importait sa faveur présente ou future, en comparaison du bonheur qui l'attendait à la *Casa Bianca*. Toutes ses pensées se concentraient dans celle d'être libre à l'heure indiquée, mais cela était presque impossible. De service auprès du roi, dont il commandait les gardes, il ne pouvait s'éloigner de Sa Majesté que sur un ordre d'elle, et Armand cherchait vainement un prétexte raisonnable pour obtenir la permission de retourner à Fontarabie, d'y passer une heure et d'en revenir aussitôt.

Dans le temps où le roi le traitait en camarade d'enfance, Armand n'aurait pas hésité à se confier à lui avec franchise, et à réclamer sa protection en cette circonstance délicate. Mais dans la disposition où se trouvait le roi, c'eût été commettre une indiscrétion en pure perte; il fallait avoir recours à quelque mensonge innocent dans le fond, quoique terrible dans la forme, et le comte de Guiche imagina de se servir de l'antipathie de Louis XIV pour les duels.

Il lui confia, sur sa parole royale d'en garder le secret, que le marquis de Wardes ayant pris querelle avec un seigneur espagnol à propos d'une place que tous deux prétendaient occuper pendant l'entrevue de la reine mère et du roi son frère, ils s'étaient donné rendez-vous la nuit suivante sur les remparts de Fontarabie, et qu'il croyait de son devoir d'en instruire le roi, afin d'obtenir de Sa Majesté la permission de s'éloigner pendant quelques heures qu'il emploierait à arranger cette affaire, dont les conséquences pouvaient être fort graves dans les circonstances présentes.

— Quelle démence! s'écria le roi, se battre au moment où l'on va signer la paix! Mais il y a là de quoi renverser toutes nos espérances. Il faut empêcher ce duel à tout prix. Je vais dire au cardinal de faire arrêter M. de Wardes... de lui défendre en mon nom de...

— Gardez-vous-en bien, sire : ce serait causer un scandale qui rendrait tout arrangement impossible, et qui n'aboutirait à rien; car la cause de l'arrestation de Wardes une fois connue, il ne manquerait pas de remplaçants, et la chose prendrait alors une tournure beaucoup plus menaçante. Que Votre Majesté s'en fie à moi; j'ai l'habitude de ces sortes de querelles; je ferai entendre raison aux offensés : je leur prouverai que tous deux ont tort, et qu'il ne peuvent se battre en ce moment sans compromettre les intérêts de leur pays. Mais j'ai besoin d'un mot de Votre Majesté pour m'autoriser à me rendre cette nuit à Fontarabie, et à parler aux deux champions de manière à me faire obéir.

— J'écrirai tout ce que tu voudras, dit le roi revenu à la cordialité, par le besoin qu'il croyait avoir de l'entremise du comte de Guiche; mais ne perds pas un moment, re-

8.

tourne sur-le-champ à Fontarabie, demande à voir ce gen
tilhomme espagnol qui se nomme...

— Sire, j'ai juré sur l'honneur de ne le pas nommer ; le
roi d'Espagne punit sévèrement les duellistes, et je ne puis...

— Peu m'importe ! reprit le roi vivement ; l'essentiel est
de décider cet Espagnol à sacrifier son ressentiment à la
raison d'État, qui veut que nulle altercation ne vienne
troubler les grands intérêts qui se traitent aujourd'hui. Va,
prie, commande, persuade, emploie tous les moyens qui
seront en ton pouvoir, pour nous sauver du danger d'une
telle extravagance ; je te promets de tout approuver, mais
pars à l'instant.

Armand, à qui ce brusque départ ne laissait pas la faculté de prévenir M. de Wardes, insista pour aller instruire
son père de l'ordre qui l'obligeait à retourner sur-le-champ
à Fontarabie ; il prétendit aussi qu'il serait bon de pres-
sentir M. de Wardes sur la clémence qu'on exigeait de lui.

— Non, dit le roi, je le connais ; il aurait l'air de consentir à tout, pour être plus libre de faire ce qu'il veut ; tu
seras bien plus fort contre lui en le surprenant au moment
de se rendre sur le terrain. Là on ne pourra nier sa bonne
volonté de se battre ; et tu en auras d'autant plus de facilité
pour tout concilier. Prends avec toi deux de tes meilleurs
officiers, et reviens demain m'apprendre le succès que j'attends de ton intelligence.

En parlant ainsi, le roi arrivait chez le gouverneur de
Saint-Jean-de-Luz, où l'on avait préparé ses logements. Il
fit signifier au comte de le suivre dans son cabinet ; il
écrivit quelques mots à la hâte qui devaient protéger la
démarche du comte, si quelque incident venait l'entraver.
Dans l'habitude que le roi avait alors de soumettre ses
moindres actions aux avis du cardinal Mazarin, il désirait
lui communiquer l'ordre qu'il venait de signer, avant qu'Armand en fît usage ; mais celui-ci, qu'une telle communication aurait plongé dans le plus grand embarras, se récria
avec tant de véhémence sur les difficultés que l'interven-
tion du cardinal apporterait dans la conciliation de cette
affaire, que le roi, terrifié par tous les malheurs que le
comte lui prédisait, si tout autre que lui se mettait entre
les combattants, céda à la volonté d'Armand en le rendant
responsable de ce qui arriverait.

C'est tout ce que souhaitait le comte de Guiche, et il quitta le roi, pénétré d'une reconnaissance dont Louis XIV était loin de soupçonner la cause.

Un léger incident vint gâter sa joie et le mettre en péril. Il était important qu'il vît le marquis de Wardes, pour le prévenir du rôle qu'il lui faisait jouer, et pour le prier de ne point paraître le soir à la cour, ni le lendemain au petit-lever. Le dévouement habituel de son ami ne lui laissait pas douter de sa complaisance en cette occasion; mais encore fallait-il la réclamer, et cela devenait bien difficile, car le roi, voulant s'assurer du prompt départ d'Armand et savoir le plus tôt possible qu'il avait passé la frontière sans obstacle, avait chargé un de ses écuyers de l'accompagner jusque-là et de revenir aussitôt lui rendre compte du voyage. Cet écuyer ne devait pas quitter le comte de Guiche avant qu'il eût atteint les remparts de Fontarabie. Armand ne se faisait point d'illusion sur le compagnon chargé de l'escorter; c'était un honnête espion qui devait le surveiller jusque dans ses moindres démarches. Il n'y avait pas moyen de s'en débarrasser pour courir après M. de Wardes. D'ailleurs, le jour finissait; Armand avait quatre lieues à faire; et pour ne pas perdre de temps, le roi fit apporter à souper sur une petite table, ne voulant pas que le comte de Guiche se remît en route sans avoir repris des forces. Il fallut obéir et se confondre en remercîments pour un soin si charitable.

— Dieu sait ce qui arrivera de tout ceci, pensait Armand en sablant le vin de champagne du roi; si Wardes pouvait être malade! Mais non, il va venir faire l'agréable ce soir, chez la reine mère, comme à son ordinaire. Le roi le verra, lui parlera, lui dira peut-être quelques mots indirects sur le duel imaginaire. Wardes dans son ignorance, répondra quelques sottises qui découvriront la ruse. Le roi sera furieux; on me honnira, m'exilera, me décapitera... N'importe, à la grâce de Dieu ! La nuit qui m'attend vaudra bien, j'espère, ce qu'elle peut me coûter; ne pensons qu'à elle.

Puis remplissant son verre, il dit à haute voix :

— Permettez-moi, sire, de boire au succès de mon voyage nocturne!

— Non-seulement je te le permets, repondit le roi; mais je veux joindre mes vœux aux tiens et trinquer avec toi, comme dans le temps où nous faisions la *dînette* ensemble.

— Ah! sire, c'est trop d'honneur, et fort heureusement nous ne sommes point à la veille d'une bataille; car cet honneur-là me coûterait la vie.

— Allons, pars, reprit le roi, en congédiant Armand; voici les étoiles qui se montrent, et je crois que la nuit sera belle.

— Je l'espère, dit le comte, avec un sourire où se peignaient toutes les joies qu'inspirent à une âme exaltée l'espoir, le danger, le mystère et l'amour.

XXVII

Le dieu protecteur des intrigues amoureuses conduisit le comte de Guiche, sans obstacles à la porte du jardin de la *Casa Bianca*. On ne l'y laissa pas longtemps. Moraïma vint le chercher pour le conduire dans le pavillon qu'habitait sa maîtresse; et de grosses larmes coulèrent sur ses joues d'ébène lorsqu'elle referma la portière en tapisserie qui séparait l'oratoire de la chambre de dona Fernanda.

Avant que le jour parût, Moraïma, qui avait veillé assise sur les marches du perron, frappa trois petits coups à une fenêtre qui donnait sur le jardin; quelques instants après le comte de Guiche ouvrit cette fenêtre et l'escalada sans bruit. Il était près de franchir la porte qui donnait sur la rue, lorsque, saisi par un bras vigoureux, il entendit une voix mâle dire en espagnol :

— D'où venez-vous?

— Cela ne vous regarde pas, répondit le comte dans la même langue. Alors l'Espagnol tirant son épée, Armand en fit autant, et après quelques passes où l'adresse et le sang-froid du comte lui donnaient un grand avantage sur son adversaire, celui-ci tomba grièvement blessé.

Pendant ce temps, Moraïma, se tordant les bras, criait de toutes ses forces :

— Que faites-vous, grand Dieu! c'est don Ramire, le cousin de madame; ah! ne le tuez pas!

— Prends soin de lui, crie à son tour le comte de Guiche. Puis s'élançant vers la porte du jardin, il court rejoindre son escorte et reprend aussitôt la route de Saint-Jean-de-Luz.

Les sujets de méditations ne lui manquèrent point pendant ce long trajet. Partagé entre des souvenirs enivrants ou tragiques et les plus vives craintes, il se laissa conduire par son cheval dont la fougue, n'étant point modérée par la prudence de son maître, le fit arriver une heure plus tôt qu'il ne l'espérait.

Armand ne prend que le temps de changer d'habit, et il se rend à la hâte chez le marquis de Wardes ; mais il ne le trouve point chez lui : le roi, désirant aller visiter un château historique situé à la cime d'une montagne voisine, a fait avancer l'heure du petit-lever, et le marquis est déjà chez le roi.

A cette nouvelle, tout autre que le comte de Guiche se serait jugé comme étant perdu à jamais et n'aurait pensé qu'à se soustraire à la colère du roi ; mais il était en série de bonheurs et se sentait la force de résister à l'orage. D'ailleurs ayant pour principe qu'on n'échappe au péril qu'en marchant droit à lui, il se décide à se rendre à l'instant même chez le roi et cherche dans son esprit sous quel bouclier il pourra se mettre à l'abri des coups qu'on va lui porter.

Le comte était déjà depuis quelques moments près du maréchal de Gramont qui lui disait tout bas :

— Le temps est à l'orage aujourd'hui.

Lorsque le roi l'aperçut il lui dit d'un ton amer :

— Ah ! vous voilà, monsieur ? J'ai à vous parler ; allez m'attendre dans mon cabinet.

— Ah ! mon Dieu, que va-t-il te dire ? s'écria le maréchal d'une voix étouffée par la crainte.

— Je le sais, répondit le comte en marchant vers la porte du cabinet.

Là il réfléchit à tout ce que la situation avait de dramatique, et sentit redoubler son courage à l'approche du combat.

— Vous m'avez trompé, monsieur, dit le roi en entrant.

— Je ne pouvais faire autrement, sire.

— Quoi, vous chercherez à me persuader que ce conte d'un duel entre Wardes et un grand d'Espagne était indispensable !

— Sans cela Votre Majesté n'aurait jamais consenti à me laisser aller cette nuit à Fontarabie.

— M'épouvanter ainsi des suites d'une affaire qui ne devait pas avoir lieu!

— Et si elle était terminée, sire?

— Que voulez-vous dire?

— Si ce duel que Votre Majesté voulait empêcher s'était accompli assez secrètement pour n'en pouvoir redouter les suites, si j'avais remplacé le marquis de Wardes, serais-je donc si coupable aux yeux de Votre Majesté?

— Quoi! c'était pour braver ma défense, pour vous exposer aux conséquences d'une rixe pareille, que vous imploriez ma protection?

— Oui, sire, c'était pour soutenir l'honneur d'un de vos gentilshommes, l'honneur du nom français, et, quelle que soit la punition que Votre Majesté me réserve pour ce tort, je sens que je ne m'en repentirai jamais.

— Mais ne pouviez-vous me confier la vérité? Ne valait-il pas mieux risquer d'être blâmé par moi que de me rendre dupe d'une ruse grossière?

— Soyez de bonne foi, sire; si je vous avais dit : je vais me battre avec don Ramire, vous m'auriez défendu de partir. C'est votre devoir de roi, comme c'était mon devoir de gentilhomme d'aller répondre à l'appel qui m'était fait.

— Enfin qu'est-il arrivé de ce duel? demanda le roi d'un ton moins sévère.

— Que don Ramire del M... est blessé légèrement, j'espère, et qu'on ne saura jamais par qui il l'a été.

— Vous êtes donc bien sûr de sa discrétion?

— Autant que de la mienne, et si je pouvais dire à Votre Majesté sur quoi cette assurance est fondée, elle serait en pleine sécurité. Oui, je l'atteste, le roi de France est en ce moment le seul qui puisse divulguer cette affaire, qui n'a eu pour témoin qu'une personne très-intéressée au secret. La punition seule peut faire connaître le crime.

— Il suffit, reprit le roi; de semblables exemples sont si dangereux que j'en préfère l'impunité au scandale. Mais que cette indulgence forcée ne vous encourage pas à retomber dans le même tort; car, je vous en préviens, monsieur, je serais inexorable.

— Ah! sire, tant de bonté vous répond de ma soumission, dit le comte en s'inclinant respectueusement.

— Allez, reprit le roi d'un ton qui ne dissimulait pas sa rancune, et rendez grâce au secret qu'exige une telle extravagance; mais croyez bien qu'en la laissant ignorer de tout le monde, j'en garderai toujours le souvenir.

— Puissiez-vous dire vrai, sire, répondit Armand en se retirant, très-satisfait de la manière dont il s'était tiré de toutes les difficultés de cette audience.

Le maréchal de Gramont attendait son fils à la sortie du cabinet du roi; il prit le bras d'Armand, et l'entraînant avec lui hors du château, il lui demanda ce qui s'était passé.

— Car tu as beau te cacher de moi, pour faire tes folies, ajouta le maréchal, encore faut-il que je les connaisse pour les réparer. Comment as-tu laissé le roi?

— Mais en fort bonne disposition, mon père.

— Quoi! la mauvaise humeur qu'il avait en t'ordonnant d'aller l'attendre dans son cabinet...

— S'est apaisée tout à coup par l'effet des explications que je lui ai données.

— Mais à propos de quoi ces explications?

— C'est ce que je ne puis dire, même à vous, mon père; le roi m'ayant ordonné le plus strict silence à cet égard.

XXVIII

Le maréchal, pour qui un ordre du roi était un arrêt du ciel, n'insista pas davantage, et comme, en ce moment, les solennités des noces royales occupaient tous les esprits, et que Louis XIV affecta de traiter le comte de Guiche avec assez de bienveillance, on ne pensa plus à ce qui s'était passé entre eux. Seulement, le jour où don Luis de Haro convenait avec le cardinal de Mazarin de l'ordre des cérémonies prochaines, on remit au ministre espagnol des dépêches vivement attendues, puisqu'elles apprenaient que le roi très-catholique, accompagné de l'infante Marie-Thérèse, se rendrait le lendemain 8 juin, à l'île des Conférences, pour y conduire la future reine de France à son auguste

époux. Don Luis dit en lisant l'apostille d'une lettre du
camarero mayor :

— Ah! c'est le duc de L... qui remplacera don Ramire
del M... auprès de Sa Majesté pendant cette dernière entrevue. Le pauvre marquis s'est battu en duel et il est blessé;
heureusement il n'en mourra pas; mais il en souffrira
longtemps. Aussi pourquoi est-il amoureux et jaloux de sa
belle cousine?

— Vous mande-t-on à qui don Ramire doit cette blessure? dit le cardinal d'un air sournois.

— C'est sans doute à quelque rival heureux, reprit don
Luis, et, s'il faut en croire les bavards de notre cour, un
des plus brillants seigneurs de la vôtre n'en serait pas innocent; mais nous ne voulons pas le savoir; et songez surtout que je ne vous en ai rien dit.

— Soyez tranquille, répondit le cardinal, je sens aussi
bien que vous l'importance de ne pas laisser ébruiter cette
affaire, et je vous promets que mon roi n'en saura rien.

En prenant cet engagement dont le cardinal ne soupçonnait pas l'inutilité, il se promettait aussi de mettre toute sa
police sur pied, dans le but de découvrir le nom du gentilhomme français assez imprudent, assez audacieux pour
s'être battu avec un grand d'Espagne le jour même où l'on allait signer le traité de paix entre l'Espagne et la France.

Ses premiers soupçons tombèrent d'abord sur le marquis
de Wardes, et le cardinal le fit appeler sous prétexte de lui
ordonner d'être prêt le lendemain, à midi, pour marcher à
la tête des Cent-Suisses, qu'il commandait, et pour accompagner le grand prévôt en l'église de Saint-Jean-de-Luz, où
devaient se célébrer le mariage du roi et de l'infante.

En recevant cet ordre, le marquis s'étonna de toutes les
questions vagues, les mots ambigus, les sentences voilées,
qu'y joignait le cardinal.

— Je m'attendais ajouta ce dernier, à la surprise que
vous jouez; il est de certaines fautes dont on ne convient
jamais, surtout quand la punition est fort grave; mais
vous me comprenez très-bien, monsieur le marquis, et vous
concevez que celui dont la conduite mériterait le plus
sévère châtiment doit chercher à la réparer par tous les
moyens possibles.

A cette accusation dont il ignorait le motif, le marquis

répondit par des questions et des assurances qui attestaient son innocence et sa sincérité ; mais l'esprit prévenu du cardinal s'obstinant dans son erreur, il en résulta une scène assez vive dans laquelle M. de Wardes, indigné de n'être pas cru sur parole, alla jusqu'à offrir la démission de toutes ses charges. Le cardinal redoutant l'éclat que ferait à la cour la disgrâce de M. de Wardes tenta de l'apaiser en substituant les cajoleries aux menaces, et ils se séparèrent avec tout le calme, la politesse qui voilent si bien et si souvent la haine de deux ennemis de cour.

Le confident naturel de cette scène inexplicable pour M. de Wardes était le comte de Guiche ; il faut l'avouer, son premier mouvement fut d'en rire ; mais revenant bientôt aux conséquences sérieuses que pouvait avoir l'erreur du cardinal Mazarin, Armand n'hésita pas dans sa résolution de le détromper. Il s'ensuivit un combat de générosité entre les deux amis, qui laissa le marquis de Wardes et le comte de Guiche également en proie aux soupçons du cardinal Mazarin.

La cérémonie du mariage royal terminée, la cour se mit en route pour se rendre à Paris, où l'on préparait à la nouvelle reine la réception la plus pompeuse.

Dans cette entrée solennelle (1), qui mettait tout Paris en émoi, le comte de Guiche, vêtu d'un habit magnifique et plus paré encore par la noblesse de son charmant visage et l'élégance de sa tournure que par la richesse de son vêtement, suivait à la tête de sa compagnie et monté sur un beau cheval d'Espagne, la calèche, ou plutôt le char de triomphe de la reine. Blasé sur les acclamations, les admira-

____

(1) On lit dans la *Gazette* du 3 septembre 1660, à l'article de la *Relation de la superbe entrée du roi et de la reine en la ville de Paris :*

« Le comte de Guiche et le marquis de Richelieu s'y firent voir aussi lestes qu'on le puisse imaginer : le premier, vêtu d'un habit en broderie d'argent, enrichi de dentelle d'or, plissé avec des rangées de diamants, monté sur un cheval d'Espagne gris, dont le harnais était semé de pierreries, et la housse de velours vert en broderie or et argent ; et le second, d'un habit en broderie d'argent très-bien assorti. Le chevalier de Gramont y parut encore avec tant d'éclat en toute manière, qu'on ne saurait l'oublier ici. »

(Gazette de 1660, p. 809.)

9

tions, les bénédictions prodiguées au cortége royal par toutes les villes qu'il venait de traverser, le comte de Guiche faisait des réflexions philosophiques sur l'amour du peuple français pour ses rois, et sur ce qu'il leur était bien permis de s'en croire adoré en écoutant ses cris d'enthousiasme et de joie, lorsque le cortége, après avoir fait une halte devant l'hôtel de madame de Beauvais, où se trouvaient la reine-mère, la reine d'Angleterre, la princesse sa fille, et le cardinal Mazarin, fut obligé de s'arrêter de nouveau dans la rue de la Tixeranderie, avant d'arriver à l'hôtel de ville.

Il fallait bien donner le temps aux gardes de faire évacuer une partie du peuple qui couvrait la place de Grève. Pendant ces haltes forcées, qui se renouvelaient à chaque rue étroite, les gens qui composaient ce cortége n'avaient d'autre distraction que celle de chercher quelque joli visage parmi toutes les têtes qui remplissaient les fenêtres; puis il se les montraient avec complaisance et saluaient les plus belles en signe d'admiration.

— Par ma foi! dit le marquis de Richelieu au comte de Guiche, en voilà une qui mérite d'être saluée jusqu'à terre; c'est dommage qu'elle soit si pâle.

Alors Armand tourna ses yeux du côté que lui désignait M. de Richelieu, et il pâlit à son tour en reconnaissant la belle Marguerite dans celle qui excitait à un si haut degré l'admiration de ses amis.

A peine son regard eût-il rencontré le sien qu'il la vit porter son mouchoir à ses yeux, et se retirer du balcon où elle était.

— Ah! mon Dieu, la voilà qui se cache, s'écria M. de Richelieu; c'est ton oncle qui en est cause, je le parie; ces vieux libertins ont une manière de regarder les jeunes filles qui les effarouche. Il lui aura peut-être fait quelque signe trop expressif dont elle est offensée, et elle ne reparaîtra plus.

— J'en ai peur, dit le comte avec tristesse, car cette apparition le jetait dans un grand trouble.

Et toutes les pompes de la journée, tout le bruit de la fête, tout l'intérêt attaché à la distribution des grâces accordée par le roi à propos de cette grande solennité, ne purent distraire Armand du souvenir de Marguerite; sous les voûtes drapées de la cathédrale, sous les lambris dorés du Louvre, en présence de ces têtes couronnées, de ces princesses resplendissantes qui lui souriaient avec tant de grâces, il ne pensait qu'à cette pauvre fillette trompée par lui, et dont le regard, sans cesse présent à son imagination, peignait encore plus d'amour que de colère. En vain, cédant à l'ivresse générale, il s'ordonnait de l'oublier, son image était toujours là, puissante par sa beauté, terrible par sa douleur. Il pressentait que tant d'amour serait vengé, et implorait le ciel pour qu'il se montrât aussi clément envers lui que l'était sa victime.

Enfin, sa jeunesse, ses succès, toutes les joies que peuvent donner la vanité, les grandeurs et la gloire, ne parvinrent point à vaincre, dans ce jour de délire, la profonde mélancolie du comte de Guiche.

XXIX

Dès que ses devoirs de cour laissèrent un moment de liberté au comte de Guiche, il courut chez mademoiselle de Lenclos. Elle s'écria en l'entendant annoncer :

— Ah! que je suis charmée de vous voir. Vous allez me raconter toutes les merveilles de cette grande noce et de cette magnifique entrée à Paris, que mon médecin m'a empêchée d'aller admirer sous prétexte que j'avais un peu de fièvre; pourtant j'avais loué à grands frais un superbe balcon rue de la Tixeranderie.

— Et vous en avez fait profiter la belle Marguerite, interrompit le comte, cela me prouve que votre intérêt pour elle s'est encore augmenté; combien je vous en remercie.

— Il n'y a nul mérite à s'y intéresser, je vous jure; mais parlez-moi de l'entrée de la reine, et de ce cortége qui dépassait toutes les magnificences des *Mille et une Nuits.* Votre beau-père surtout y faisait, dit-on, l'admiration des badauds de Paris avec ses deux pages armés chacun d'un parasol de tabis violet, à franges d'or, dont ils abritaient son auguste personne, et sa simarre de drap d'or frisé, sou chapeau de velours, ses dentelles d'or. Le tout monté sur une haquenée blanche, vêtue elle-même d'une housse digne de porter le chancelier de France.

— Non vraiment, répondit le comte, je n'emploierai point les moments que vous voulez bien m'accorder, à vous raconter tout ce que vous pourriez lire demain dans la *Gazette* ; assez de gens vous ennuieront des récits de ces nobles corvées. Apprenez-moi plutôt ce que vous avez fait pour Marguerite.

— J'ai voulu la marier.

— Eh bien? demanda Armand vivement ému.

— Eh bien, elle y consentait.

— Vraiment? dit le comte avec un sourire forcé.

— Oui, mais c'était à une condition si ridicule, qu'il n'y avait pas moyen de consentir à en faire l'épreuve.

— Elle voulait qu'on la dispensât d'aimer?

— Bien pis que cela vraiment ! Elle prétendait ne pouvoir épouser le jeune R... qu'après lui avoir raconté tout ce qui s'était passé entre elle et vous. J'ai eu beau lui répéter que ces sortes de probités tournaient toujours contre les nobles cœurs qui en étaient capables ; qu'un mari trompé en *herbe* croyait toujours l'être ; qu'il n'y avait pas un moment de repos à espérer dans un ménage où les torts n'étaient pas également répartis, et qu'il y avait souvent plus de vertu à cacher une faute qu'à soulager son repentir par un aveu ; elle a persisté dans ses idées romanesques, et tout ce que j'ai pu obtenir, c'est qu'elle ne laisserait pas soupçonner à François R... la cause de son refus ; car il est amoureux, il lui offrait sa main avec la confiance d'être bien accueilli ; et s'il devinait que c'est pour vous qu'on le sacrifie, il serait capable de s'en venger. A cette idée, la pauvre fille, tremblante des dangers que vous pouviez courir, a promis de garder le secret de sa peine. Elle veut se consacrer à Dieu, et la somme que vous lui destinez va lui servir de dot pour entrer aux Ursulines. Ce n'est pas la première fois que le ciel se sert du diable pour faire des élus.

— J'aurais préféré la voir mariée.

— Je le crois bien, reprit Ninon en riant, cela laissait plus d'avenir ; mais si vous me donnez votre parole de ne jamais la revoir, j'obtiendrai peut-être d'elle d'accepter la main de quelque brave garçon. Seulement il faut me jurer de ne pas contrarier sa conversion ; assez d'autres encore se damneront pour vous.

— Jamais de plus belle, de plus tendre, de plus douce, dit Armand en soupirant de regret.

— Voilà bien les hommes, s'écria Ninon avec dédain, désolés du mal qu'ils font, et toujours prêts à le recommencer ; et c'est à de semblables héros que les femmes immolent leur tranquillité, leur honneur, et qui pis est, leurs plaisirs! Comment ne sont-elles pas lasses de leur métier de dupes ; comment ne voient-elles pas qu'on ne vous plaît que par l'indifférence et qu'on ne vous attache que par la trahison! Quant à moi, j'ignore si le ciel me réserve de longs jours, mais je suis bien sûre d'être aimée toute ma vie.

— Cela n'est pas douteux ; avec votre beauté, votre esprit, on peut le prévoir ; mais si vous étiez laide et sotte...

— Je n'en serais pas moins adorée, car ce qui vous plaît avant tout, messieurs, c'est d'être aimés pour vos défauts et vantés sur toutes les qualités qui vous manquent ; avec la faculté de vous supposer tels que vous voudriez être, on vous donne une si grande joie d'amour-propre que vous n'en demandez pas d'autres ; là est tout le secret de vous captiver, et comme je l'ai découvert de bonne heure, j'espère m'en amuser longtemps. C'est dommage que le fruit de mes observations et de mon expérience ne puisse être d'aucun secours pour ces femmes charmantes qui ont la bonhomie de vous prendre au sérieux, elles auraient plus de plaisirs, et vous moins de remords ; mais tant que l'hypocrisie se partagera entre la religion et l'amour, trompeurs et trompées, tous seront mécontents, car le vrai seul mène au bonheur. A propos de bonheur. ajouta mademoiselle de Lenclos, le roi d'Angleterre vient de retrouver son trône ! Voilà de ces surprises qui déconcertent la politique des plus habiles.

— Je m'en réjouis d'autant plus que le cardinal doit en enrager de bon cœur ; avoir refusé la main de sa nièce au prince proscrit, n'avoir pas deviné qu'en risquant le sort d'une simple Mancini, il courait la chance de devenir l'oncle d'un roi d'Angleterre! Il y a là de quoi s'en pendre de regret ; mais il ne nous donnera pas cette joie.

— Espérez, reprit en riant Ninon : la goutte et l'ambition déçue peuvent venger bien des choses. Le cardinal pense, dit-on, faire oublier à la princesse Henriette le temps où, gardant pour lui la pension accordée par Anne d'Autriche à la veuve de Charles Ier et à sa fille, il obligeait la pauvre enfant à rester au lit faute de feu (1). Il médite un mariage entre elle et le frère du roi, et comme vous passez à bon droit pour avoir beaucoup d'empire sur l'esprit de Monsieur, vous allez être l'objet de toutes les bonnes grâces de Son Éminence et des sourires bienveillants de la reine-mère. L'occasion de les contrarier l'un et l'autre est belle, j'en conviens ; tous deux vous détestent, et il faut un grand courage pour résister au désir de se faire craindre de deux ennemis si puissants. Nul doute qu'un mot de vous peut détourner Monsieur de ce mariage et le rendre impossible ; mais qu'y gagneriez-vous? de voir arriver à la cour une grosse princesse allemande, laide, fière, maussade, au lieu d'y placer pour toujours une femme charmante, élevée dans vos usages, accoutumée à l'esprit français, l'aimant et y répondant avec toute la délicatesse, la finesse qui le caractérisent. Croyez-moi, cher comte, sacrifiez la petite satisfaction de donner à vos ennemis un moment d'humeur pour doter la cour d'une aimable princesse, qui vous saura gré de la venger du refus que le roi a fait de l'épouser l'année dernière.

— Je pensais qu'on lui avait laissé ignorer ce refus?

— Non, vraiment. La reine d'Angleterre en a conçu un si vif ressentiment qu'elle n'a pu le dissimuler à sa fille, et jamais humiliation n'a été plus cruellement ressentie.

— Si c'est ainsi, reprit le comte de Guiche avec autorité, la princesse d'Angleterre sera bientôt la premiere princesse de France.

En cet instant on annonça son altesse le prince de Condé et le plaisir de revoir cet illustre rebelle fit tout oublier.

Armand, docile aux conseils de mademoiselle de Lenclos, décida bientôt Monsieur à demander la main de la princesse d'Angleterre. La reine-mère, qui aimait tendrement la princesse Henriette, se chargea d'obtenir le consentement du roi ; elle n'y parvint pas sans peine ; il avait des

(1) *Mémoires* du cardinal de Retz. Il raconte qu'étant allé voir la reine d'Angleterre au Louvre, elle lui dit :

« Vous voyez, je tiens compagnie à Henriette, la pauvre enfant n'a pu se lever aujourd'hui faute de feu. »

préventions contre la fille de Charles Ier, et prétendait qu'une alliance anglaise n'était jamais bien vue du peuple français. Enfin la reine mère triompha de sa résistance; il fut convenu entre les deux reines mères que le mariage de leurs enfants se célébrerait aussitôt après le retour de la reine d'Angleterre et de sa fille, qui étaient attendues à Londres par le roi Charles, impatient d'embrasser sa mère et de se montrer à elle paisible possesseur du royaume dont il avait été chassé.

La princesse Henriette était à cette époque où la beauté des formes succède aux grâces de l'enfance. Le bonheur embellit. Dans le brusque changement de son triste sort contre la plus brillante destinée, sa taille se développa, son teint s'éclaircit; elle devint tout à coup la plus séduisante princesse de l'Europe. Le jeune duc de Buckingham (1) offrit un exemple frappant de cette séduction, il ne put voir tant de charmes sans concevoir pour la princesse une passion si vive qu'il en perdit la raison.

A peine en pleine mer, un vent effroyable s'éleva; le navire se trouva ensablé et en danger de périr. L'épouvante devint grande chez tous les passagers, mais rien ne fut comparable au désespoir du duc de Buckingham en voyant le sort qui menaçait la jeune princesse. Enfin, on tira le vaisseau du péril où il était; mais il fallut relâcher au port.

Pendant la tempête, une fièvre violente avait saisi la princesse Henriette, ce qui ne l'empêcha pas de se rembarquer dès que le vent devint favorable. Mais dès qu'elle fut dans le vaisseau, la rougeole se déclara; on ne put ni quitter le port, ni la remettre à terre. La maladie prit un caractère fort alarmant, ce qui mit le comble à la démence du duc de Buckingham. Il fit tant d'extravagances que la reine d'Angleterre lui ordonna de se rendre à Paris pendant qu'elle séjournerait au Havre le temps nécessaire au rétablissement de la princesse Henriette.

Le bruit d'un amour si délirant avait retenti à la cour de Louis XIV, et cette même princesse, qu'on y avait traitée depuis son enfance avec tout le dédain qu'on porte aux proscrits, devint tout à coup l'objet de la curiosité et de l'intérêt général. C'était à qui lui témoignerait son enthou-

____

(1) Le fils de celui qui fut assassiné par Felton.

siasme et obtiendrait de Monsieur la permission d'aller au-devant d'elle. Le comte de Guiche fut le seul des favoris de Monsieur qui ne demanda pas à l'accompagner dans son voyage. Une intrigue galante, commencée entre lui et madame de Chalais, la fille du duc de Marmoutiers, le retint à Paris.

Un grand événement occupait alors le peuple et la cour. Le cardinal Mazarin venait de mourir, en laissant à sa famille tous les trésors qu'il avait amassés pendant son règne. Il importait beaucoup de savoir si le roi lui donnerait un successeur, ou s'il se mettrait à gouverner par lui-même. La déclaration que le roi fit alors à tous les gens du royaume ne les laissa pas douter longtemps de sa résolution de garder le pouvoir dont la mort du cardinal le faisait hériter.

Pour dissimuler le plaisir que la mort de Mazarin causait à tout le monde, la reine-mère et le roi imaginèrent d'en faire porter le deuil à ceux-là même qui s'en réjouissaient le plus. Ce fut un ordre jusqu'alors sans exemple, que celui qui enjoignit à la cour et aux princes du sang de prendre le deuil pour un ministre, qui n'était ni prince, ni parent de la famille royale; mais le roi et les reines ayant été les premiers à le porter, il fallut bien les imiter. Seulement les amis du feu cardinal se vengèrent de cette contrainte par des satires de toute espèce; et l'on alla jusqu'à insulter le mort sur son lit de parade. On y trouva un soir ces mauvais vers attachés à l'oreiller funèbre, qui portait la tête du cadavre :

> Mazarin sortit de Mazare
> Aussi pauvre que Lazare,
> Réduit à la nécessité;
> Mais par les soins d'Anne d'Autriche,
> Ce Lazare ressuscité
> Est mort comme le mauvais riche.

Le lendemain on trouva le quatrain suivant à la même place, sans que les gardes et les prêtres qui entouraient le corps du défunt aient pu deviner comment et à quel moment il y avait été mis.

> Je n'ai jamais pu voir Jules sain ni malade
> Dans la salle, ni sur le degré;
> Mais enfin, je l'ai vu sur son lit de parade,
> Et je l'ai vu fort à mon gré.

Bien que ces vers ne fussent point du comte de Guiche, comme ils rimaient une réponse de lui dite à Ninon de Lenclos, on mit le quatrain sur son compte. La reine-mère en fut indignée et se serait portée à quelque acte de vengeance contre Armand si le mariage de Monsieur avait été conclu; mais la reine, forcée d'ajourner les effets de son ressentiment, se contenta de le faire partager au roi.

L'arrivée de la princesse d'Angleterre fit bientôt oublier la mort et le deuil du ministre que, excepté Anne d'Autriche, personne ne regrettait; c'était à qui vanterait la fraîcheur et les grâces de la jeune princesse. Les modes qu'elle rapportait d'Angleterre furent aussitôt adoptées; sa coiffure blonde et bouclée faisait le désespoir des brunes, et elles tâchaient de s'en consoler en singeant de leur mieux sa tournure svelte et sa démarche noble.

Les austérités du carême ne permettant pas de grandes fêtes, on décida que le mariage de Monsieur se ferait sans apparat au Palais-Royal, dans la chapelle de la reine d'Angleterre, en présence seulement de la famille royale et des personnes de leur service particulier. Le comte de Guiche, l'ami préféré du mari, était nécessairement de ce nombre.

C'est là qu'il revit pour la première fois cette charmante princesse, devenue tout à coup, et par la toute puissance des révolutions de la nature et par celles de la politique, une femme adorable et un personnage important. Le changement opéré en elle, effaçait si bien tout souvenir de cette petite fille timide, insignifiante, dont Louis XIV se moquait souvent, qu'elle apparut au comte de Guiche comme un astre nouveau, un être idéal qu'on a rêvé, mais qu'on n'a jamais vu. Il est vrai que la parure virginale de cette belle mariée, cette couronne de roses blanches semées d'étoiles de diamants, ce voile transparent, voltigeant sur sa chevelure aérienne, lui donnaient quelque chose de fantastique et un peu de ce charme divin qu'on prête aux anges. Enfin, Armand s'étonna de la respectueuse admiration qui le saisit à l'aspect de cette beauté chaste, il se sentit pénétré d'une espèce de commisération, en pensant que tant de dons du ciel allaient tomber au pouvoir de l'homme le moins capable de les apprécier; une douloureuse vision troubla son esprit; il se sentit pris d'un frisson de jalousie qu'il essaya de combattre en se disant :

— Elle ne saurait l'aimer; non, ce n'est pas à lui qu'est réservé le bonheur de rendre sensible cette pauvre femme ravissante. Ah! s'il ne fallait que l'adorer pour lui plaire!

Puis se livrant à toutes les idées que cette réflexion devait faire naître, craignant de ne pouvoir surmonter les sentiments violents qui le dominaient, le comte de Guiche demanda à Monsieur la permission de se retirer avant le banquet qui devait suivre la cérémonie. Alors il courut chez son père et le supplia de lui donner une mission quelconque, en lui laissant croire que des raisons majeures l'obligeaient à s'éloigner pendant quelques mois de la cour. Le maréchal supposa que cet acte de prudence avait pour but de lui donner le temps de détruire les injustes soupçons relatifs au quatrain satirique. Il approuva cette absence volontaire, consentit à l'expliquer ainsi que le désirait son fils, et Armand partit le soir même pour Bidache.

XXX

Il est un tort que la femme la plus sage, la moins vindicative, ne pardonne jamais : celui de l'avoir dédaignée. Si en refusant d'épouser Henriette d'Angleterre Louis XIV n'avait allégué que des raisons politiques, la princesse n'en aurait conservé aucun ressentiment; mais il avait dit hautement qu'elle était trop *maigre,* qu'elle ne lui *plaisait* point, et qu'il se sentait incapable d'éprouver jamais pour elle le moindre sentiment d'amour.

Ces paroles, rapportées à la princesse, devinrent dès ce moment, et à son insu, le mobile de toutes ses actions, l'arrêt de son destin. Sans se promettre positivement d'en tirer vengeance, elle en chercha l'occasion avec une prévision, une adresse, une constance imperturbables. Dans son aveugle soumission à cet instinct diabolique, si on avait osé lui dire ce qu'il lui faisait faire, elle se serait indignée de bonne foi, car en acceptant la main de Monsieur, plutôt que celle d'un des souverains de l'Europe, en préférant le plaisir de vivre à la cour de France à l'honneur de régner sur un grand peuple, elle ne se doutait point que l'espoir de mettre Louis XIV en contradiction avec lui-même, l'espoir de s'en faire aimer enfin, la dirigeait seul dans le parti qu'elle prenait.

De là vint cette coquetterie naïve, dont le charme irrésistible s'exerçait sur tous pour arriver à un seul ; cette application à orner son esprit de tout ce qui pouvait le rendre aimable ; ce soin de réunir dans son palais les plaisirs les plus attrayants, ceux que le roi préférerait et que l'austérité de la reine mère et la tristesse jalouse de la jeune reine bannissaient du Louvre. Tant de séductions unies à des qualités naturelles, à des grâces infinies, ne pouvaient manquer leur effet sur un jeune roi très-disposé à l'infidélité. Il s'établit bientôt entre lui et Madame une intimité que la parenté autorisait, et qui n'en était pas moins très-romanesque.

Il faut avoir passé par tous les degrés d'une humiliation poignante pour comprendre les délices attachées aux progrès de l'amour qui doit en être le vengeur. Lorsque chaque soir Louis XIV quittait le jeu de la reine pour venir aux Tuileries, où l'attendaient le bal, la comédie, et tous ces soins élégants qui flattent si bien le héros d'un salon, Madame se sentait tressaillir d'une joie secrète, mais craignant de la laisser voir à celui qui la causait, elle imaginait aussitôt quelque moyen d'attirer l'attention du roi sur un objet étranger au sentiment qui la préoccupait, et cette affectation à le distraire d'elle l'y ramenait avec d'autant plus d'empressement et de chaleur.

Chaque jour semblait ajouter à la profondeur de cet attachement, dont nul aveu n'avait encore troublé l'innocence. Les sermons de la reine mère, l'espoir de la prochaine naissance d'un dauphin, ces travaux sérieux auxquels le roi consacrait beaucoup de moments, rien ne l'avait détourné de ses assiduités chez Madame, et l'on peut croire qu'elle aurait longtemps régné sur son cœur et sur son esprit, si l'amour-propre, ce satan des âmes nobles, ne lui avait fait commettre une de ces fautes qui perdent également les rois, les ministres et les femmes (1).

(1) Madame se souvenant avec quelque noble dépit que le roi l'avait autrefois méprisée quand elle avait pu prétendre l'épouser ; et le plaisir que donne la vengeance lui faisait voir avec joie de contraires sentiments qui paraissaient s'établir pour elle dans l'âme du roi. (*Mémoires* de madame de Monteville, t. VI, p. 59.)

A tous les plaisirs qu'inventait Madame pour attirer le roi chez elle, le roi répondait par des fêtes plus magnifiques encore dont Fontainebleau était le théâtre, et Madame l'héroïne. En vain la reine-mère reprochait à son fils la préférence et les attentions galantes qu'il avait pour sa belle-sœur; en vain elle lui rapportait les soupçons jaloux qui dévoraient le cœur de la reine, il se contentait de se justifier en affirmant l'innocence de ses rapports avec Madame, et il les continuait avec la même assiduité.

Alors la reine-mère, n'attendant plus rien de ses remontrances, eut l'idée de s'adresser directement à Madame pour en obtenir la cessation de ces fêtes nocturnes qui faisaient, disait-elle, le scandale de la cour et le désespoir de la reine.

Madame de Motteville, choisie par les deux reines pour remplir cette mission, fut accueillie avec une froide politesse, et eut bientôt à se repentir de sa complaisance. Madame, n'ayant pu taire au roi les avis qu'était venue lui donner madame de Motteville, il en résulta que cette dernière reçut l'ordre de ne plus donner des conseils à Madame, et de ne plus voir en particulier la reine.

— Je ne veux pas savoir d'où procède mon malheur, dit madame de Motteville à ce sujet, car ce qui regarde les personnes royales doit être pour nous des mystères de respect (1).

Certes, le culte de la royauté ne saurait aller plus loin.

La reine-mère, voyant qu'elle ne pouvait ramener son fils à des plaisirs plus calmes, imagina d'interrompre, au moins pour quelque temps, les fêtes de Fontainebleau et les promenades nocturnes, dont Monsieur commençait à s'alarmer, malgré les feux d'artifice qui les illuminaient. Elle emmena Madame avec elle à Dampierre. C'est dans cette visite des deux reines à la duchesse de Chevreuse que se trama la perte du surintendant. Mais là se borna le crédit d'Anne d'Autriche; elle n'obtint pas le moindre sacrifice des divertissements dont elle prévoyait le danger; et, lorsque Madame revint de Dampierre, le roi, à qui cette courte absence avait paru éternelle, redoubla d'empressement auprès de la princesse.

(1) *Mémoires* de madame de Motteville, t. V, p. 65.

L'amour est une fièvre dont les accès comme ceux des maladies aiguës, ont leur marche, leur apogée, ce moment où il faut mourir ou guérir. Tant que la fièvre est modérée, on en souffre en silence, avec une sorte de volupté ; mais quand l'agitation devient douloureuse, on se trahit, on se plaint. C'est à ce degré qu'était arrivé Louis XIV.

Se trouvant par une belle nuit d'été au milieu des bosquets embaumés de Fontainebleau, près d'une fontaine dont les cascades voilaient de leurs rideaux aquatiques des étoiles de feu, et protégeaient par leur doux murmure cette rêverie enivrante qui laisse le cœur sans défense, la raison sans pouvoir, le roi, assis sur un banc de mousse à côté de la princesse Henriette, et n'osant lever les yeux sur elle, disait à voix basse et comme se parlant à lui-même :

— Quoi ! tant de soins, tant de constance, de dévouement, ne seront pas compris ? Elle n'en sera pas touchée ?...

— De qui parlez-vous ? dit en souriant Madame.

— D'une ingrate qui rit quand on lui témoigne la moindre partie des sentiments qu'elle inspire, qui feint de ne rien entendre au langage d'un cœur passionné, et s'amuse sans pitié d'une souffrance qu'il lui serait si facile de changer en bonheur, en délire !...

— Y pensez-vous ? reprit Madame avec ironie, vous, souffrir de l'indifférence d'une femme qui ne pouvait jamais vous plaire ?

— Ah ! pourquoi rappeler un tort si excusable dans un âge où le jugement et le goût ne sont pas formés ! un tort expié par tant d'adorations !...

— Comment croire qu'une telle antipathie cesse tout à coup !

— Mais en le voyant, en faisant l'épreuve de la puissance qu'on exerce.

— Comment se flatter qu'un dédain si bien fondé ait fait place à tant d'indulgence ? Comment oublier que le sort avait tout disposé pour vous unir à celui que vous aimiez, et que lui seul n'a pas voulu du bonheur qu'il réclame aujourd'hui ! Serait-ce donc que ce bonheur avait besoin d'être criminel pour avoir du prix à ses yeux ?

— Non, vous ne le croyez pas, s'écria le roi avec indignation, vous savez trop bien les combats qui se livrent dans mon âme. Hélas ! jusqu'à ce jour j'en étais sorti triomphant; ma bouche n'avait pas trahi le secret de mon cœur. J'étais encore pur à vos yeux, aux miens, car je croyais de bonne foi mourir plutôt que de vous laisser soupçonner ma faiblesse; mais un de vos regards a détruit en un instant toutes mes résolutions : prudence, devoir, tout a disparu devant ce prestige enchanteur, cet espoir de plaire que votre patience à vous laisser aimer m'a donné un moment; hélas! je m'abusais, votre ironie me l'apprend assez. Cette complaisance, cette bonne grâce à supporter mes soins n'étaient qu'un calcul de vengeance, vous vouliez voir à vos pieds celui qui avait pu vous posséder; vous vouliez le punir d'avoir méconnu tant de charmes; vous vouliez l'amener, par toutes les séductions d'une coquetterie infernale, à vous sacrifier les devoirs les plus saints, à oublier pour vous jusqu'aux liens sacrés qui vous unissent, et l'orsqu'aveuglé par un amour insensé, entraîné par une espérance dévorante, le malheureux viendrait s'avouer vaincu, vous vous réserviez de lui répondre par des reproches amers, des mépris accablants... Ah! madame, qui l'eut pu croire? ajouta le roi en portant la main à ses yeux.

— Par grâce ne me jugez pas ainsi! s'écria Madame en s'emparant de la main du roi; non, ce n'est point un affreux projet, un sentiment vindicatif qui me dirigent; peut-être, un moment, affectée, désolée de votre refus, ai-je conçu l'idée de vous en faire repentir; mais depuis... Ah! croyez-le, depuis que vous m'en avez laissé voir le regret, je n'ai obéi qu'à...

En cet instant, un bruit confus de voix qui s'approchaient interrompit la princesse. C'était Monsieur, qui, suivi d'une partie de sa cour, venait avertir le roi que les comédiens n'attendaient plus que Sa Majesté pour commencer la pièce.

A la manière dont Monsieur regardait alternativement le roi et Madame pendant qu'il leur parlait, on devina que le désir de mettre fin à un entretien qui lui semblait trop prolongé, l'avait porté à venir l'interrompre lui-même. Le roi et Madame dissimulaient mal leur trouble, et les courtisans s'efforçaient de ne le pas remarquer. Chacun étant dominé par une pensée secrète, ne disait que des paroles insignifiantes en se dirigeant vers le château, où Molière et sa troupe attendaient le roi pour entrer en scène.

Dans ce cour trajet du bosquet à la salle de spectacle, le roi n'offrit pas son bras à Madame, ainsi qu'il en avait l'habitude. Il s'approcha de la comtesse de Soissons, à laquelle il venait de sacrifier les droits de la princesse palatine à la place de surintendante de la maison de la reine, et causa avec elle.

A la cour, les moindres faits sont remarqués, et l'on en tire des conséquences qui, justes ou non, dirigent la conduite des observateurs. Les plus fins devinèrent qu'il s'était passé quelque chose entre le roi et Madame; peut-être une querelle. L'embarras était de prévoir si cette querelle les brouillerait, ou finirait par une réconciliation fort tendre. Monsieur commençait à être jaloux; il pouvait résulter de sa mauvaise humeur des scènes curieuses; et c'est sous la préoccupation de toutes ces idées qu'on vint écouter *l'Ecole des Maris*.

Cette pièce avait été représentée pour la première fois, un mois avant, chez le surintendant, dans une fête que ce ministre avait donnée à la reine d'Angleterre, à Monsieur et à Madame. Jouée depuis à Paris, elle y avait obtenu tant de succès, que le roi voulut la voir et faire honneur de cette représentation à Monsieur, à qui cette comédie était dédiée. Il y a dans cet ouvrage une foule de vers qui pouvaient s'appliquer à la situation des augustes spectateurs, surtout à Monsieur, qui, jusque-là, avait toujours professé un grand mépris pour la jalousie, et dont Molière avait rimé les pensées dans ces vers :

> Mes soins pour Léonor ont suivi ces maximes;
> Des moindres libertés je ne fais point des crimes,
> A ses jeunes désirs j'ai toujours consenti,
> Et je ne m'en suis pas, grâce au ciel, repenti;
> J'ai souffert qu'elle ait vu les belles compagnies,
> Les divertissements, les bals, les comédies;
> Ce sont choses, pour moi, que je tiens de tout temps
> Fort propres à former l'esprit des jeunes gens;
> Et l'école du monde, en l'air dont il faut vivre
> Instruit mieux à mon gré que ne fait aucun livre.

Un murmure d'approbation, le seul applaudissement permis au théâtre de la cour, prouva combien cette philosophie, qui justifiait si bien les goûts de Madame, était celle de tous les courtisans. On rit beaucoup de ces vers qu'on ne dit plus aujourd'hui, et qui vantaient un édit nouveau publié contre le luxe des bourgeois de Paris.

O trois et quatre fois béni soit cet édit,
Par qui des vêtements le luxe est interdit ;
Les peines des maris ne seront plus si grandes,
Et les femmes auront un frein à leurs demandes.
Oh! que je sais au roi bon gré de ces décris !
Et que pour le repos de ces mêmes maris,
Je voudrais bien qu'on fît de la coquetterie,
Comme de la guipure et de la broderie.

Malgré sa préoccupation, le roi lui-même ne put s'empêcher de sourire à cette apostrophe. Au total c'était une pièce difficile à écouter par un jeune roi amoureux de sa belle-sœur, un mari justement inquiet et une femme coquette, aimante, et qui voulait rester sage.

Ce soir-là parut pour la première fois, au milieu des filles d'honneur de Madame, mademoiselle de La Vallière.

XXXI

On croit généralement qu'un homme à la mode, par cela même qu'il est l'objet de l'envie des jeunes gens et des agaceries des jolies femmes, est à l'abri des ennuis et de la tristesse qui accablent souvent ceux que le ciel a traités moins généreusement. C'est une erreur ; ils sont sujets à des accès de mélancolie, et même de misanthropie dont Jean-Jacques Rousseau se serait fait gloire. Dans cet accès, le monde qui les admire, les copie, les encourage dans leurs folies, leur paraît stupide ; ils n'en peuvent plus supporter le bruit, ni les plaisirs. Portant sur ce qui l'agite un regard scrutateur, ils s'indigent en découvrant le vil intérêt qui se trouve au fond de tout, même au sein d'une belle action ; ils prennent en dégoût jusqu'aux vices séduisants, aux travers amusants dont ils ont donné l'exemple, et c'est de bonne foi qu'ils se jettent dans la retraite pour échapper à la monotonie de la galanterie et de la débauche.

Là, ceux qu'un esprit supérieur porte à la méditation, à

l'étude, y acquièrent ordinairement les connaissances qui manquent à la plupart des gens du monde, et cette puissance de raisonnement, cette lucidité dans les idées qui résultent de l'habitude de réfléchir. Il est vrai que ces qualités, dues par fois à un moment de mauvaise humeur, leur sont contestées, tant que le règne de leur élégance se soutient, et qu'excepté la bravoure qu'on veut bien leur accorder comme étant l'unique vertu des mauvais sujets, ils auraient tous les autres genres de mérite, qu'on ne leur en reconnaîtrait pas un.

Le comte de Guiche ne s'en livrait pas moins dans sa retraite à toutes les occupations qui devaient améliorer son esprit et former sa raison ; mais à vingt-deux ans, quelle que soit la force d'une résolution prise en face du danger, et soutenue par l'aspect d'obstacles invincibles, le cœur ne doute de rien ; il suit en esclave l'imagination qui s'égare ; et, dupe de ses illusions, il s'abandonne à tous les maux qu'elles doivent enfanter. Cette longue solitude, si profitable à l'esprit, au caractère du comte de Guiche, ne fit qu'ajouter à la force du sentiment et au charme du rêve qui captivaient son cœur : d'abord espérant s'affranchir par un travail matériel de la vision qui l'obsédait, il avait donné tous ses soins au gouvernement de la principauté de son père.

A cette époque, un seigneur suzerain pouvait faire beaucoup de bien ou beaucoup de mal. Le droit de haute et et basse justice le rendait l'arbitre de la fortune et de la liberté de ses vassaux, et cette royauté en miniature, ayant tous les avantages et les inconvénients du despotisme, était maudite ou bénie, selon que le seigneur était méchant ou débonnaire.

Le comte de Guiche, qui aimait par-dessus tout à être aimé, s'appliquait particulièrement à protéger le faible contre le fort, à punir l'abus que font d'ordinaire les petits employés de leur petite autorité sur ceux qui n'en ont pas du tout. Chaque jour amenait à son tribunal suprême une affaire importante dont la décision réclamait toute l'intelligence d'un esprit juste, et toute la loyauté d'une conscience éclairée. Alors, réunissant ses forces, et s'ordonnant de fixer sa pensée sur le grand intérêt que le ciel mettait entre ses mains, il remplissait son devoir dignement, à la satisfaction des hommes sages, qui s'étonnaient d'entendre des arrêts si équitables sortir d'une bouche si jeune.

Armand croyait que ces graves occupations, jointes à toutes celles qu'il s'imposait, parviendraient à le distraire, complétement du souvenir de Madame , mais lorsque l'esprit fatigué des travaux du matin, il allait se promener le soir au bord de la jolie petite rivière qui serpente autour du château de Bidache (1) ; lorsqu'enivré des parfums qui s'exhalaient des fleurs, ému par toutes les richesses de la nature et subissant ce pouvoir mystérieux qui, à l'aspect de tant de splendeur, remplit l'âme d'admiration et d'amour, il sentait renaître l'exaltation qu'il croyait amortie; le besoin d'adorer, de souffrir, redevenait sa pensée dominante, sa passion, sa fureur. Il ne comprenait plus comment la crainte d'un revers, la certitude de n'y pouvoir échapper le retenait encore. Il s'élançait en idée vers Paris, il voyait la princesse Henriette plus ravissante que jamais, entourée d'hommages d'adorations, souriant à tous ceux dont la galanterie, la bonne grâce attirait son attention, et comme le peintre célébre, il se disait :

— Et moi aussi, je suis jeune et galant, et moi aussi, je l'adore ; pourquoi ne jouirais-je pas comme eux du bonheur de la voir? d'épier dans ses yeux les impressions de sa jeune âme? Est-il donc si nécessaire d'être compris, d'être préféré, pour supporter la vie? et tout les cultes n'ont-ils pas pour objet une divinité dont on ne peut approcher? Oui, je le sens, après m'être laissé entraîner à tant d'amours vulgaires, cet amour extatique est le seul qui puisse réhabiliter mon cœur. Ce dévouement secret de ma vie entière, ce noble désespoir courageusement accepté, me rehaussent à mes propres yeux. Il n'est point de grande action dont ce sacrifice ne me rende capable. Ah! la plus méritoire sera dans mon silence!

Le retour dn comte de Guiche à Paris suivit de près cette résolution. Il est vrai qu'une lettre du marquis de Wardes contribua beaucoup à la hâter. Dans cette lettre, qu'il n'aurait osé confier à la poste, et qu'un ami voyageur s'était chargé de remettre lui-même au comte de Guiche, M. de War-

(1) La Bidouse, qui se jette dans l'Adour, à quatre lieues de Bayonne.

des racontait en détail les tendres soins du roi pour sa belle-sœur, et la coquetterie qui les accueillait.

« On ne sait encore ce que cela deviendra, écrivait le marquis, mais tout se réunit pour amener un dénoûment plus heureux que moral : les insipides sermons de la mère, la jalousie du mari de la coquette, les scènes violentes de la femme de l'infidèle, tout concourt à l'accomplissement de cette œuvre du démon. Reviens donc t'amuser avec nous de cette comédie à grands personnages et dont l'intrigue nous charme, car nous commencions à redouter la conversion du premier amoureux de la troupe, et Dieu sait les ennuis auxquels il nous aurait condamnés, si la peur de l'enfer l'avait réduit au fade régime des plaisirs conjugaux. Heureusement, le diable n'a pas permis ce vertueux scandale ; grâce à lui, nous verrons encore des langueurs, des caprices, des querelles, des raccommodements, des joies, des désespoirs, enfin tout ce qui fait l'amusement et quelquefois la fortune des spectateurs et des confidents de tragédie. Viens en prendre ta part.

» J'oubliais de te dire que madame de Châlais a les yeux très-rouges, qu'on en accuse ton absence, et qu'il y va de ton honneur de les rendre à leur beauté première. »

— Le roi !... c'est le roi qu'elle écoute ! s'écria le comte de Guiche avec indignation, lui qui la détestait, lui dont elle a reçu l'affront le plus sanglant qui puisse allumer la colère d'une femme ; est-ce donc par de tels outrages qu'on arrive à se faire aimer ? Non, c'est l'amour-propre seul qui les anime, tous deux font l'essai de leur puissance : l'un en détruisant par quelques mots tendres l'effet d'un ressentiment redoutable ; l'autre, en chargeant sa coquetterie de venger ses charmes méconnus. Ce combat de vanités peut avoir un faux air de combat amoureux et les abuser eux-mêmes sur ce qu'ils sentent mutuellement ; mais l'erreur ne saurait se prolonger, et le moment où l'un d'eux s'apercevra du sentiment qui dirige l'autre, les désunira pour toujours.

Tout en cherchant ainsi à raisonner son inquiétude, Armand sentait redoubler son impatience de juger par lui-même du point où était arrivée cette intrigue. Mais il lui fallut subir encore plus d'une épreuve avant de parvenir au vrai.

L'argent prodigué aux postillons le fit descendre quelques heures plus tôt qu'il ne le devait à l'hôtel de Gramont, où il était attendu par sa mère et par sa sœur avec une joie touchante. Le maréchal de Gramont arriva en même temps de Fontainebleau ; le désir de revoir son fils lui avait fait demander au roi la permission de venir passer deux jours à Paris, et Armand eut le plaisir de l'embrasser presque en même temps que sa mère.

Les premiers moments donnés à la joie du retour d'Armand, on questionna le maréchal sur ce qui se passait à Fontainebleau ;

— Moi, dit-il, je ne veux jamais voir ce qu'on me montre, mais Saint-Simon me suit, il voit tout et n'est pas si discret, adressez-vous à lui.

En effet, M. le duc de Saint-Simon, qu'on annonça, ne se fit point prier pour raconter plusieurs faits qui donnaient lieu à de nombreuses conjectures sur l'intimité établie entre le roi et Madame. Alors eut lieu un singulier débat entre le duc de Saint-Simon et le maréchal de Gramont sur la nature de cette intimité. Ce dernier s'obstinait à la croire innocente, et en donnait pour preuve le peu de soin qu'on prenait pour la cacher. A cet argument, le duc répondait par un sourire malin et des insinuations accusatrices qui mettaient au supplice le malheureux Armand. Plusieurs personnes qui survinrent ajoutèrent encore à son martyre, en répétant tous les lieux-communs à l'appui de ce vieil adage : « Pour les rois il n'est point de cruelles. »

— Eh bien, dit le duc de Roquelaure avec un ton goguenard, malgré tous vos airs fins et vos belles sentences, nous ne saurons à quoi nous en tenir qu'après que le comte de Guiche nous aura donné son avis.

— Moi, dit le comte avec dépit... vous oubliez donc, monsieur le duc, que, réfugié depuis quatre mois dans mes montagnes, je suis complétement étranger à tous ces intérêts de galanterie qui occupent en ce moment la cour et la ville, et d'où l'on croirait, à vous entendre, que dépend la destinée du royaume.

— Ma foi ! on a vu des empires bouleversés pour des amours moins nobles, reprit M. de Roquelaure, et celui-ci mérite notre attention, car il pourrait s'y mêler de certaines considérations politiques... Mais cette idée, qui est, je le parie, celle du maréchal n'est pas la mienne.

— Eh bien, faites-nous connaître la vôtre, dirent plusieurs voix.

— Non, vous vous moqueriez de moi, reprit le duc.

— En vérité, s'écria le maréchal quand tu nous donnerais bien une fois ce plaisir-là, ce serait justice, car tu ne te le refuses pas avec nous. Allons, livre-toi ; tu penses...

— Que le roi se joue de nous tous, à commencer par Madame, dit avec mystère M. de Roquelaure.

A ces mots le comte de Guiche se rapprocha du duc, et il se forma un petit cercle autour de lui. Chacun se montrait impatient d'apprendre sur quoi il avait fondé ce soupçon, il ajouta :

— J'ai peur de n'être pas sans reproche dans cette affaire, et si vous me promettiez sur l'honneur de n'en point bavarder...

Les attestations les plus sincères l'empêchèrent d'achever. Alors il continua :

— Me trouvant un jour seul avec le roi ; tenez, je m'en souviens, c'était le lendemain de la fête où Molière joua son *École des Maris* devant beaucoup de ces messieurs qui n'avaient pas attendu cette école-là pour apprendre la complaisance ; le roi paraissait rêveur ; les bonnes plaisanteries de la pièce l'avaient à peine fait sourire, et, comme de raison, chacun s'occupait moins de la comédie que du soin de deviner la cause de son humeur. Cette mauvaise disposition durait encore au lever du lendemain ; enfin il était dans un de ces moments où les princes sont très-difficiles à amuser. Alors il me vint à l'idée de sortir le roi de sa triste rêverie en lui racontant la passion folle qu'il inspirait à une pauvre fille à laquelle il n'avait jamais pris garde, et qui venait de refuser un mariage très-avantageux par pur scrupule de conscience, ne pouvant pas, disait-elle, épouser un homme quand elle en aimait un autre.

» — Votre Majesté pense bien, ajoutai-je, que ses amis, ses protecteurs, ne lui épargnent pas les représentations. Eh bien, reproches, moqueries, menaces mêmes, rien n'agit sur son imagination ; elle prétend être plus heureuse de son sentiment malheureux qu'elle ne le serait de tous les honneurs qu'on lui offre, et se résigne de la meilleure grâce à n'avoir jamais d'autre joie que celle de vous voir.

» Alors le roi me demanda si cette personne tenait à la cour. Je lui dis que c'était une des filles d'honneur de Madame.

» —Eh bien, vous me la montrerez ce soir, reprit-il.

» Et, le même soir, au moment d'entrer chez Madame, le roi vit passer mademoiselle de Tonnay-Charente, et me dit à voix basse :

» — Je voudrais que ce fût celle-ci qui m'aimât.

» Il fallut avouer que ce n'était pas elle, mais celle qui la suivait. Alors le roi, s'approchant de mademoiselle de la Vallière, lui dit quelques mots sur la langueur de ses beaux yeux, qui la mirent dans un trouble extrême; le roi, ne cherchant point à l'augmenter, lui fit un salut très-poli, et passa chez Madame. Là, il parut plus empressé que jamais de plaire à la princesse; mais, en se retirant, il m'ordonna de prendre des renseignements sur la famille de mademoiselle de la Vallière, sur sa fortune et sur les projets qu'on formait pour son avenir. La comtesse de Maure est connue pour détester cette jeune fille : je m'adressai à elle pour compléter mes instructions; les ennemis savent toujours tout. J'appris de sa malveillance que mademoiselle de la Vallière, née d'un pauvre gentillâtre de Touraine, n'avait ni esprit, ni dot, que ses compagnes riaient toute la journée de ses naïvetés provinciales, et qu'il était douteux que la duchesse de Navailles (1) la gardât longtemps parmi les filles d'honneur de Madame, donnant pour raison que ces Agnès là finissaient toujours par quelque aventure scandaleuse. Je conclus de cet avis que mademoiselle de la Vallière tenait à une famille honorable; que sa beauté inspirant l'envie, on la faisait passer pour être insignifiante, et que son innocence était traduite en imbécillité.

» Quand je rendis compte au roi de mes conclusions sur les avis recueillis à ce sujet, je crus qu'il m'embrasserait de reconnaissance.

» — C'est à merveille, dit-il, et je suis fort content de vous. Mais avec tant d'attraits, si modeste qu'on soit, on ne manque pas d'adorateurs, et je voudrais savoir quels sont ceux qui méritent le plus sa préférence.

(1) La duchesse de Navailles était gouvernante des filles d'honneur de Madame.

» Alors j'ai répondu que cette préférence était si bien connue que personne n'y prétendait, et que le comte de Brienne seul persistait à lui faire sa cour, en dépit de tout ce qu'elle disait de désespérant. Il lui demande pour toute faveur, ajoutai-je, de se laisser peindre par Lefebvre de Venise, que Votre Majesté a fait venir à Fontainebleau.

» — Brienne veut avoir le portrait de mademoiselle de la Vallière? s'écria le roi avec ironie; dites-lui que je veux lui parler.

» — Eh bien, qu'est-il résulté de tout cela? demanda le maréchal de Gramont.

— Que Brienne est resté deux heures avec le roi, que Lefebvre peint, en ce moment, Madame en Vénus, et mademoiselle de la Vallière en Diane; qu'il y a dans le fond du premier tableau un certain Adonis très-reconnaissable, et dans le second un pauvre Actéon qui ressemble au malheureux Brienne à faire peur.

Cette confidence, qui donna lieu à une foule de commentaires, n'inspira qu'une idée au comte de Guiche, celle d'adresser dès ce moment tous ses soins à mademoiselle de la Vallière. On verra comment cette ruse lui réussit.

XXXII

— Arrivez donc, dit Madame, du ton le plus gracieux, au comte de Guiche, en le voyant entrer dans la galerie de Fotainebleau. Savez-vous que l'on commençait à tenir les propos les plus alarmants sur votre longue absence; qu'on vous soupçonnait de vouloir changer votre uniforme contre un froc, et que cela causait de grandes émotions parmi les plus aimables personnes de la cour! Enfin, votre retour vient nous rassurer et nous tirer d'un grand embarras; car nous ne savions à qui confier le rôle du premier vendangeur dans le ballet des *Saisons* que nous allons répéter, et où le roi doit représenter Cérès, et Monsieur l'Automne. Ce sera charmant; Baptiste en fait la musique (1)

____

(1) Lully.

et Benserade les vers. Nos plus beaux seigneurs et nos plus belles dames doivent paraître dans les grands personnages de la fable. Vous voyez que vous nous êtes indispensable.

Il faudrait avoir passé, comme M. de Guiche, d'une solitude complète, où chaque objet et chaque souvenir vient ajouter à la profondeur d'un sentiment exalté au séjour le plus brillant, où l'on ne prend au sérieux que les choses frivoles, où le bon goût ordonne l'indifférence, pour se faire une idée de l'impression, qui le glaça tout à coup en entendant cette voix si douce lui parler si gaiement d'intérêts si ridicules. Quel désenchantement cruel? Voir ces traits séduisants, cette image si souvent rêvée comme il la désirait, pensive, tendre; cette femme déifiée; descendre de son piédestal pour se montrer telle qu'une autre, et lui parler comme à tout le monde!

Hélas! ce prisme à travers lequel l'espérance croit voir ce qu'elle crée, ces chutes subites de l'idéal au vrai, il n'est point d'âme ardente, d'imagination poétique qui n'en aient connu l'aveuglement. Elles seules pourront comprendre le sentiment qui ne laissa pas au comte de Guiche la faculté de répondre un mot aux choses flatteuses que lui disait la princesse. Un salut respectueux fut tout ce qu'il put obtenir en cet instant de son usage du monde. Heureusement pour lui l'arrivée du roi détourna l'attention générale, et le sortit lui-même de l'espèce de stupeur où il était plongé; mais bientôt, ranimé par une curiosité jalouse, il mit à observer ce qui l'intéressait, toute l'application dont il était susceptible, et ne tarda pas à découvrir ce que chacun s'efforçait à cacher.

— Elle l'aime, pensa-t-il en voyant Madame porter sur le roi un regard inquiet; elle devine que la pensée du roi n'est plus toute à elle, qu'elle risque de la perdre à jamais, et Dieu sait où cette crainte peut la conduire!...

Alors reportant sur Louis XIV toute sa perspicacité, il crut reconnaître dans ses soins pour Madame quelque chose de fastueux; ce dédain du mystère qui distingue le sentiment qu'on affiche de celui qu'on éprouve. Il surprit le roi cherchant des yeux mademoiselle de la Vallière au moment où il baisait la main de la princesse. Plusieurs autres indices ajoutaient encore aux soupçons d'Armand; il voulut

les confirmer, et s'arrachant à toutes les agaceries dont
les plus jolies femmes de la cour l'accablaient, il alla se
placer derrière la banquette où mademoiselle de la Vallière causait à voix basse avec ses compagnes.

M. de Guiche, qui avait tous les genres d'esprit, se mêla
à leur conversation en y apportant toute la naïveté, la
gaieté d'une jeune fille. S'identifiant, avec un naturel parfait,
dans tous les petits intérêts, les caquets malins que ces
demoiselles traitaient avec importance, il gardait, au milieu de ce bavardage enfantin, une attitude sérieuse et
mélancolique, et lançait, à travers les discours les plus
frivoles, de certains mots qui allaient droit au cœur de
mademoiselle de la Vallière. On pense bien que ces mots
n'avaient aucun rapport au comte de Guiche. Il savait
trop bien par lui-même à quelle condition on se fait
écouter d'une personne exlcusivement occupée d'une autre.
Il parla du roi, vanta les heureux changements qui s'é-
taient opérés en lui depuis la mort du cardinal Mazarin,
et cet air d'autorité qui le faisait craindre, autant que ses
qualités et ses agréments le faisaient aimer.

C'était non-seulement flatter, mais approuver mademoiselle de la Vallière dans sa folie ; aussi s'empressa-t-elle
de répondre au comte, avec une émotion visible, qu'elle
était de son avis, et que le roi lui paraissait aussi supérieur
aux autres hommes par sa beauté, son esprit et sa grâce,
qu'il l'était déjà par son rang.

Le comte, à qui cette admiration passionnée donnait
l'idée de celle que le roi inspirait à Madame, se sentit pâlir
de rage. Mais comprimant son impression, il renchérit encore sur les éloges prodigués au roi et finit par dire qu'il
ne comprenait pas qu'une femme pût le voir, le connaître
sans en être éprise.

— C'est sans doute, répondit timidement mademoiselle
de la Vallière, le peu d'espoir d'en être jamais aimée qui les
garantit de ce tort...

— Eh ! pourquoi ne serait-il pas sensible à un amour
vrai, ardent ?

— Il le croirait intéressé. Ah ! c'est bien dommage qu'il
soit roi ! ajouta-t-elle en soupirant,

— Cela n'empêche pas toujours d'avoir un cœur, reprit
le comte, et je me trompe, fort ou celui de notre monarque

est très-susceptible de reconnaissance. Il a déjà tant essayé des amours inspirés par la couronne qu'il ne serait pas fâché d'en découvrir un qui lui fût tout personnel.

— Comment distinguer celui-là des autres? dit mademoiselle de la Vallière avec découragement.

— Mais à sa modestie, à sa constance, à son muet dévouement, enfin, à ce qu'il y a d'inimitable, à tout ce que la coquetterie ne peut singer ; je m'y connais, ajouta le comte ; je sais qu'il y a dans l'amour pur une attraction capable de réunir deux êtres séparés non-seulement par la distance d'un pôle à l'autre, obstacle facile à franchir, mais par les ambitions, les hontes de la vanité et les calculs de l'intérêt.

— Ah! ne parlez pas ainsi, s'écria mademoiselle de la Vallière, en se levant pour suivre Madame ; ne cherchez pas à me prouver l'impossible.

Ces derniers mots, entendus par le duc de Saint-Aignan qui surveillait l'aimable Louise, furent aussitôt redits au roi, et, naturellement, interprétés comme la réponse d'un aveu dont on veut paraître douter, pour se donner le plaisir de l'entendre une fois de plus.

Voir cette jeune fille si timide qu'elle en paraissait gauche, cette innocente de qui on ne pouvait tirer une parole, causer pendant une heure avec l'homme le plus séduisant de la cour, lui sourire avec complaisance, que de raisons pour prédire le prochain triomphe de la séduction sur la naïveté, de l'art d'émouvoir sur la sensibilité ignorante! Le roi en conçut un effroi qui devait bientôt lui faire perdre toute retenue.

Pendant l'absence du comte de Guiche, le maréchal de Gramont avait eu le temps de le justifier près du roi des fausses accusations qui menaçaient de lui attirer une disgrâce, et il avait été très-bien accueilli à son retour. Cette bonne disposition s'altéra tout à coup. La présence du comte de Guiche, loin de produire sur le roi l'effet agréable qu'elle avait sur tout le monde, lui semblait importune ; il se mit à le contrarier sans motif, à le railler sans pitié ; il prit en aversion les femmes qui laissaient voir leur tendre admiration pour Armand, et même les hommes qui riaient de ses bons mots. Enfin, le malheureux n'eut plus de protecteur dans la famille royale que Monsieur, dont l'instinct conjugal le portait à seconder de son mieux tout ce qu'imaginait le comte pour détourner l'amour du roi et pour le fixer exclusivement sur mademoiselle de la Vallière.

Madame, sans deviner ce qui se passait dans l'âme du roi, se repentit beaucoup de l'avoir irrité par des reproches rétroactifs ; elle tentait vainement d'en détruire l'impression ; peut-être ce ressentiment n'était-il qu'un prétexte d'inconstance ; mais quel qu'en fût le motif, il en résulta un grand changement dans les manières du roi. Devant témoins, il se montrait toujours coquet, tendre pour Madame, mais dès qu'il se trouvait dans un entretien particulier avec elle, il se livrait à son tour à des récriminations qui amenaient une querelle, et un sentiment secret avertissait la princessse que l'amour-propre seul faisait naître ces discussions, et que l'amour n'y était plus pour rien.

L'observation des différents mouvements qu'excitait la conduite du roi dans le cœur de la princesse était désespérante pour le comte de Guiche. Tout autre, en voyant la femme qu'il adorait, regretter ainsi l'amour qu'elle avait un moment possédé, aurait abandonné tout espoir de la consoler ; mais Armand savait ce qu'on pouvait attendre du dépit d'une femme, et bien que son orgueil souffrît du titre d'instrument de vengeance, il aimait trop vivement pour dédaigner aucun moyen de parvenir même à un bonheur incomplet.

Louis XIV était jeune, agréable, et dansait à merveille, ce qui lui inspira l'idée la plus ridicule qui puisse passer par la tête d'un roi, celle de s'affubler d'une tunique grecque et d'une couronne d'épis d'or pour représenter sur un théâtre et dans une entrée de ballet la déesse de la moisson.

Le poëte courtisan, pour qui une sottise royale est toujours une occasion d'allumer sa verve, ne pouvait pas manquer de s'escrimer à propos de ce projet, et Benserade rima aussitôt les vers ci-joints pour être dits par la *Cérès-roi*, qui les débita sans être un instant arrêté par la grossièreté de l'apologue ni par les énormes flatteries qu'il contenait.

LE ROI REPRÉSENTANT CÉRÈS (1).

Destins, vous le vouliez, par votre ordre tout pur
La terre a dû souffrir qu'un fer tranchant et dur
Lui déchirât le sein dans une dure guerre.
Maintenant c'en est fait, et de ma propre main,
Je sème heureusement sur cette même terre
De quoi donner la vie à tout le genre humain ;
Non, je ne veux plus voir les peuples accablés ;
Moi-même je ferai le partage des blés,
Et je prétends qu'à moi s'adresse tout le monde.
Qui prend d'autres chemins ne saurait faire pis.
Ma seule volonté, libérale et féconde,
Dispersera les grains qui sortent des épis.

C'est une bonne fortune pour un rival, que de voir le héros qu'il envie se donner en spectacle de manière à servir la gaieté des mauvais plaisants. Aussi le comte de Guiche mit-il beaucoup de zèle à monter ce ballet mythologique. Seulement, il n'en voulut accepter que le plus modeste rôle, celui d'un simple vendangeur, mêlé à tous ceux de la suite de Monsieur, sous la figure de Bacchus. L'insignifiance de son rôle ne sauva pas M. de Guiche de l'éloge de Benserade, ainsi conçu :

POUR M. LE COMTE DE GUICHE, VE DANGEUR.

Vous êtes beau, bien fait, jeune, de bonne taille,
Bâti comme un garçon que l'on veut qui travaille,
Et n'êtes soupçonné d'avoir aucun défaut ;
Mais pour en bien parler, votre juste louange
N'est pas tant de savoir vendanger comme il faut,
Que de savoir des mieux prêcher sur la vendange.

Malgré l'épigramme égrillarde cachée sous ces éloges, Armand en fut satisfait. Mais le quatrain adressé à mademoiselle de la Vallière lui plut bien davantage, car il crut y voir la prédiction du sort qui attendait la belle nymphe.

(1) Ballet des Saisons, dansé à Fontainebleau par Sa Majesté, le 21 juillet.

(Gazette de 1661.)

POUR MADEMOISELLE DE LA VALLIÈRE, NYMPHE DE DIANE.

> Cette beauté, depuis peu née,
> Ce teint, ces vives couleurs,
> C'est le printemps avec ses fleurs
> Qui promet une bonne année.

Plus de doute, pensa le comte de Guiche, Benserade croit à la prochaine puissance de cette jeune fille, et veut se donner le mérite de l'avoir prédite le premier. Raison de plus pour me consacrer à elle; et dès-lors il profita des répétitions de ce ballet pour être sans cesse auprès de mademoiselle de la Vallière. On sait à quel prix il obtenait son attention et même sa bienveillance. Le roi, unique sujet de leur conversation, était loin de soupçonner qu'Armand pût plaider pour un autre que pour lui, et il cherchait tous les moyens d'abréger ces entretiens. Tantôt Sa Majesté se levait, passait dans le salon voisin, et cela uniquement pour obliger toute la cour à se lever et à la suivre; tantôt il disait au maréchal de Gramont d'appeler son fils pour lui donner un ordre, et cet ordre n'avait rien d'important; mais il interrompait l'entretien du comte avec la jolie fille d'honneur de Madame.

Enfin un soir, ayant épuisé tous les prétextes pour éloigner Armand de mademoiselle de la Vallière, le roi fit dire au premier, par M. de Saint-Aignan, que Madame voulait lui parler à propos de son entrée de ballet. Le comte se rendit aussitôt à un ordre qu'il aurait sollicité comme une faveur insigne. Alors le roi prenant à part M. de Colbert, lui parla quelques moments d'affaires, puis il alla tout naïvement prendre la place que le comte de Guiche venait de quitter auprès de mademoiselle de la Vallière.

XXXIII

— Votre Altesse royale m'a fait l'honneur de me demander, dit Armand à la princesse, après être resté longtemps près d'elle à attendre qu'elle lui adressât la parole.

— Moi, répondit Madame d'un air étonné et sans quitter des yeux le roi qui venait de s'asseoir auprès de mademoiselle de la Vallière.

— C'est du moins ce que M. de Saint-Aignan est venu me dire, reprit le comte avec embarras; sans cela je ne me serais point permis de...

Comme en parlant ainsi, il se disposait à se retirer :

— Non, restez là, interrompit la princesse; je veux vous consulter sur mon costume.

— Nous n'avons pas intérêt à ce qu'il vous embellisse encore.

— S'habiller en Diane! Savez-vous bien que cela est téméraire et qu'il faut un goût exquis pour faire passer cette hardiesse.

— Il est certain que si cette fantaisie-là prenait à plusieurs de ces dames, elles ne s'en tireraient pas avantageusement, dit le comte en désignant quelques femmes assez laides; mais vous, madame, que ne pouvez-vous tenter avec succès!

— Vous avez une trop grande idée de ma puissance, monsieur le comte, et vous prenez mal votre moment pour la vanter; car depuis quelques jours rien ne me réussit, ajouta la princesse en répondant à sa pensée.

— C'est que Votre Altesse veut l'impossible.

— Qu'en savez-vous?

— Je sais que la beauté et l'esprit peuvent tout, excepté de rendre un égoïste infidèle à lui-même.

Un mouvement que fit la princesse laissa, pendant quelques instants Armand dans le doute de savoir s'il devait ou non continuer; mais profitant de la rêverie où Madame s'abandonna :

— Il est une supériorité, ajouta-t-il, qui défie le rang, la puissance et tous les autres dons du ciel : celle de l'âme. Celui qui la possède est seul digne de vous comprendre, madame; seul digne d'aimer ce que Dieu a fait de plus adorable.

— C'est dommage que les meilleures âmes ne soient pas à l'abri de ces crises d'amour-propre, dont le résultat amène souvent l'humeur et la désunion.

— Là où l'amour-propre a le dessus, les autres senti-

ments sont bien faibles; mais Votre Altesse n'est pas en
tat de reconnaître cette vérité; et je crois même que ce
serait lui faire bien mal sa cour que de la lui démontrer.

— Vous me supposez donc bien aveugle?

— Les plus charmants yeux peuvent ne pas voir juste.

— Vous qui parlez d'aveuglement, il faut que le vôtre
soit complet pour ne pas vous apercevoir de la peine que
se donne le roi en cet instant pour faire causer mademoiselle de la Vallière. A la manière dont elle baisse les yeux,
à son attitude embarrassée, comment ne vous alarmez-vous
pas de ce qu'elle écoute avec tant de complaisance?

— Non-seulement je ne m'en alarme pas, mais je m'en
réjouis, répondit le comte en souriant.

— Quoi! vous qui passez pour être si jaloux?

— Et qui tient à l'honneur de mériter sa réputation,
Madame; mais c'est bien assez d'être jaloux de celle qu'on
aime.

— Comment, ces tendres soins, ces regards sans cesse
fixés sur mademoiselle de la Vallière, tout cela n'est pas
de l'amour? mais la pauvre enfant s'y trompe, j'en suis
sûre, et c'est très-mal à vous de lui laisser croire que...

La princesse n'acheva point. Alors le comte reprit :

— Ah! sur ce point je n'ai aucun remords, et le trouble
qu'elle montre en ce moment me justifie assez.

— Alors, pourquoi vous appliquer ainsi à lui plaire?
Pourquoi prendre auprès d'elle l'attitude d'un adorateur
passionné? demanda la princesse avec un peu d'humeur.

— Je conviens que le moyen est vulgaire; mais comme
il réussit souvent, les malheureux sont excusables de l'employer.

— Vous, malheureux! Et depuis quand soupirez-vous
sans espoir? dit la princesse en riant.

— Depuis plus longtemps que vous ne pensez, madame,
reprit Armand d'un accent qui arrêta le sourire sur les
lèvres de la princesse.

Alors se retournant vers madame de Lafayette, elle lui
adressa plusieurs questions qui avait pour but d'interrompre la conversation dont les derniers mots la préoccupaient
bien plus que le ballet dont ils étaient le prétexte.

Le comte, qui craignait d'en avoir trop dit, fut charmé
de voir un tiers spirituel se mêler à un entretien périlleux,

et il se mit à discuter avec esprit et chaleur les grands intérêts de la mascarade dansée.

— Ne pensez-vous pas, dit madame de Lafayette, que ce dernier vers du couplet fait en l'honneur de son Altesse est d'un singulier goût, et que mademoiselle de Saint-Hilaire, chargée du rôle de la Nymphe de Fontainebleau, aura de la peine à le dire?

— J'étais distraite quand M. Benserade nous les a lus, dit Madame; je ne m'en souviens plus.

— Et moi qui n'ai plus guère à penser qu'à ce que j'entends, je les ai retenus, reprit la marquise. Les voici : les premiers seront applaudis de tout le monde.

POUR MADAME, REPRÉSENTANT DIANE.

> Diane dans les bois, Diane dans les cieux,
>> Diane enfin brille en tous lieux;
> Elle est de l'univers la seconde lumière;
> Elle enchante les cœurs, elle éblouit les yeux.
>> Glorieuse, sans être fière,
>> Adorable en toute manière,
> L'on a de sa vertu si bonne opinion,
> Qu'on ne saurait jamais y trouver à redire.
>> Cependant puisqu'il faut tout dire,
>> Elle passe les nuits avec Endymion.

— Je pense comme vous sur cette nécessité de tout dire, je crois qu'elle aurait pu nous épargner ces deux derniers vers. N'êtes-vous pas de cet avis? demanda la princesse en s'adressant au comte de Guiche.

— J'en suis resté à celui-ci, madame :

> Adorable en toute manière.

Quand un vers traduit en quatre mots ma pensée, je n'écoute plus ceux qui les suivent.

— Moi, qui ne suis pas tenue à tant de galanterie, dit madame de Lafayette, j'ai envie de demander à Benserade le sacrifice de...

— Gardez-vous en bien, s'écria la princesse, il est susceptible, il se fâcherait et changerait ses madrigaux en autant d'épigrammes; dans ce ballet, nous aurons tous notre petite part de ridicule ; il ne faut pas donner à un homme d'esprit l'idée de s'en moquer ; d'ailleurs le roi connaît le programme, il l'approuve, et nous n'avons plus le droit d'y rien changer.

— Si ce n'est le rôle de mademoiselle de la Vallière, qui me semble bien nul en comparaison de celui qu'elle est appelée à jouer, dit le comte en observant l'impression pénible que cette réflexion fit naître chez Madame·

— Ah ! c'est un crime de lèse-majesté, dit-elle en s'efforçant de sourire, que de supposer le roi capable de s'abaisser ainsi. Il s'amuse de la folie de cette fille ; c'est un tort, j'en conviens, et je lui en ferai le reproche, mais Dieu me garde de le soupçonner de vouloir la séduire.

Il y avait dans cette exclamation une conviction si contraire à celle qu'elle voulait exprimer, qu'Armand en soupira douloureusement. Madame cherchait en vain à dissimuler à tous comme à elle l'inquiétude dont elle était dévorée ; les inflexions de sa voix démentaient ses paroles, les larmes qui roulaient dans ses yeux démentaient l'air enjoué qu'elle affectait, et sa peine, trop visible, torturait le cœur d'Armand encore plus cruellement que le sien.

N'être pas aimé de celle pour qui l'on voudrait donner sa vie est déjà un vif tourment ; mais la voir éprouver pour un autre toutes les émotions qu'on serait si heureux de lui causer ; la voir prodiguer à l'indifférence d'un ingrat tous ces sentiments qu'elle refuse à l'amour vrai qu'on n'ose lui montrer, voilà le supplice le plus douloureux de tous ceux que l'enfer réserve aux criminels, et l'on conçoit que la cruauté de ce martyre donne l'espérance et la résolution de s'en affranchir. Tout y invite, la raison, le désespoir de cette dignité du cœur qui rougit d'une lâcheté inutile. Aussi le comte de Guiche s'étonnait-il de sa patience à suivre, dans ses moindres effets, le sentiment que Madame éprouvait pour le roi. Il lui semblait impossible que la vue de cette faiblesse ne le guérit pas de la sienne : mais dans les âmes fortes l'amour résiste à tout, aux humiliations de l'amour-propre, à la certitude d'un revers, même à l'aspect d'un bonheur qu'on ne peut atteindre.

L'entretien prolongé du roi avec mademoiselle de la Vallière devait naturellement amener une explication très-vive entre la princesse et son beau-frère ; et le comte de Guiche s'étant retiré discrètement lorsque le roi vint se rasseoir près de Madame, tint son regard fixé sur eux, dans l'espoir de deviner, aux mouvements de leur physionomie, ceux qui les agitaient secrètement.

A mesure que le front de la princesse devenait plus serein, Armand croyait entendre ce que disait le roi pour sa justification, et cette raison commune à tous les infidèles, qui consiste à faire croire que le nouvel amour dont on s'effraie est une ruse pour mieux cacher l'ancien. En observant ainsi l'effet des paroles du roi, le comte s'avouait avec douleur qu'elles effaçaient complétement la faible impression que les siennes avaient pu produire dans l'esprit de Madame.

— N'importe, pensa-t-il, elle sait que je l'aime, et si elle l'oublie en ce moment, l'inconstance du roi le lui rappellera bientôt.

Et n'espérant que dans cette inconstance, il continua son manége auprès de mademoiselle de la Vallière.

La coquetterie du roi envers la plus modeste de toutes les filles d'honneur de la cour avait éveillé l'ambition des autres. Mademoiselle de la Motte-Houdancourt, protégée et conseillée par la comtesse de Soissons, montra un tel désir de plaire au roi, qu'il n'y fut pas tout à fait insensible. Il en résulta de certains rendez-vous nocturnes qui engagèrent la duchesse de Navailles à faire poser des grilles pour empêcher toute communication par les toits des chambres des gentilshommes à celles des filles d'honneur. S'il avait régné quelque incertitude sur la personne que cette mesure contrariait le plus, la disgrâce où tomba la duchesse de Navailles l'aurait bientôt fait cesser.

Louis XIV, trop jeune pour se contraindre, fit appeler le duc de Navailles, et se plaignit vivement à lui des ordres que donnait sa femme dans les châteaux royaux, et de la peine qu'elle prenait de mettre sous les verrous la vertu des filles d'honneur, sorte de précaution très-scandaleuse, qui les compromettait bien plus que leurs prétendues faiblesses. Cette aventure fut à peine connue du comte de Guiche, qu'il courut aussitôt la raconter à mademoiselle de la Vallière. Elle s'en désola. Alors Armand lui fit entendre que le roi ne se livrait à cette distraction, que découragé par la résistance qu'il trouvait pès d'elle. C'était la vérité la plus dangereuse qu'elle pût entendre. Elle voulut s'en convaincre ; et ce désir la mena bientôt à devenir la femme la plus malheureuse et la plus enviée de toute la France.

XXXIV

Une des rares bonnes fortunes de l'amour malheureux est, sans contredit, de voir son rival publiquement ridicule. Ce plaisir, Louis XIV le donna au comte de Guiche, qui en jouit dans toute sa plénitude.

Le jour où le ballet des Saisons fut dansé à Fontainebleau devant toute la cour et le nouvel ambassadeur de Suède, le comte de Tot, Armand profita de l'intervalle d'une entrée à l'autre pour complimenter Madame sur le bon goût de son costume, et sur tout ce qu'il ajoutait à l'éclat de sa beauté.

— Mais il me semble, répondit modestement la princesse, que les autres costumes sont aussi jolis ; le vôtre, quoique très-simple, est charmant. Comment trouvez-vous celui du roi ?

— Mon respect me défend de le dire, madame.

— C'est assez donner votre avis, reprit-elle en riant.

— Il est certain que si Sa Majesté avait daigné me charger de lui choisir un rôle et un costume, et je l'aurais pas habillé autrement. Cette robe de Cérès lui va divinement, et je voudrais savoir ce qu'en pense le comte de Tot ; il doit être, ainsi que tous les ambassadeurs, bien sensible à cette politesse délicate qui a porté le roi à paraître devant eux en déesse de l'Abondance plutôt qu'en Mars.

— Voulez-vous bien vous taire, dit Madame, avec une autorité bienveillante ; si l'on vous entendait, on pourrait croire...

— Qu'il vous plaît, voilà tout ; et l'on aurait raison, car si la préférence de Votre Altesse résiste à l'aspect de cette mascarade, et à tout ce que l'état du premier rôle y ajoute de burlesque, elle est imperturbable et sera éternelle.

L'entrée de Diane mit fin à ces réflexions ; mais elles

étaient trop sensées, et trop justement malignes pour ne
pas frapper l'esprit de Madame ; cependant elle les aurait
fort mal accueillies, si la féconde Cérès ne s'était pas
beaucoup trop occupée de la nymphe la Vallière. Mais
dans la familiarité qu'engendre la danse théâtrale, le roi,
après avoir voltigé d'une nymphe à l'autre, s'arrêtait toujours près de la même, et Madame ne pouvait plus se faire
d'illusion sur la nature du sentiment qui attirait sans cesse
la déesse de la moisson près de la plus naïve des nymphes
de Diane.

La première pensée d'un cœur qui s'ouvre à la jalousie,
est toujours d'infliger le même supplice qui le torture ;
aussi Madame fut-elle, pendant cette soirée, fort coquette
envers le comte de Guiche. Sans se faire illusion sur ce qui
lui valait tant de charmantes agaceries, le pauvre heureux
en perdit la tête. Jamais on ne l'avait vu plus gai, plus aimable ; on en conclut qu'il avait fait de grands progrès sur
le cœur de Madame. Lui-même, trompé par de si flatteuses
apparences, par de si douces paroles, ne pensa qu'à se ménager l'occasion d'en entendre souvent de semblables. Il
feignit un mal de poitrine dont son docteur fut dupe au
point de lui ordonner de parler fort peu et à voix basse, ce
qui l'autorisait à s'entretenir avec Madame, sans être entendu des personnes qui l'entouraient ; cette ruse, qui exigeait une attention continuelle et un silence difficile à
garder, amusa d'abord Madame et finit par l'intéresser. Elle
en témoigna une reconnaissance qui parut fort tendre.

Alors l'attention la plus malveillante se porta sur le comte
de Guiche ; la crainte de le voir profiter du dépit de Madame
arma contre lui toute la cour et principalement la reine-
mère qui sollicita son exil. On l'accusa d'oser donner de
l'ombrage à Monsieur, à ce prince qui le comblait d'amitiés ; on lui fit un crime d'abuser du droit que lui donnait sa
faveur aux Tuileries et au Palais-Royal pour y entrer à
toute heure ; l'affection subite que témoigna Madame pour
la sœur du comte de Guiche, nouvellement mariée au duc de
Valentinois, prince de Monaco, confirma le public de cour
dans l'idée du triomphe du frère de la duchesse.

La reine-mère, qui haïssait également le frère et la sœur
persuada au roi qu'il devait, à l'honneur de Monsieur,
d'éloigner M. de Guiche de la cour, et le comte reçut l'invi-

tation ou plutôt l'ordre de se rendre immédiatement dans ses terres.

Cet ordre, qu'il aurait bien voulu mériter, ne l'affligea pas autant qu'on l'espérait : Madame savait seule à quel point l'arrêt était injuste, et c'était rendre Armand intéressant aux yeux de la princesse que de le punir d'un crime qu'il n'avait point commis.

Certain de la voir sensible à la disgrâce qu'elle lui attirait, il se rendit chez Madame muni de la lettre officielle qui le condamnait à l'exil, et réclama l'honneur de la saluer avant son départ. Il la trouva avec la duchesse de Valentinois qui s'exhala en imprécations contre la reine mère, et devina sans peine la part que la Vieille Majesté avait dans cet acte de rigueur. Pendant que la duchesse exprimait, dans sa colère, les mêmes sentiments qu'inspirait à la jeune princesse le despotisme rigoureux de sa belle-mère, Armand gardait le silence, et, les yeux fixés sur le charmant visage de Madame, il semblait se repaître de cette ravissante image pour l'emporter plus vive dans son cœur. Ce regard magnétique, cette attitude à la fois digne et résignée, cet adieu muet, jetaient la princesse dans un trouble dont elle tenta de sortir en s'écriant :

— C'est une infamie, une méchanceté directe envers moi ; c'est laisser supposer à toute la France, que dis-je, à l'Europe entière, que j'ai encouragé un sentiment, une conduite répréhensibles, et vous n'êtes là-dedans qu'un prétexte pour me persécuter.

— J'en ai peur, dit le comte en soupirant.

— Mais, qu'on ne s'y trompe pas, reprit-elle avec véhémence, si j'ai supporté patiemment jusqu'à ce jour les sermons de la duchesse de Navailles et les avis menaçants de la reine-mère colportés par la vieille favorite (1), c'est qu'au fond ils se contentaient d'être ennuyeux. Mais à présent que les procédés deviennent offensants, je dois les ressentir comme il convient, et en montrer toute mon indignation.

— Votre Altesse a mille fois raison, dit la duchesse de Valentinois. C'est parce qu'on l'a déjà contrariée trop souvent impunément qu'on croit pouvoir régner dans sa cour

____

(1) Madame de Motteville.

en chasser tous les gens qui l'amusent : et cela sous prétexte qu'elle en est adorée : en vérité c'est vouloir la réduire à une solitude insupportable. Le roi ne saurait permettre un abus semblable, et je suis certaine qu'un mot de
vous, Madame, suffira pour éclairer le roi sur les conjectures,
les caquets auxquels donnerait lieu cet exil, et que mon
frère ne partira pas.

— Par grâce, madame, n'écoutez point ma sœur. Son
amitié, son ressentiment l'aveuglent sur votre intérêt, et,
si j'osais, je dirais sur le mien ; car la moindre résistance
à l'autorité de la reine en cette circonstance redoublerait
son animosité, et Dieu sait ce qu'on en doit attendre. A la
manière dont elle traite les gens qu'elle amnistie, on peut
se faire une idée de ce qu'elle réserve à ceux qu'elle déteste.
J'ai le malheur d'être de ce nombre, et le souvenir du sort
de M. de Fargues engage à la prudence. Cependant, je bra-
verais sa malveillance si elle s'arrêtait à moi ; mais elle ne
craint pas de s'adresser plus haut ; et si la princesse daigne
m'en croire, elle ne s'exposera pas à la vengeance de cette
excellente dévote.

— Mais que va-t-on penser de votre départ subit ? demanda Madame ; que répondre à ceux qui en voudront savoir la cause ?

— Que vous l'ignorez, madame.

— Ah ! vraiment, sécria la duchesse. Voilà un beau mystère. Je parie que l'exil de mon frère est déjà la nouvelle
de tout Paris : la reine-mère n'est pas femme à l'avoir
obtenu sans s'en vanter.

— Raison de plus pour le subir sans combat. Ah ! si du
moins j'emportais un regret, dit le comte d'un accent pénétré.

— Vous qui faites la joie de notre cour, dit Madame en
éludant la pensée d'Armand, vous ne pouvez douter d'y
être fort regretté, et je ne sais pas comment Monsieur
fera pour supporter votre absence. Il est tellement ac-
coutumé à votre gaieté, à votre esprit. J'ai bien envie de
l'engager à solliciter du roi la révocation de cet ordre
inique.

— N'en faites rien, madame, je ne saurais réclamer la
protection de Monsieur dans cette occasion, je suis trop
honnête homme.

— Songez donc que cet exil me frappe plus que vous!

— Je ne lui en demande pas tant, madame ; mais il vous déplaît, et cela me console ; vous m'avez habitué à me contenter de si peu !

— Pauvre Armand! s'écria la duchesse de Valentinois, s'éloigner de nous au moment où le prochain voyage du roi allait nous donner quelque loisir. Il faut absolument faire commuer sa peine. Qu'il reste quelque temps à la campagne, à dix ou douze heures de Paris, chez madame de Chalais, par exemple.

— Non! dit vivement Madame et d'un ton qui fit battre le cœur d'Armand ; car madame de Chalais cachait mal son amour pour lui. Non, répéta la princesse, en cherchant à réprimer le mouvement qui l'avait portée, malgré elle, à détourner le comte de Guiche de ce projet. Ce serait compromettre madame de Chalais, indisposer la reine et le roi contre elle... on me forcerait à ne plus la recevoir... et cela me brouillerait avec le duc de Marmoutiers (1).

Toutes ces mauvaises raisons, données pour cacher la vraie, remplissaient l'âme d'Armand d'un espoir inconnu ; jamais il n'avait éprouvé rien de comparable à ce que cette lueur produisait sur son âme.

Elle ne veut pas que je sois près d'une femme qui m'aime, pensa-t-il ; que de choses dans cette défense! Alors, s'efforçant de dissimuler sa joie au moment d'une séparation douloureuse, il pria la duchesse de Valentinois de l'abandonner à son malheureux sort. Seulement, il conjura la première de permettre à l'autre de lui écrire exactement ce qui se passerait à la cour de la princesse, car pour celle du roi, ajouta-t-il en regardant Madame, elle ne m'intéresse que relativement. Il est facile de prévoir que mademoiselle de la Vallière ne fera point d'infidélité au roi, et que cet amour-là durera tant qu'il s'en fera un plaisir, et elle un remords. L'emporter sur le paradis, c'est un beau succès, dont le roi lui-même peut être fier ; et jamais le nôtre n'en jouira aussi longtemps que je le souhaite. Pourquoi tout le monde n'en est-il pas aussi heureux que moi?

— Vous conviendrez qu'il faudrait avoir de la sensibilité de reste pour s'en affliger, dit Madame avec une indiffé-

(1) Père de madame de Chalais.

rence affectée, et qu'un hommage tombé si bas perd beaucoup de sa valeur; mais ce qui n'est pas tolérable, c'est d'être le manteau qu'on choisit pour couvrir une si misérable intrigue, et je suis bien décidée à ne pas servir plus longtemps de prétexte à...

En cet instant mademoiselle de Montalais (1) entra précipitamment pour annoncer le roi, qui causait dans la galerie avec le comte de Brienne en se dirigeant vers l'appartement de Madame.

— Sortez par ici, dit mademoiselle de Montalais au comte en lui montrant la porte qui conduisait aux chambres des femmes de la princesse.

— Pourquoi priver le roi de mes remercîments, dit le comte en riant? Je serais charmé de lui laisser voir ce que m'inspirent ses bienfaits, et à moins que son Altesse ne me l'ordonne...

— Oui, sortez, je le veux, dit la princesse fort troublée...; il ne faut pas qu'il vous trouve ici...

— Ah! ces derniers moments qu'il me vole lui assurent ma haine, s'écria le comte d'une voix étouffée par la colère.

— Ingrat, il n'a jamais tant fait pour vous, dit la princesse en tendant sa belle main au comte qui la pressa sur ses lèvres tremblantes. Et il s'enfuit le cœur plein de regrets et d'ivresse.

XXXV

Le roi venait apprendre à Madame les motifs qui l'avaient contraint à sacrifier le comte de Guiche à la volonté de la reine-mère et à la jalousie de Monsieur; il prétendait avoir trouvé ce dernier tellement exaspéré par les bruits que répandaient les ennemis du comte, qu'il était prudent d'ôter pendant quelque temps au prince la possibilité de rencontrer le comte de Guiche.

— Armand est impétueux, ajouta le roi, trop franc dans

(1) Fille d'honneur et confidente de Madame.

ses manières, ironique dans ses discours, j'en sais quelque chose, et je crois qu'en cette circonstance ma mère lui a rendu service en sollicitant son éloignement de la cour. Le fait est qu'il laissait trop voir le plaisir qu'on trouve à vous aimer.

— On s'en lasse si vite, dit Madame d'un ton amer, qu'on aurait pu attendre quelques jours avant de sévir contre un crime qui ne m'est pas prouvé. En vérité, je ne conçois pas que Votre Majesté ait mis tant de complaisance à seconder les méchants projets de la reine mère contre M. de Guiche, et que vous n'ayez pas reconnu, Sire, dans les plaintes, les soupçons de Monsieur, toute la peine qu'elle prend pour perdre le malheureux qu'elle déteste. Cependant on ne pouvait le disgrâcier sans laisser croire que j'avais encouragé ses sentiments, et cette considération aurait dû...

— Croyez qu'il a fallu des motifs graves et qui vous intéressent particulièrement pour me porter à cet acte sévère, interrompit le roi d'un ton sentencieux, et ne m'obligez pas à vous en dire plus que je ne le dois.

Alors voulant détourner la conversation, il parla de son prochain départ pour Nantes, et des fêtes que le surintendant préparait à Vaux pour l'y recevoir.

On sait à quel point la magnificence de ces fêtes, qui dépassaient en luxe toutes celles de Fontainebleau, déplut à Louis XIV, et de quelle manière il paya cette hospitalité resplendissante.

Le lieu d'exil du comte de Guiche n'ayant point été désigné; Armand profita de cet oubli pour aller s'établir dans un quartier retiré de Paris, où il serait du moins à portée des nouvelles qui l'intéressaient; il avait déjà fait l'expérience de la facilité de cacher sa vie au milieu des agitations de cette grande ville, où chacun est si occupé de soi qu'on n'a pas le loisir de s'inquiéter des autres. Il confia seulement le secret de sa retraite à trois amis, dont deux perfides, proportion fort commune à la cour.

Le marquis de Wardes, premier en titre, avait toujours sur le cœur l'avantage remporté sur lui par le comte de Guiche auprès de Marguerite, et il nourrissait un désir de s'en venger, que le porta jusqu'à sacrifier sa liaison avec la belle comtesse de Soissons, en affichant une passion effrénée pour Madame. Le moyen était ingénieux en ce qu'il permettait au marquis de médire sans pitié de son ami, tant la rivalité rend tout excusable.

Le second ami, qui avait dû épouser mademoiselle de Gramont, avant qu'on la donnât au prince de Monaco, et qui en était resté amoureux fou en dépit du mariage, se constituait ami du frère pour rester l'adorateur de la sœur. C'était le marquis de Péguilin, depuis duc de Lauzun, jeune seigneur, cadet de famille et par conséquent sans fortune.

Cousin du comte de Guiche et jaloux de ses succès en tous genres, il passait sa vie à le flatter et à le desservir.

D'une ambition qui l'a conduit à la disgrâce, M. de Lauzun ne croyait pas qu'on pût parvenir à rien sans la protection et l'amitié de l'homme le plus à la mode à la cour. Aussi son dévouement pour Armand avait-il été sincère tout le temps que dura la faveur du comte. Mais aujourd'hui que le roi se montrait envieux de ses succès, et Monsieur jaloux de l'amour qu'il lui soupçonnait pour Madame, il n'y avait nul profit à rester son ami, à moins de se rendre utile en conservant assez de sa confiance pour pouvoir trahir ses secrets. Cette idée diabolique maintint M. de Lauzun dans ses habitudes d'amitié envers son cousin.

M. de Manicamp, le seul qui aimât véritablement M. de Guiche, était celui qui avait le moins de crédit sur son esprit ; tant il est vrai qu'on n'est séduit que par ce qui trompe. Lorsque las de se renfermer dans son faubourg, Armand cherchait la société, il allait sous le capuchon d'un frère-lai voir ses amis de Port-Royal ; là, mettant son instruction à profit, il traitait avec eux les sujets les plus graves ; puis, suivant Nicole et Armand dans le potager, il s'emparait de leur bêche et plantait avec eux les légumes destinés à les nourrir.

Qui aurait soupçonné le brillant comte de Guiche dans cet asile austère ? Qui l'aurait reconnu au milieu de ces spirituels religieux qui disaient : Si l'ermitage est triste, les ermites ne le sont pas (1), et dont les jours se partageaient en études profondes et en travaux grossiers ? Mais

_____
1) **Histoire du Port-Royal.**

le caractère français se prête plus que tout autre à ces contrastes; le comte de Guiche lui-même était un modèle en ce genre, et savait se rendre également digne de l'amitié de Pascal et des confidences du duc de Lauzun.

Mademoiselle de Montalais avait promis au comte de Guiche de le tenir au courant des événements de la cour. C'était une fille spirituelle, très-romanesque, à qui le besoin d'agir inspirait souvent les idées les plus folles; le hasard ne pouvait placer près d'une jeune princesse une confidente plus dangereuse, car elle aimait l'intrigue pour l'unique plaisir d'intriguer, sans arrière-pensée d'intérêt, et avec tout le courage, la persévérance qui accompagnent ordinairement les sentiments nobles; l'audace, l'imprudence, dont elle faisait preuve chaque jour, la faisaient souvent blâmer par Madame, mais jamais suspecter. Comment se méfier d'une amie dont la perte est inhérente à la non-réussite du conseil qu'elle vous donne !

Avec ce caractère on s'applique à connaître celui de la personne qui est l'arbitre de votre sort, et mademoiselle de Montalais sut bientôt ce qu'on pouvait exercer d'empire sur l'esprit coquet et le cœur affectueux de Madame; elle pressentit que, justement offensée de la subite inconstance du roi, et plus encore du moyen employé pour donner le change sur ce nouvel amour, la princesse ne résisterait pas au plaisir de prouver au roi, à la cour et à elle-même, qu'elle avait assez de charmes pour captiver l'homme le plus beau, le plus spirituel de tous ceux dont on se disputait l'hommage. Mademoiselle de Montalais pensa que sa maîtresse, poussée par le dépit à bien traiter le comte de Guiche, s'attacherait à lui plus qu'elle ne le voudrait; que la séduction qui lui avait déjà valu tant de succès, ne le servirait pas moins auprès de la femme qu'il adorait, et que partager les intérêts d'Armand, c'était s'assurer la place qu'elle ambitionnait auprès de Madame.

Une correspondance suivie s'établit entre mademoiselle de Montalais et le comte, dans laquelle celui-ci donnait un libre cours à sa passion, et l'exprimait avec tant d'éloquence, que mademoiselle de Montalais ne pouvait s'empêcher d'en citer parfois de certains passages qui inspiraient à Madame l'envie de lire le reste. Ce fut d'abord un simple mouvement de curiosité, une douce habitude de se repaître chaque jour du plaisir d'être louée, d'être aimée à son goût, puis un besoin impérieux de s'émouvoir au récit des souffrances dont elle était la cause. On n'est pas impunément la divinité d'un homme aimable.

Après avoir lu ces lettres où les événements du jour, et même les actions du roi étaient jugés avec autant de raison qu'il y avait de délire dans la peinture de la passion, Madame restait sous une impression très-favorable au comte de Guiche, et le regret de ne pouvoir causer avec celui qui écrivait si bien, la rendait d'avance très-disposée à tromper l'exil par quelque ruse innocente.

C'était surtout pour le gronder qu'elle voulait le voir, car l'arrestation de Fouquet, et la disgrâce de tous les amis de ce ministre, fournissaient à M. de Guiche une série d'épigrammes contre la franchise royale et l'abus du pouvoir dont la moindre suffisait pour en confiner éternellement l'auteur à la Bastille.

Mademoiselle de Montalais ne manqua pas d'encourager Madame dans son projet d'user de son ascendant sur le jeune comte pour lui ordonner la prudence, et se servit de ce grand mot pour lui proposer la démarche la plus imprudente qu'elle pût tenter. Il ne s'agissait de rien moins que d'introduire en plein jour aux Tuileries le comte de Guiche, sous les habits d'une vieille femme, diseuse de bonne aventure. En hasardant cette proposition folle, qu'elle justifiait par le crédit dont jouissaient alors ces sorcières décrépites, mademoiselle de Montalais savait flatter l'esprit romanesque de Madame.

En effet, pensant que le burlesque de ce déguisement en devait prouver l'innocence, elle s'amuse de ce projet en femme sans expérience, et qui n'y voit qu'une niche de pensionnaire (1). On pense bien qu'Armand ne devait pas être plus raisonnable, et qu'il sauta de joie à l'invitation

(1) Montalais, une des filles d'honneur de Madame, était la confidente du comte de Guiche. Ils se mirent dans la tête qu'il fallait qu'il vît la princesse en particulier. Madame, qui avait de la timidité pour parler sérieusement, n'en avait pas pour ces sortes de choses. Elle n'en voyait pas les conséquences, elle y trouvait de la plaisanterie de roman.

(*Mémoires* et anecdotes de Louis XIV et de Louis XV, t. 1, p. 199.)

de se rendre ainsi affublé chez la princesse. Mais c'était
risquer de se montrer ridicule devant son idole ; il préféra
être affreux et se défigura si bien qu'il n'y avait pas
moyen de reconnaître un seul trait de lui sous le masque
ridé qu'il s'était fait. Cependant tout en se sacrifiant à la
crainte de compromettre celle qui s'exposait à de vifs reproches pour le recevoir il s'était arrangé de façon à pouvoir se débarrasser tout à coup de son masque et de ses
nippes de vieille, et à paraître vêtu de la veste enrubanée
d'un jeune page du temps de Louis XIII.

Quand l'élégance et le goût se joignent à la ruse et au
mystère, rien ne manque à l'attrait d'une intrigue amoureuse. On se laisse pour ainsi dire entraîner par l'amusement à la tendresse. C'est ce qui arriva à Madame : sans
partager la passion du comte de Guiche, comme elle en
était toujours flattée et souvent émue, elle y répondait,
avec une reconnaissance si gracieuse, si tendre, qu'on pouvait s'y tromper.

Et quelle femme serait restée insensible à tant d'esprit,
d'agrément, unis à tant de grandeur d'âme? Comment ne
pas être fière de voir celui qui aime risquer si gaiement sa
fortune et sa vie, pour prix d'un regard, de la moindre
faveur!

Au jour fixé pour la visite de la sorcière, Madame se dit
indisposée, et dans le fait, le trouble où la jetait cette imprudence lui avait donné un mouvement de fièvre qui
l'obligeait à garder sa chambre ; elle était étendue sur un
canapé et entourée de ses femmes lorsque mademoiselle
de Montalais vint l'avertir que la vieille sybille était arrivée
et qu'elle attendait dans le cabinet à côté le ordres des
son Altesse.

—Faites-la entrer, dit la princesse d'une voix mal assurée,
je veux la consulter... sur l'avenir de mon frère... Hélas!
tant d'événements cruels ont déjà affligé ma famille...
qu'on doit me pardonner cette faiblesse... Ne vous en mo-
quez pas trop, ajouta-t-elle en s'adressant à la marquise
de Lafayette et à mademoiselle de la Trémouille, qui se
levaient pour se retirer discrètement, et qui passèrent
l'instant d'après à côté de la sorcière sans soupçonner
sous cette cornette recouverte d'un capuchon noir et sous
cette casaque d'indienne à grands ramages, le charmant

visage et la taille élégante du plus séduisant des seigneurs de la cour.

XXXVI

Jeter par terre sa coiffe de vieille, son accoutrement burlesque, se précipiter aux pieds de Madame, s'emparer de sa belle main, la couvrir de baisers, voilà ce que fit en entrant le comte de Guiche. Sans se demander si le respect, les convenances permettaient tant d'audace, la princesse, étourdie et troublée par cette impétuosité, ne pensait pas à retirer sa main; mais de l'autre elle faisait signe à mademoiselle de Montalais de ne pas s'éloigner et, commançant à s'effrayer de la joie délirante d'Armand, Madame dit :

— Soyez raisonnable, ne me faites point repentir d'avoir consenti à vous recevoir. Songez que si l'on pouvait se douter de cette complaisance, on m'en ferait un crime, et prouvez-moi que j'ai eu raison de me fier à votre honneur.

— Que faut-il faire pour vous convaincre de ma soumission à la moindre de vos volontés? demanda le comte du ton le plus humble. Faut-il vous taire à jamais mon amour? Venger le vôtre? Tuer le roi? dites un mot et je cours à l'instant accomplir vos ordres. Heureux de vous obéir, de vous donner ma vie pour prix de ce moment, où je vous vois, où vous m'écoutez, où je voudrais mourir, là, sous le charme de votre divin regard...

— Non vraiment, reprit Madame en cherchant à dissimuler son émotion sous une conversation légère; un si beau dévouement est trop rare pour risquer de le perdre; je vous défends de braver la sévérité du roi envers vous, bien que je la trouve fort injuste. Je vous défends surtout d'en médire, comme vous le faites sans cesse : croyez-vous que les amis auxquels vous avez confié vos bons mots sur l'affaire du surintendant vous en ont gardé le secret? M. de Wardes en amusait l'autre soir tous les mécontents de la cour.

— Que m'importe, si ces plaisanteries amusaient aussi Votre Altesse.

— Ah! le plaisir de faire applaudir votre esprit vous console des ennuis de l'exil! peu vous importe de vivre loin de nous. Vous ne sauriez faire le moindre sacrifice d'amour-propre au désir de revenir à la cour? dit Madame avec dépit.

— Ah! pardon, pardon, s'écria le comte, de n'avoir pas osé croire qu'on y remarquait mon absence! Que pourrais-je tenter pour y revenir!... Si j'écrivais au roi... si je m'humiliais au point de le supplier...

— Ce serait inutile en ce moment, interrompit la princesse; contentez-vous de vous faire oublier pendant quelque temps.

— De tout le monde? demanda le comte d'un air moitié boudeur et moitié suppliant...

— Non... mais de ceux dont vous vous êtes attiré la colère. L'ordre qu'a reçu votre sœur d'aller rejoindre son mari à Monaco, vous prouve assez à quel point la reine-mère est animée contre vous; car c'est uniquement pour avoir plaidé votre cause que la princesse de Monaco est tombée en disgrâce, et qu'on me sépare de l'amie que je préfère; attendez donc que cette mauvaise humeur soit passée pour solliciter votre retour, et comptez sur nous pour le hâter le plus possible. Mais voici l'heure où Monsieur revient du Louvre; votre présence ici me fait trembler, partez.

— Quoi! si tôt? dit Armand en soupirant.

— Quand je pense aux dangers que nous courons tous deux en ce moment, reprit la princesse avec effroi, je ne comprends pas comment j'ai pu consentir à...

— Ah! point de regrets, interrompit le comte; jamais vous ne donnerez tant de bonheur à si peu de frais; car il ne saurait vous coûter la moindre inquiétude; voyez ces charmants habits, grâce à ce bel accoutrement, je passerais à côté de Monsieur sans en être reconnu.

— Certainement, dit mademoiselle de Montalais, puisque mademoiselle de Menneville l'a arrêté avant d'entrer ici pour lui demander quand elle se marierait, et qu'il lui a fait vingt contes à ce sujet sans qu'elle crût ne pas entendre les arrêts d'une véritable Bohémienne. Si Votre Altesse

savait comme il était amusant en lui prédisant un avenir
tout doré (1).

— C'est avec ces gentillesses-là qu'il se fera connaître;
allons, recoiffez-le vite, dit la princesse à mademoiselle de
Montalais.

— C'est dommage, car il est bien joli comme cela, reprit la confidente, jamais je ne pourrai cacher tous ces
beaux cheveux bouclés sous cette vieille cornette.

— Ils y étaient pourtant, dit Madame.

— N'importe, je couperai les boucles qui dépasseront,
continua mademoiselle de Montalais, en s'emparant de la
tête d'Armand et en cherchant à le déguiser avec une maladresse marquée.

— Ce bonnet lui découvre trop le front, dit Madame en
cédant à son impatience; je le reconnaîtrais d'une lieue;
et, portant la main au papillon de la cornette, elle en couvrit les yeux du comte, non pas sans que cette blanche
main ait comprimé les blonds cheveux sous la vieille
coiffe, et plus d'une fois effleuré la joue d'Armand, en voulant la cacher.

Avec quelle voluptueuse docilité il se laissait tirer les
cheveux, égratigner la peau par les épingles, par les fils
de laiton qui soutenaient l'édifice de sa coiffure! Que de
caresses furtives et presque involontaires glissaient à travers les soins que réclamait le déguisement! Comme Armand se consolait d'être enlaidi par une main si chère!
comme il profitait bien de tous les avantages de sa situation! Déjà la rosette de ruban bleu qui attachait la mantille
de Madame a passé sous la veste du comte; sa petite
écharpe en dentelle a disparu de même, et si la toilette de
la vieille se fût prolongée à son gré, la princesse se serait
trouvée, sans s'en apercevoir, à moitié déshabillée.

Les rires enfantins qui accompagnaient ces folies leur
donnaient, en dépit d'Armand, un air d'innocence qui le
désolait; mais plus de sérieux aurait trahi ses espérances :
en amour comme en politique, il faut savoir jouer avec ce
qui brûle. C'était la gaieté de ce rendez-vous qui en assurait un second. Comment se refuser le retour d'un plaisir
qui n'a coûté ni regrets, ni remords!

(1) Elle passait pour aimer l'argent et pour en avoir reçu d'un
ministre galant.

Encouragé par cette idée, le comte redoubla d'extravagances, se bornant à faire rire celle qu'il aurait voulu intéresser, et se fiant à la finesse féminine pour démêler tout ce qu'il y avait de véritable passion sous ce bavardage amusant.

— Le voilà maintenant en état de braver tous les espions de la reine-mère, dit mademoiselle de Montalais en attachant la cape qui achevait la transformation du comte.

— C'est fort bien, dit Madame; mais ces espions-là ont déja dénoncé la visite de la sorcière, et je suis sûre que le roi va me demander ce qu'elle m'a prédit. Que lui repondrai-je?

— Qu'il sera le plus grand roi du monde s'il me laisse tranquille, dit le comte en riant.

— A l'impertinence de l'oracle, il aurait bientôt deviné la sibylle, reprit Madame, et j'espère trouver quelque chose de mieux à lui répondre.

— Oui, dites-lui qu'on vous a prédit l'éternelle adoration d'un homme qui sait mieux aimer que lui, et qui donnerait sa vie avec joie pour obtenir un peu de la haine que le roi vous inspire.

A peine Armand achevait ses mots, que mademoiselle de Montalais s'empara de son bras pour l'entraîner hors de la chambre, où la reine d'Angleterre entra presque aussitôt. Il traversa sans obstacles les appartements de la princesse et se trouva dans la cour des Tuileries au moment même où le peuple se rangeait pour laisser passer le carrosse du roi.

Il parut piquant au comte de Guiche d'aller se mêler aux curieux qui se précipitaient pour voir sa Majesté descendre de voiture, et de se faire bousculer par ces mêmes gardes qui lui obéissaient d'ordinaire avec tant de respect.

— Retirez-vous donc, la vieille, dit l'officier qui était à la portière.

— J'voulons voir not'bon roi, crie la sorcière en s'approchant du carosse.

— Emportez-la; elle va se faire écraser, répète à voix haute l'officier, et Armand feignant de ne pas entendre, s'obstinait à crier : Vive notre grand roi! Que le bon Dieu le bénisse !

Ces cris parviennent au roi, il est touché de l'acharnement de cette pauvre vieille à se laisser piétiner par les chevaux, rudoyer par les gardes, et cela pour que ses acclamations, ses bénédictions arrivent jusqu'à lui. Il prend sa bourse et la lui jette, en lui ordonnant de se retirer.

Qu'on juge de la joie du comte de Guiche! Cette bourse, qui contient simplement quelques louis, il la reconnaît, il l'a vu faire par Madame. Ces soies si brillantes ont été maniées par elle; chacune de ces mailles est l'œuvre de ses jolis doigts; cette relique qui lui tombe des mains d'un rival, et qu'il aurait payée de sa fortune, avec quelle émotion il la presse sur son cœur! Comme il a hâte de regagner sa retraite, pour y cacher ce trésor inespéré, pour y méditer sur les souvenirs d'une journée qui devait tant influer sur le reste de sa vie.

XXXVII

— Connais-tu quelque vieille femme pauvre bien malheureuse demanda le comte de Guiche à Étienne, lorsqu'il le vit entrer le lendemain dans sa chambre.

— Non, monsieur le comte; mais cela peut se rencontrer.

— Eh bien, il faut que tu m'en trouves une le plus tôt possible.

— Oserais-je demander à monsieur ce qu'il en veut faire?

— J'en veux faire une heureuse pauvresse. Il m'est tombé du ciel une petite somme destinée à cette bonne action.

— Ne serait-il pas égal à monsieur le comte de la faire tourner au profit d'une jeune fille, par exemple à la dot de Martine, la gentille bouquetière?

— Qui t'intéresse, à ce qu'il paraît, Non, celle-là est assez riche de ta protection; et d'ailleurs je n'ai pas le choix. Ces louis sont l'aumône d'un prince à une vieille femme, on ne peut les changer d'adresse.

— Si c'est ainsi, monsieur le comte en verra bientôt arriver une digne de sa pitié; il y en a toujours là-bas un troupeau sur les marches de l'église, et je tâcherai de deviner la plus à plaindre.

Alors Etienne court à la boutique en plein vent de Martine. Il voit la vieille tante de la jeune bouquetière occupée à assembler des fleurs pour les mettre en bouquets. Il lui fait quitter ses sabots et lui dit de le suivre chez un monsieur qui veut lui faire du bien.

La vieille pense que c'est un amateur de fleurs, et prend sa plus belle botte de roses pour la lui vendre. Etienne s'en empare en disant que son maître les paie bien, mais ne peut en supporter l'odeur. Il fait la leçon à la vieille; à tout ce que lui dira le comte, elle répondra :

— Que le ciel vous le rende, monseigneur.

Puis elle partagera avec Martine tout ce qu'on lui donnera.

L'espoir d'un gros profit rend la vieille très-docile; elle joue d'autant mieux son rôle de pauvresse, qu'elle est rusée, laide et déguenillée; elle reçoit l'or du roi avec une reconnaissance très-naturelle, va commander au cabaret prochain un repas joyeux, où l'on doit boire aux amours d'Etienne et de Martine; et le comte est dupe à son tour.

Heureusement pour Armand, il était nécessaire aux plaisirs de Louis XIV. Les fêtes de la cour se ressentaient beaucoup de l'absence de celui dont l'esprit gracieux et la gaieté piquante savaient tout animer. Personne ne voulait se charger de ses rôles dans les ballets mythologiques qu'aimait tant le roi. On était trop certain d'entendre chacun s'écrier :

— Quelle différence de ce monsieur-là avec l'élégant comte de Guiche !

Le maréchal de Gramont, dont la sévérité apparente cachait une grande faiblesse pour son fils aîné, ne laissait échapper aucune occasion de rappeler au roi les services d'Armand, et de lui faire sentir que c'était pousser la rigueur jusqu'à l'injustice que de prolonger ainsi son exil, sous prétexte d'un crime imaginaire.

Le roi, cédant aux insinuations du maréchal, et surtout à la crainte de perdre son appui dans un moment où il était urgent d'animer le zèle des plus braves défenseurs de la France, lui dit à son lever :

— Maréchal, il est des circonstances où le mérite d'un bon officier doit l'emporter sur les torts d'un jeune fou. Ce qui vient de se passer à Londres peut nous forcer à rompre la paix (1) et je veux rassembler près de moi ceux qui font le mieux la guerre. C'est vous dire que je rappelle le comte de Guiche.

— Il mérite cet honneur, sire, répondit le maréchal.

Et il s'empressa de dépêcher un courrier au château de B.... où il croyait son fils réfugié. Un domestique du comte de Guiche ayant reçu la dépêche, s'engagea à la rendre au plus tôt à son maître, et vint à toute bride à Paris.

Armand paya cette bonne nouvelle, et profita du temps qu'il était censé passer en route pour se commander l'habit le plus riche, le plus élégant, où le nœud de ruban bleu volé à la mantille de Madame ne pût se distinguer des autres nœuds qui ornaient l'habit que parce qu'il était un peu chiffonné. L'écharpe de dentelle devait se retrouver en cravate à rabat; et la bourse où le chiffre du roi était tracé en fil d'or par la main de Madame, devait faire son apparition au jeu de la reine, à l'instant où le lansquenet serait le plus animé.

Les plaisirs d'une époque sont ordinairement l'objet du dédain de celles qui lui succèdent, et nous avons peine à dénoncer à la haute philosophie de nos amoureux du jour la joie délirante du comte de Guiche à l'idée de reparaître dans cette brillante cour, présidée par la femme qu'il aimait, et de s'y montrer à elle paré des souvenirs qui devaient lui rappeler la charmante imprudence qui la liait à lui par la complicité du mystère. C'était s'enivrer à peu de frais, dira-t-on? Oui, mais c'était multiplier les émotions les plus ravissantes; celles qu'on éprouve à faire ou à écouter un aveu. Chacun de ces riens, dont l'amour seul fait quelque chose, n'est-il pas l'expression muette de la passion qu'on éprouve, ou qu'on inspire; et se lasse-t-on jamais de lire dans quelque langage que ce soit, ce mot sacré : *je vous aime?*

(1) L'ambassadeur d'Espagne, M. de Batteville, ayant voulu prendre le pas sur notre ambassadeur, le comte d'Estrades, avait fait couper par ses gens les traits des chevaux de l'ambassadeur de France pour faire passer son carrosse devant le sien.

— J'aurai raison de cette affaire, ou je déclarerai la guerre au roi d'Espagne, s'était écrié Louis XIV en apprenant cette injure, et je l'obligerai à céder à mes ambassadeurs la préséance dans toutes les cours de l'Europe...

Le roi obtint ce qu'il voulut de l'Espagne.

(Mémoires de Brienne, t. II, p. 222.)

Sans avoir la présomption de croire que son retour produirait un grand effet sur l'esprit de Madame, Armand pensa qu'il était convenable de l'en prévenir, et se fit un prétexte de ce soin pour écrire à la princesse une lettre où la passion se laissait voir à travers le respect. Cette lettre, adressée à mademoiselle de Montalais, après avoir été lue et relue par la princesse, la détermina à se rendre le soir même chez la reine, où le comte de Guiche devait accompagner le roi.

L'événement le plus important n'aurait pas été attendu avec plus d'impatience que l'entrée du comte de Guiche dans le salon de la reine. Chacun guettait le moment où, les premières salutations accomplies, les premiers compliments terminés, le comte s'approcherait de Madame; mais il était en garde contre cette observation maligne; et cachant son trouble sous l'apparence d'une rancune que le respect seul empêchait d'éclater, il confirma les curieux dans la pensée que Madame avait elle-même sollicité l'exil dont il sortait.

La princesse, moins habile dans l'art de se contraindre, ne put s'empêcher de sourire en reconnaissant ses dentelles et ses rubans sur la poitrine et sur l'habit du comte; ce sourire, interprété par les uns comme une marque de dédain, parut aux autres un signe de pardon fort encourageant, et l'on pensa avec raison que ce roman interrompu par l'exil pourrait fort bien se continuer en dépit de tous les obstacles.

Cependant Madame fut la seule à ne point complimenter M. de Guiche sur son retour; ils ne se parlèrent point de la soirée, ce qui valut au comte quelques mots bienveillans de la part de Monsieur, et de la part de la reine une invitation à s'approcher de la table de jeu; ces démarches si insignifiantes par elles-mêmes prenaient un grand intérêt par les motifs qu'on leur supposait.

La présence du comte de Guiche produisait le même effet que la rentrée en scène du héros d'un drame : on le suivait dans tous ses rapports avec les autres personnages, on écoutait son dialogue avec une attention soutenue, et le plaisir de le voir, de l'entendre agissait en dépit de la malignité de ses envieux, on l'applaudissait à son insu par l'empressement qu'on lui témoignait.

Le roi lui-même semblait autoriser par son exemple les bonnes grâces dont on comblait le comte de Guiche. Sa Majesté avait aperçu, en entrant chez la reine, mademoiselle de la Vallière dont la princesse s'était fait accompagner et cette présence l'avait mis de très-bonne humeur.

— Allons, dit le roi en s'asseyant à la table de jeu, tentons le sort ; j'espère qu'il me sera favorable, ajouta-t-il en regardant mademoiselle de la Vallière, c'est de Guiche qui va tenir la banque ; il a eu le temps de faire des économies.

— Et de les dépenser, sire, dit en souriant le comte ; mais je ne veux pas me rattrapper aux dépens de Votre Majesté. Si je jouais aujourd'hui contre elle, je la ruinerais.

— Vous avez donc une grande confiance en votre bonheur?

— C'est justement parce qu'il me manque partout, sire, que je dois le trouver au jeu. Et c'est par la même raison que Votre Majesté doit perdre.

— Cela est très-flatteur ; mais à ce compte, j'ai plus de chances de gain que vous croyez. Essayons.

— Je préviens Votre Majesté que je suis muni d'un talisman dont la vertu est infaillible.

— De qui le tenez-vous?

— D'une grande puissance : du hasard.

— C'est le dieu du Lansquenet ; nous allons voir s'il le protége, répondit le roi en s'adressant à la reine et à Madame, assises près de lui.

— Vous l'ordonnez, Sire, et vous ne me punirez pas de mon obéissance?

— Non, nous en profiterons, voilà tout.

— Eh bien, que le sort s'accomplisse ! dit le comte en vidant sa bourse sur la table et en prenant les cartes.

Cette action toute simple ne fut pas remarquée. Le roi ne reconnut point sa bourse, et l'attention de tous les joueurs se porta sur le coup, que gagna le comte de Guiche, et sur la revanche qu'il offrit avec cette confiance qui attire le succès. Probablement l'intérêt du jeu aurait empêché l'effet de la bourse, si l'envie irrésistible d'exciter la surprise de Madame, d'occuper sa pensée par un fait inexplicable, n'eût entraîné Armand à la plus audacieuse imprudence.

— Vous le voyez dit-il en montrant sa bourse, tout cède

à la vertu de mon talisman! il faut que ce soit l'œuvre de quelqu'enchanteresse, ajouta-t-il en regardant Madame, qui rougit aussitôt.

— Voyons donc cette merveille! dit le roi; mais je ne me trompe pas... voilà mon chiffre !... c'est ma bourse; c'est celle que j'ai jeté hier à cette vieille pauvresse ; comment se trouve-t-elle entre vos mains?.

— Rien n'est si simple, répondit Armand ; je l'ai achetée de la vieille femme qui l'a reçue ; elle m'a prédit qu'elle me porterait bonheur. « Elle vient de celui qui après le bon Dieu, peut faire le plus de bien, m'a-t-elle dit, et vous ne la paierez jamais ce qu'elle vaut. »

Madame écoutait ces mots, les yeux baissés et dans un trouble extrême. Elle avait deviné comment cette bourse avait pu tomber entre les mains d'Armand, et mourait de peur que cette folie ne fût devinée par ceux qui se méfiaient des récits du comte.

— C'est un singulier hasard, dit le roi d'un ton ironique, et en rendant la bourse à M. de Guiche ; puis se tournant vers Madame : je vous en demande pardon, ajouta-t-il, la pitié m'a entraîné ; j'aurais dû jeter l'argent et garder la jolie bonrse ; mais cette pauvresse s'obstinait à se faire écraser, et je n'ai pensé qu'à la forcer de quitter à tout prix les roues de mon carrosse.

— Cette vieille femme-là était bien imprudente, dit Madame d'un ton de reproche.

— On ne saurait blâmer ce qui réussit, reprit le comte. C'est à cette audace que la sorcière doit sa fortune ; le roi, une bonne action de plus; et moi un talisman dont vous éprouvez déjà les miracles. Comment reprocher un tort qui profite à tout le monde?

— Voyons si la chance vous sera plus favorable, dit le roi en passant les cartes au comte de Brienne, car de Guiche parait si sûr de son bonheur aujourd'hui, que je m'en effraie.

— Pour lui ! ajouta M. de Wardes en glissant ce mot dans l'oreille de la comtesse de Soissons.

En effet, Armand était si heureux, de se retrouver près de Madame, qu'il en perdait la tête ; et ce qui lui fait honneur, c'est qu'on ne soupçonna pas son délire d'avoir pour cause la fin de sa disgrâce ni sa fortune au jeu, tant l'am-

bition, l'intérêt, la vanité ont des joies qui ne ressemblent
pas à celles du cœur!

XXXVIII

Les concessions faites au monde redoublent souvent son
exigence comme le mystère redouble la curiosité. En voyant
le comte de Guiche se contenter du plaisir de rencontrer
Madame, fort rarement, chez la reine, et ne plus se montrer chez la princesse, on en conclut qu'il avait d'autres
moyens de pénétrer jusqu'à elle, et l'on chercha à les découvrir.

On voulut connaître aussi jusqu'à quel point la froideur
qu'il affectait en sa présence, et lorsqu'on parlait d'elle,
pouvait être sincère. Les plus malins imaginèrent de dire
un soir, chez Mademoiselle, au Luxembourg, que l'on ne
s'alarmait point assez de l'état languissant où se trouvait
Madame, et que le docteur Vallot leur avait déclaré qu'elle
n'avait plus que très-peu de temps à vivre. A ce coup im-
prévu, le comte de Guiche pâlit, chancelle. M. de Wardes,
qui le voit prêt à succomber à son émotion l'entraîne hors
du salon, hors du palais même, le pousse dans son carrosse, y monte après lui, et le pauvre Armand tombe dans
ses bras presque inanimé, et disant d'une voix mourante :

— Je me croyais plus de courage!

Ils ont voulu t'éprouver, reprend M. de Wardes; Madame
n'est point en danger; la sentence de Vallot a été inventée
pour avoir ton secret, et tu as donné dans le piége. C'était
bien la peine de tant te cacher de moi pour aller te livrer
à eux ; mais j'espère m'être emparé de toi assez à temps
pour les empêcher de voir tout l'effet de leur ruse infernale.

— Non je suis perdu, s'écriait Armand, ils savent que je
l'adore, ils savent que je suis sans force contre l'idée de sa
souffrance; qu'à la seule supposition de sa mort j'ai la
lâcheté de la compromettre par ma douleur; ils vont me
croire le plus heureux des hommes, et me punir en conséquence. Eh bien, je te le jure, sur l'honneur, elle me

permet de l'aimer voilà tout. Mais cette unique faveur est ma vie, et je sens ma raison s'égarer par la crainte de perdre ce tourment délicieux ; ah ! prends pitié de moi, n'abuse pas du secret dont ce moment te rend maître.

— Plût au ciel que j'en fusse le seul dépositaire, répondit le marquis, mais mademoiselle de Montalais est dans votre confidence, et je me trompe fort ou elle s'en servira pour attraper celle de son amie mademoiselle de la Vallière, et, comme de raison, toutes deux se sacrifieront à la curiosité du roi.

— O ciel ! que faire pour empêcher Madame d'apprendre par le roi que je me suis laissé ainsi surprendre ? Je vais lui écrire ma faute, mon malheur, je veux être le premier à m'accuser près d'elle.

Le marquis approuvant cette idée, Armand prit une plume et traça à la hâte tout ce que la crainte, le regret, la passion enfin peuvent dicter de plus touchant et de moins raisonnable. Mademoiselle de Montalais se chargea de remettre la lettre secrètement à Madame.

On devait tirer le soir une loterie chez la reine-mère. Le comte de Guiche y était invité ; il y verrait Madame, et devinerait bien vite l'effet de sa lettre ; il craignait avec raison d'avoir peint son amour trop vivement ; sa prudence en aurait voulu effacer bien des mots ; mais il n'était plus temps, et le comte attendait avec cette résignation héroïque qui ne l'abandonnait jamais dans le danger prévu, les marques du ressentiment de la princesse, lorsqu'un sourire charmant vint calmer son inquiétude et la changer en espérance. Il n'aurait peut-être pas été plus maître de sa joie qu'il ne l'avait été la veille de son désespoir, si une réflexion désagréable ne s'y était mêlée.

Le roi, en voyant entrer Madame accompagnée de mademoiselle de la Vallière, s'était contenté de dire quelques mots polis à la première pour aller plutôt rendre ses hommages à la seconde. C'était la première fois que le roi bravait toutes les convenances en ne se donnant plus la peine de dissimuler sa préférence. Madame s'en montra fort offensée. Ce fut bien pis lorsque le roi, ayant gagné le gros lot de la loterie, vint offrir à mademoiselle de la Vallière les deux superbes bracelets, dont se composait le lot, que tout le monde croyait destiné à Madame. Dans le dépit qu'elle en conçut, la princesse se tourna vers mademoiselle de Montalais, et lui donna un ordre que sa fille d'honneur seule entendit; puis, jetant les yeux sur M. de Guiche, Madame espéra lire sur son visage la même indignation que lui inspirait la démarche du roi; mais elle n'y vit qu'une tristesse profonde née de la preuve qu'il ne devait le peu qu'il obtenait du cœur de la princesse qu'à l'inconstance du roi.

Le lendemain, un billet de mademoiselle de Montalais engagea le comte à passer chez elle dans la soirée. A une heure indiquée, elle devait venir le recevoir et le conduire par un petit passage jusqu'à son appartement. Il fut exact au rendez-vous, et, arrivé dans la chambre de mademoiselle de Montalais, il la suppliait de lui dire ce qui lui valait cette secrète entrevue, lorsque la portière en tapisserie, qui séparait l'alcôve du cabinet de toilette se souleva doucement et laissa voir, dans le plus gracieux négligé, la plus séduisante princesse de France.

Armand, encore sous le poids de l'impression de la veille, résiste au désir de se jeter aux pieds de la princesse; il attend dans un respectueux silence, l'ordre qu'elle va lui donner, et se prépare à lui obéir quelle que soit sa volonté, mais non pas sans se plaindre du rôle auquel on le réduit. La princesse lui fait signe de lui approcher un fauteuil; elle s'y assied, et commande d'un air solennel au comte de s'asseoir sur un siége près d'elle.

A cet accueil si différent de celui qu'on avait fait à la vieille sorcière, Armand s'attend à quelque confidence pénible. En effet, la princesse, d'un ton moitié sévère et moitié affectueux, dit :

— Je devrais avant tout vous parler de ma colère, m'indigner de ce que vous osez m'écrire; mais cette lettre va vous attirer tant de malheurs que je ne me sens pas le courage de vous la reprocher.

— Si elle vous a déplu, dit le comte, rien ne peut ajouter à mon malheur.

— Hélas! je ne l'ai trouvée que trop flatteuse! sans le plaisir que je prenais à la relire, Monsieur ne l'aurait pas surprise entre mes mains, je ne vous aurais pas livré malgré moi à sa fureur, à sa vengeance; mais puisque le mal est fait, songez aux moyens de vous soustraire aux cruels traitements qui vous menacent.

— Monsieur ne peut en vouloir qu'à ma vie, dit le comte avec calme, et je la lui abandonne de bon cœur, si vous n'y tenez pas plus que moi. Mais si ma mort devait vous coûter un regret, je la leur ferais payer cher; il n'est pas de supplice que je ne puisse endurer gaiement si vous en souffrez un peu, et je défie la puissance de mes ennemis de me faire jamais autant de mal qu'un mot de vous peut me causer de joie; ordonnez de moi, ajouta-t-il en se mettant aux pieds de Madame, que dois-je faire?

— Vous rassurer, reprit la princesse en lui tendant la main; j'ai voulu savoir jusqu'à quel point la certitude de perdre sa fortune, sa liberté, sa vie, pouvait intimider l'amour d'un homme qu'on prétend être si vain, si ambitieux, si léger, et j'ai acquis la conviction que le mérite d'aimer le mieux pouvait appartenir au plus aimable!

— Quoi! Monsieur n'a rien lu, et vous me trompiez pour vous convaincre de mon dévouement. En aviez-vous besoin? Ne savez-vous pas que la raison, les dangers, la mort, votre indifférence même ne peuvent plus rien sur le sentiment qui me dévore, qu'il se nourrit de tout ce qui devrait le tuer, et que là seulement se borne votre autorité?

— Il faut pourtant dissimuler ce beau sentiment, dit Madame, ou vous me perdrez avec vous. M. de Wardes sait que vous êtes venu ici secrètement, il en a parlé à madame de Soissons; son intimité avec vous lui permet de deviner vos sentiments, vos moindres pensées, il en abuse, il vous trompe, il faut rompre vos rapports avec lui.

— Ce serait lui apprendre que vous l'exigez, madame, et la précaution serait pire que l'imprudence; mais nous pouvons nous couper la gorge sur le premier prétexte venu.

— Je vous le défends, s'écria la princesse avec terreur; risquer d'être blessé par lui, m'exposer à voir toute la cour rire de ma douleur!...

— Serait-il vrai, grand Dieu! s'écria le comte dans un délire inexprimable; ma vie vous serait chère!... Oh! redites-le moi, que j'en meure de joie, là... à vos pieds!

En ce moment mademoiselle de Montalais accourut et dit:

— Nous sommes perdus! Launois (1) que j'ai placé en em-

____

(1) Valet de chambre de Madame.

buscade vient de voir Monsieur dans le corridor; on nous aura dénoncés!

Presque en même temps Launois entra, dit au comte qu'il n'y avait aucun moyen de s'esquiver par l'antichambre, que les gens de Monsieur s'y trouvaient, et qu'il se tint caché derrière la porte. Alors faisant signe à Madame de rester tranquille, il tente un coup hardi, se jette au-devant du prince et le heurte avec tant de violence que le sang jaillit du nez de Monsieur.

Aussitôt mademoiselle de Montalais et Madame accourent avec des mouchoirs, en couvrent le visage du prince. Pendant ce temps le comte de Guiche s'évade, gagne l'escalier, et Launois se confond en excuses auprès de Monsieur, en lui répétant :

— Monseigneur, je vous demande pardon et grâce, je ne vous croyais pas si près; je voulais courir vite pour ouvrir la porte à Votre Altesse (1).

Monsieur, touché des regrets de Launois, prit la peine de l'en consoler.

Mademoiselle de Montalais feignit d'être malade pour expliquer la présence de Madame chez elle. La frayeur avait tellement altéré son visage qu'on pouvait la croire réellement très-souffrante. Monsieur parut croire au prétexte et reconduisit Madame dans son appartement en la laissant par quelques phrases où l'ironie se mêlait à la bienveillance, dans cette incertitude cruelle qui venge si souvent les dupes des trompeurs.

XXXIX

On n'est jamais moins indulgent que lorsqu'on a un reproche à se faire. Madame, que ses entretiens secrets avec le comte de Guiche auraient dû rendre moins sévère pour la faiblesse de mademoiselle de la Vallière, se montra au contraire sans pitié pour ce qu'elle appelait son *manége*

____

(1) Fragments historiques de madame la duchesse d'Orléans, p. 208.

sentimental. Elle affecta de ne pas la mener chez les reines, et l'accabla de tant de marques de mépris, que la pauvre fille d'honneur, supposant que toute la cour partageait les mauvais sentiments que lui témoignait la princesse, se détermina à sacrifier l'amour du roi au désir de conserver l'estime générale et la sienne propre.

Après une nuit de combats entre le devoir et la passion, elle va se réfugier dans un couvent à Chaillot.

Le duc de Saint-Aignan, qui faisait surveiller toutes les actions de mademoiselle de la Vallière, apprend qu'elle est partie au point du jour pour aller se mettre sous la protection des religieuses de Sainte-Marie. Il se rend aussitôt chez le roi, y trouve l'ambassadeur d'Espagne qui prenait congé de Sa Majesté.

Le duc n'osant interrompre la conversation du roi sur les grands intérêts qui se traitaient alors entre l'Espagne et la France, et voulant pourtant instruire Sa Majesté d'un événement qu'il savait devoir l'intéresser beaucoup, se mit à faire causer tout bas le marquis de Sourdis, et à lui répondre tout haut :

— Oui, mademoiselle de la Vallière entre en religion.

A ce mot, le roi tourne brusquement la tête.

— Que dites-vous? demande-t-il au duc.

— Je dis, sire, que mademoiselle de la Vallière est allée se retirer au couvent de Chaillot pour y prendre le voile.

Fort heureusement, l'ambassadeur et sa suite étaient expédiés; car dans le trouble où cette nouvelle jeta le roi, il ordonna qu'on lui apprêtât un carrosse, et n'ayant pas la patience d'attendre qu'il fût attelé, il monta sur le cheval d'un de ses gardes, puis partit avec la rapidité d'un jeune lion auquel on ravit sa proie.

La reine, qui le vit partir, lui dit avec amertume qu'il n'était guère maître de lui.

— Ah! reprit-il furieux, si je ne le suis de moi, madame, je le serai de ceux qui m'outragent (1).

On sait comment l'amour de Louis XIV triompha des résolutions pieuses de mademoiselle de la Vallière; mais, ce qu'on aura peine à se figurer, c'est la sensation que produisit l'entrée du roi dans la chambre de Madame, au

(1) Bussy-Rabutin, tom II, page 19.

moment où celle-ci se réjouissait du départ de la favorite
avec la comtesse de Soissons, mesdemoiselles de Montalais,
de Tonnay-Charante et de la Motte-Houdancourt.

Le roi, tenant par la main la belle fugitive, s'approcha
de la princesse et lui dit avec toute l'autorité qu'il savait
prendre quand il lui plaisait :

— Je compte sur vous, Madame, pour persuader à mademoiselle qu'elle est aussi chrétiennement chez vous que
dans un couvent, et que votre protection doit la mettre à
l'abri de tous les dangers qu'elle redoute.

— Mais... sire...

— Point d'objection, interrompit le roi ; songez, Madame
que votre refus serait à la fois une injustice pour elle et
une offense pour moi !

Et, sans attendre de réponse, le roi passa dans l'appartement de Monsieur, laissant tous les témoins de cette singulière recommandation convaincus de la nécessité d'y obéir.

Mademoiselle de la Vallière, ne pouvant comprimer les
larmes qui l'étouffaient, demanda à Madame la permission
de se retirer dans sa chambre.

Le comte de Guiche, le marquis de Wardes arrivèrent au
moment où elle sortait de chez Madame, et leurs sourires
à son aspect, lui prouvèrent l'inutilité de dissimuler désor-
mais la nature de ses rapports avec le roi. Quel autre que
lui aurait pu la déterminer à revenir s'exposer de nouveau
à toutes les humiliations dont les princesses l'abreuvaient ?
Et que la récompense d'une telle résignation se devinait
facilement !

A peine Armand eut-il jeté les yeux sur Madame, que,
frappé de l'état violent où elle était, il se dit avec une douleur poignante :

— Le roi peut seul la troubler ainsi.

En effet, répondant sans le vouloir à la pensée du comte,
elle s'écria en le voyant :

— Eh bien, toute contrainte est mise de côté ; la favorite
est déclarée, et, sans respect pour mon rang, pour ma personne, on m'oblige à garder chez moi l'objet de cette belle
passion, à couvrir de mon nom une intrigue qu'avec mon
secours on espère cacher à la reine ! Et Monsieur souffrira
qu'on m'insulte à ce point ! Non, je ne puis le croire,
ajouta-t-elle avec colère, il s'unira à nous pour confondre

cette vile créature, et pour sauver le roi d'un tort qu'il se reprocherait toute sa vie. C'est à vous, comte, d'éclairer Monsieur sur le rôle affreux qu'on veut me faire jouer. Il vous en croira mieux que moi, et vous obtiendrez de lui que cette fille soit chassée de ma maison.

— Malgré toute ma soumission à vos ordres, Madame, répondit M. de Guiche, je n'y obéirai pas dans cette circonstance : d'abord, parce que ce serait mal vous servir, ensuite, parce que je ne suis pas animé du même zèle que Votre Altesse pour la vertu du roi et pour celle de mademoiselle de la Vallière, ajouta le comte d'un ton ironique; d'ailleurs, il m'est prouvé que la résistance de cette fille, les obstacles qu'elle invente, lorsqu'elle se sent prête à succomber, sont les tisons ardents qui alimentent ce beau feu, et qu'en sévissant contre elle on ajoute à l'intérêt qu'elle inspire. C'est le mépris qu'on lui a témoigné dans ce palais qui a prétexté sa fuite, et lui a valu un retour éclatant. Si vous l'en chassez, on lui donnera un asile royal, et elle devra autant à votre rigueur qu'à la sienne.

— Il a raison, dit M. de Wardes, le moyen n'est pas ingénieux, il en faut chercher un autre.

— Certainement, les belles personnes ne manquent point à la cour, dit le comte de Guiche en regardant mademoiselle de la Motte-Houdancourt, qui causait dans le fond de la chambre avec ses compagnes. D'ailleurs, vous savez que le roi aime assez à changer d'adoration, continua-t-il en s'adressant à la princesse et à la comtesse de Soissons. Puisqu'il est décidé à tromper la reine, l'essentiel est que ce soit pour une protégée de Son Altesse, qu'on puisse la conseiller, la diriger dans sa faveur, et l'empêcher surtout de l'employer contre nous.

— Est-il donc si nécessaire, dit Madame avec humeur, que le roi soit l'esclave d'une de ces demoiselles, et donne l'exemple d'un désordre qu'il punirait ailleurs?

— On le trouverait moins coupable s'il choisissait mieux, reprit le comte avec l'accent du dépit; mais puisque son mauvais goût l'entraîne, qu'importe que ce soit vers cette pauvre boiteuse ou vers une autre?

— Il importe beaucoup, dit la comtesse de Soissons, plus l'amour est mal placé, plus il est durable. Vous le voyez, cette pleureuse de la Vallière, avec ses scrupules, ses yeux baissés, sa fuite romanesque, fait faire au roi ce que jamais une femme distinguée n'aurait obtenu de lui. Avec tout son esprit, il sera éternellement dupe des apparences de l'innocence et du désintéressement. Il a la manie de prétendre être aimé pour lui-même, comme s'il était possible de savoir au juste pour combien ses qualités personnelles entrent dans l'amour qu'on lui porte? La Vallière n'en sait rien elle-même. Étourdie de se voir tomber tout à coup de son petit donjon provincial sur la première marche du trône, elle céde à la séduction sans calcul, sans prévoyance; le beau jeune homme lui cache le roi, et lui, dans le ravissement de ce triomphe tout personnel se flatte que nulle ambition n'en viendra jamais diminuer le mérite. Mais soyez tranquille, le roi ne restera pas longtemps dans cette illusion, et c'est alors qu'il sera bon de lui présenter une aimable personne, non moins ambitieuse que la Vallière, mais plus jolie et plus spirituelle.

M. de Wardes, toujours de l'avis de madame de Soissons, s'engagea à prouver à mademoiselle de la Motte-Houdancourt qu'elle devait être très-coquette pour le roi, et cela en lui donnant l'assurance qu'elle seule pouvait le rendre infidèle à mademoiselle de la Vallière. Madame, à qui ce projet ne plaisait point, finit cependant par l'approuver, et dit :

— Elle est maligne, impérieuse, elle le tourmentera; l'idée n'est pas mauvaise.

Cette petite trame, ourdie avec habileté, commença par donner de grandes espérances; mais elle n'aboutit qu'à inspirer tant d'effroi à mademoiselle de la Vallière, qu'elle mit tout scrupule de côté pour enchaîner le roi, ce qui lui réussit parfaitement. Louis XIV, ravi de son triomphe, ne pensa plus qu'à en témoigner publiquement sa reconnaissance.

Un tournoi fut ordonné sur la place des Tuileries, qui en a gardé le nom de Carrousel. Le roi, excité par le désir de plaire, y fit des merveilles de force, d'adresse et de grâce. Bien que cette fête fût donnée en apparence en l'honneur d'Anne d'Autriche et de Marie-Thérèse, il n'y avait pas moyen de se tromper sur la véritable reine de la fête.

La comtesse de Soissons en conçut tant de jalousie et de haine contre mademoiselle de la Vallière qu'elle prit dès cet instant la résolution de la perdre à tout prix. Elle tenta d'abord de faire servir la reine mère à ce dessein. Elle lui fit insinuer par son confesseur que son devoir de mère l'obligeait à éclairer le roi sur l'amour adultère qui le conduisait à la damnation éternelle.

Anne d'Autriche, qu'on rendait ainsi responsable du salut de son fils, lui adressa de sévères remontrances auxquelles il répondit naïvement :

—Qu'il connaissait son mal, qu'il en ressentait quelquefois de la peine et de la honte, qu'il avait fait ce qu'il avait pu pour se retenir d'offenser Dieu, et pour ne pas s'abandonner à ses passions; mais qu'il était contraint de lui avouer qu'elles étaient devenues plus fortes que sa raison, qu'il ne pouvait plus résister à leur violence, et qu'il ne se sentait pas même le désir de le faire (1).

La reine mère, irritée d'un semblable aveu, en témoigna vivement son indignation; il en résulta une brouille assez grave entre le fils et la mère.

C'était mettre l'amour du roi à une grande épreuve, que de le contraindre à opter entre cet amour et celui qu'il portail à sa mère; mais il n'hésita pas; et madame de Soissons, voyant qu'on ne pouvait plus rien attendre de la condescendance du roi aux volontés maternelles, pensa qu'en instruisant la jeune reine de ce qui se passait entre le roi et mademoiselle de la Vallière, sa jalousie espagnole lui inspirerait sans doute une vengeance proportionnée au crime; dans cette supposition l'imagination de la comtesse allait fort au delà de ce que le ressentiment de la reine, si vif, si douloureux qu'il fût, aurait jamais pu lui dicter.

L'enveloppe d'une lettre venant de Madrid et que la reine avait jetée par terre après l'avoir décachetée, servit d'abord le projet de la comtesse de Soissons.

Après s'être assurée que la lettre était de la reine d'Espagne et que la même main avait tracé les mots inscrits sur l'enveloppe, elle s'en empara furtivement; puis elle se rendit chez Madame et la supplia d'employer son pouvoir sur le comte de Guiche pour l'engager à mettre en espagnol une lettre dont elle apportait le brouillon.

____

(1) Propres paroles de Louis XIV. Mémoires de madame de Motteville, t. VI, p. 175.

Madame, imaginant qu'il s'agissait d'une plaisanterie, d'une de ces niches innocentes dont le but est de faire pester un moment la victime, promet tout ce que veut la comtesse. M. de Guiche est appelé chez cette dernière pour satisfaire au service qu'on attend de lui; mais quand il lit la lettre combinée entre la comtesse et le marquis de Wardes et par laquelle la reine d'Espagne est censée révéler à sa fille toute l'intrigue du roi avec mademoiselle de la Vallière, le comte s'écrie :

— Mais c'est une infamie que vous me commandez là, madame! et mon désir de vous être agréable ne saurait aller si loin. Songez donc, dans votre intérêt même, aux conséquences d'un semblable tour et à l'impossibilité d'en laisser longtemps ignorer les coupables! car la reine ne peut manquer de répondre à cette lettre, et de savoir presque aussitôt que la reine d'Espagne en est complétement innocente. C'est une ruse qui ne perdra que vous.

— Et tu as peur de t'associer à nos dangers? dit M. de Wardes.

— Je n'ai peur que de me rendre méprisable, reprit le comte d'un ton brusque, et ce faux me paraît une des plus vilaines actions qu'on puisse commettre.

— Aussi se garderait-on bien de la proposer à votre austère vertu, dit en riant la comtesse de Soissons; mais elle est décidée, et c'est uniquement pour nous sauver des inconvénients d'une confidence périlleuse que nous nous adressons à vous pour cette traduction, certains que votre honneur ne nous trahira pas.

— Je suis bien flatté de la préférence, reprit le comte, mais je ne m'en rendrai digne que par ma discrétion.

— Quoi! tu refuses à la comtesse cet...

— En ce moment, l'arrivée de Madame interrompit l'exclamation du marquis.

— Votre Altesse nous surprend au milieu d'une altercation étrange. Vous croyez peut-être le comte de Guiche lié à nos intérêts, et décidé à les défendre au péril de sa vie? dit la comtesse; eh bien, quand tout se réunit pour nous présager un succès facile, lui seul refuse de nous servir; un reste d'attachement pour cette la Vallière le fait hésiter à se prêter aux moyens de nous en débarrasser.

— Est-ce vrai? demanda la princesse au comte d'un ton où le dédain cachait mal le dépit.

— C'est que le moyen me semble fort ignoble, et que, dans mon zèle à vous obéir, Madame, je n'ai pas contracté l'habitude de ces sortes d'actions.

— Quoi! il s'agit de rompre une liaison scandaleuse, de rendre un mari à sa femme, d'empêcher la reine de mourir de chagrin, et vous appelez cela une mauvaise action! s'écria la comtesse de Soissons; en vérité, je ne vous comprends pas. Vous trouvez tout simple de vous faire passer pour un clerc de notaire, de mentir pendant deux mois pour arriver à séduire, à tromper, à abandonner une pauvre fille... et votre vertu s'effarouche à l'idée de faire parvenir secrètement la vérité à une personne qui a tant d'intérêt à la connaître !

— Ah! marquis, je ne vous savais pas si bavard dans vos épanchements, dit le comte en s'adressant à M. de Wardes; mais n'importe, c'est parce que je connais tout le poids d'un remords, Madame, que je ne voudrais pas m'affubler d'un second. Et à moins qu'il... ne me soit... bien prouvé... ajoute-t-il, son regard fixé sur Madame, qu'en traduisant cette lettre, je ne fais pas une lâcheté... rien ne me décidera à l'écrire.

— Quoi! pas un mot de la princesse? dit madame de Soissons d'un ton ironique.

— M. de Guiche pense avec raison, dit Madame d'un ton fier, que je ne lui demanderai jamais de se compromettre pour servir mes intérêts, car ceux de ma belle-sœur sont les miens, et je ne puis la voir trompée et humiliée journellement par une fille de mon service, sans chercher à l'affranchir d'une si odieuse présence. Mais M. de Guiche n'est pas obligé de se sacrifier à mes affections de famille, de comprendre le sentiment qui me dirige en cette circonstance.

— Je ne le comprends que trop, Madame, reprit Armand accablé sous l'idée de perdre le peu qu'il possédait du cœur de la princesse en se refusant à la venger de ce roi qu'elle ne pouvait cesser de regretter.

Alors la comtesse de Soissons, pressentant que Madame ne dirait pas, devant témoins, le mot qui devait décider le comte de Guiche à écrire la lettre espagnole, alla rejoindre mademoiselle de Montalais, qui était restée dans le salon précédent avec les autres filles d'honneur de la princesse. M. de Wardes la suivit en feignant de causer avec elle sur

l’embarras où les plongeait le refus d’Armand, et ils le livrè-
rent ainsi à toute la puissance que Madame savait exercer
sur lui.

— Vous le voulez-donc? dit le comte tristement. Mais,
avant d’en venir là, avez-vous bien réfléchi à...

— Je ne veux rien de ceux qui résistent à m’obliger, interrompit la princesse ; je me suis trompée en comptant sur
votre dévouement, sur toutes ces belles paroles que vous
prodiguez si bien lorsqu’il ne s’agit que de plaire, que d’é-
blouir. Hélas! il est dans ma destinée de me faire toujours
illusion sur ce que j’inspire, ajouta Madame, en essuyant
une larme qui coulait sur son beau visage.

A ce reproche, à la vue de cette émotion à la fois douce
et pénible, la vertu du comte de Guiche devait fléchir.

— Heureusement il y va de ma vie, s’écria-t-il ; oui le
sang de l’échafaud peut laver la fange. Je suis prêt à tout ;
ordonnez, et je deviens un anonyme, un faussaire, comme
je me ferais brigand, assassin si vous le commandiez. Dou-
tez après cela de votre empire.

— Le doute me serait trop cruel, répondit Madame en
livrant sa jolie main aux baisers du comte ; puis, appelant
la comtesse de Soissons et le marquis de Wardes, elle leur
demanda le modèle de la lettre concertée, et en dicta elle-
même chaque phrase qu’Armand traduisait aussitôt en espagnol, imitant de son mieux l’écriture de la reine d’Espagne.
Seulement, effrayé de ce qu’on lui faisait faire, il s’interrompait souvent pour risquer quelque observation dont on
riait, car la comtesse de Soissons, se méfiant du fond de
loyauté qui existait dans l’âme de Madame et dans celle du
comte de Guiche, affectait de traiter en plaisantant l’invention de cette lettre et se moquait fort gaiement de l’espagnol
de fantaisie du comte.

L’homme d’esprit qui croit savoir une langue étrangère,
sous prétexte de la comprendre et de la parler, y commet
encore des fautes burlesques dès qu’il tente de l’écrire. C’est
ce qui arriva au comte de Guiche.

La lettre terminée, madame de Soissons ne la laissa pas
une minute de plus entre les mains du comte ; elle savait
trop bien qu’une fois loin de madame; un remords de conscience lui aurait fait déchirer l’écrit, dont elle attendait un
résultat si désiré. M. de Wardes se chargea de faire parvenir

la lettre par un Flamand qui quittait son service pour retourner en Flandre et n'en pas revenir.

Ce faux courrier, se disant attaché au comte de Brienne, secrétaire d'État, vint apporter la lettre au Louvre, avec ordre de la remettre à la senora Molina, première femme de chambre de la reine, la seule Espagnole qui eût la permission de la servir en France.

Cette femme, qui connaissait parfaitement l'écriture de la reine d'Espagne, crut voir différents signes qui trahissaient une imitation mal faite. Alors, pensant que ce pourrait être une lettre anonyme, et que dans le doute elle ne risquait rien de la montrer à la reine mère, elle la confia à cette princesse. Celle-ci, ravie de faire parvenir à son fils une preuve de plus de l'indignation qu'inspirait généralement son intrigue avec mademoiselle de la Vallière, engagea la Molina à porter la lettre au roi. Elle obéit, et profita du moment où il sortait du conseil pour lui dire comment, par l'effet d'une inspiration divine, craignant que cette lettre ne contînt la nouvelle de la mort du roi d'Espagne, depuis longtemps gravement malade, elle avait décacheté ce paquet avant de le donner à la reine.

Tandis que la Molina justifiait de son mieux une indiscrétion dont elle attendait la récompense, le roi rougissait de colère en lisant la dénonciation de ses amours avec mademoiselle de la Vallière, cherchait à en deviner l'auteur, et se promettait de punir sans pitié le traître, l'audacieux qui avait osé l'écrire.

Après avoir fait jurer à la Molina, sur son salut, qu'elle n'avait pas montré à la reine la lettre qui le dénonçait, le roi la relut et la garda en s'efforçant de dissimuler l'impression qu'elle lui causait ; mais dès qu'il fût délivré de la présence de quelques ministres auxquels il devait donner audience, il s'empressa d'aller chez la comtesse de Soissons, pensant avec raison que son esprit sagace et sa connaissance parfaite des caractères de tous les gens de la cour, la rendaient plus propre que toute autre à deviner l'auteur de la lettre infernale.

L'effroi qu'éprouva madame de Soissons en voyant entrer le roi chez elle la lettre espagnole à la main et la colère dans les yeux, faillit la trahir. Mais bientôt rassurée par les premiers mots du roi qui la conjurait de l'éclairer sur les personnes capables d'une telle infamie, elle s'appliqua à diriger ses soupçons sur mademoiselle de Montpensier, sur la duchesse de Noailles et sur madame de Motteville, et même jusqu'à prononcer le nom de M. le prince. Mais à ce nom glorieux, Louis XIV s'écria que la révolte pouvait être le crime d'une âme noble, mais non pas la trahison, et que son cousin était incapable d'une telle lâcheté ; il ajouta à cette injure celles qui soulageaient le mieux son ressentiment ; et madame de Soissons eut besoin de toute sa présence d'esprit pour ne pas laisser apercevoir ce que son orgueil souffrait de tant d'épithètes flétrissantes.

Cependant, l'excès même du mépris que témoignait le roi à propos des auteurs de la délation, prouvait assez qu'il ne soupçonnait pas la comtesse d'en faire partie ; mais elle le savait, elle, et le ciel, dans sa justice, la livrait aux humiliations, aux craintes les plus cruelles, en dépit du succès de sa mauvaise action.

Pendant que Louis XIV, en proie aux soupçons les plus obsédants, en accablait alternativement tous les frondeurs mal convertis et les vieilles prudes de sa cour, le comte de Guiche se reprochait vivement la faiblesse qui l'avait entraîné à une action dont il ne se dissimulait ni la turpitude, ni les conséquences.

— Et c'est pour la venger de celui qui lui préfère la Vallière, que j'ai pu me déshonorer à mes propres yeux par cet infâme délation, pensait-il avec amertume. Je n'ai pas même pour excuse d'avoir obéi à son amour pour moi ! Telle est l'affreuse passion qui me dévore. Je n'ai de son cœur que ce qu'un autre en dédaigne. Si le roi disait un seul mot, je perdrais à l'instant jusqu'à la pitié qui m'est due. Eh bien, ce faible retour accordé à ma folie, inspiré par le dépit, ce bonheur factice qui m'enivre sans m'aveugler, je puis tout lui sacrifier : mon repos, ma liberté, ma vie ! O puissance inexplicable ! fatalité satanique ! j'y succomberai, je le sens... mais que sa volonté soit faite !

XL

Plusieurs circonstances réunies à de ces faits qui abattent ordinairement l'exaltation la plus vive, auraient dû tempérer celle d'Armand pour Madame. Elle venait d'accoucher de Marie-Louise d'Orléans; et le respect dû à la maternité éteint souvent le feu des idées romanesques ; mais la passion du comte était de celles qui bravent tout, même un sentiment rival.

Le secret de la lettre espagnole résista longtemps aux investigations de la police royale; mais les recherches, vaines sur un point, amènent presque toujours d'un autre côté quelques découvertes auxquelles on ne pensait pas. Par suite de plusieurs interrogatoires faits aux gens de Madame, on sut que le comte de Guiche était entré secrètement chez la princesse, et cela par l'entremise de mademoiselle de Montalais.

Le roi parla de ce rapport au marquis de Wardes qui, redoutant la franchise de son ami, et désirant le voir assez loin de la cour pour n'y pas commettre d'indiscrétion, nia faiblement l'amour d'Armand pour Madame et les extravagances qui en étaient la suite. Cependant, effrayé de la colère qui s'emparait du roi à l'idée d'un tort dont Sa Majesté donnait si bien l'exemple, M. de Wardes chercha à le calmer en approuvant sa résolution de séparer au plus tôt le comte de Guiche de l'objet de sa passion. Seulement, il persuada au roi que l'intérêt de Monsieur et de Madame exigeait que cet éloignement n'eût pas l'air d'une disgrâce, et qu'il serait à propos de donner au comte le commandement des troupes de Nancy, nouvel exil qui aurait toutes les apparences d'une insigne faveur.

Le roi, ravi de l'idée qui lui donnait le double moyen de désespérer le comte de Guiche et de réjouir le maréchal de Gramont, en ordonna aussitôt l'exécution et fit répandre le bruit que c'était aux sollicitations d'Armand qu'il lui avait accordé le commandement de ces troupes.

Madame, fort surprise de cette nouvelle, s'offensa de ce

que le comte avait pensé s'éloigner d'elle sans l'avoir consultée ; et le roi, trop jeune encore pour savoir qu'en amour il n'est point de colère muette, et qu'elle tombe au premier mot d'une explication, quitta Madame, convaincu d'avoir assuré la prochaine rupture qu'il désirait.

Mais à peine la princesse fut-elle seule qu'elle fit appeler mademoiselle de Montalais, lui ordonna de voir le comte de Guiche et de savoir par lui la vérité.

L'état de désespoir où mademoiselle de Montalais le trouva par suite de l'ordre qui le contraignait à partir, le justifia trop bien du soupçon de l'avoir sollicité.

Dans sa rage, Armand écrivit à Madame qu'il lui offrait de soutenir au roi, devant elle, qu'il n'avait point demandé le commandement de Lorraine et, qui plus est, de le refuser...

Madame, effrayé de cette menace et connaissant M. de Guiche capable de l'effectuer, fit prier M. de Wardes de s'emparer de son ami et de le supplier en son nom, à elle, de se laisser diriger par leurs conseils. M. de Wardes, qui voulait éloigner Armand et non le perdre, le mena chez la comtesse de Soissons où il se laissa conduire dans l'espoir d'y rencontrer Madame ; là on le chambra, on le sermonna, on lui prouva surtout que sa résistance aux ordres du roi compromettrait la princesse, car on supposerait naturellement que pour s'exposer à tant perdre d'un côté il fallait beaucoup obtenir de l'autre.

Cette dernière raison parvint seule à calmer le comte ; il se résigna à partir, mais à la condition qu'avant d'obéir à Madame elle recevrait ses adieux.

On céda à sa volonté opiniâtre, et mademoiselle de Montalais fut chargée d'assurer l'entrevue ; on convint pour plus de sûreté qu'elle aurait lieu en plein midi, cette heure étant celle où Monsieur allait chaque jour au Louvre, et l'heure aussi la plus rarement consacrée aux visites mystérieuses.

Mademoiselle de Montalais, après avoir introduit le comte de Guiche par un escalier dérobé, l'enferma dans l'oratoire de Madame, puis elle alla dire aux gens de service que la princesse s'étant assoupie après son dîner, on ne laissât entrer personne dans la galerie.

Tous les cultes se ressemblent ; l'amour n'est qu'une parodie de celui qu'on doit à la divinité ; et rien n'était plus propre à exalter les sentiments déjà si passionnés d'Armand que la vue de ce prie-Dieu où madame venait chaque soir fléchir les genoux et joindre ses belles mains pour implorer le ciel en faveur de celui qu'elle aimait.

Dans ce joli temple domestique, où le luxe des velours brodés, des crépines d'or, offrait un grand contraste avec l'étable où naquit Notre-Seigneur, et que représentait un des tableaux de l'oratoire, tout rappelait le rang, l'élégance et la piété de celle qui l'habitait.

C'était là seulement que sa pensée intime osait s'exhaler ; c'était là que, l'âme abattue sous les efforts d'une éternelle contrainte, elle venait, pour ainsi dire, respirer le vrai, et s'abandonner enfin à toutes les impressions qu'il lui avait fallu combattre ou cacher avec tant de peine ; c'était là qu'elle venait se reposer d'une existence factice ; là elle s'interrogeait sur ce qu'elle éprouvait, et se répondait avec toute la sincérité qui préside aux aveux dont Dieu seul est témoin.

Au nom de Louis, qui avait si souvent retenti dans ce sanctuaire, le nom d'Armand avait-il succédé? son image avait-elle apparu quelquefois parmi celles qui décoraient ce pieux séjour? Que de questions ardentes Armand adressait à ce prie-Dieu, dont les marches, recouvertes d'hermine, montraient encore l'empreinte des genoux de la princesse! Que d'émotions, que de désirs faisait naître en son cœur l'aspect de ces objets confidents des plus secrètes pensées de celle qu'il adorait! Comme il aurait donné joyeusement sa vie pour la voir là, un instant, remercier le ciel d'être si passionnément aimée!...

L'enivrement où le plongeait ce lieu uniquement consacré au Seigneur et à elle, était si délicieux, qu'il n'entendit pas sans une sorte de regret le bruit des pas de mademoiselle de Montalais, qui venait l'enlever à sa brûlante rêverie pour le conduire auprès de celle qui en était l'objet.

Cette impression, difficile à expliquer, sera comprise par tous ceux dont l'imagination a toujours mieux rêvé que ce qu'ils ont obtenu. En effet, Madame, quoique sensiblement touchée de l'amour du comte de Guiche, se crut obligée de lui reprocher d'abord l'excès de cet amour qui le portait à braver la volonté du roi, la juste jalousie de Monsieur, et la prière qu'elle lui avait faite de se rendre à Nancy sans délai.

Chacun de ces torts était une preuve de la passion du comte, et loin de s'en justifier, il ne pensait qu'à les faire oublier par de plus grands, lorsque trois coups frappés à l'une des portes de la galerie jetèrent l'alarme. Une voix, que Madame ne reconnut point, dit ces mots à travers la serrure :

— D'Artigny (1) a vu entrer le comte ; elle en a fait avertir Monsieur ; il sera ici dans un instant.

La princesse appela aussitôt mademoiselle de Montalais pour faire évader Armand, qui, blasé sur le danger d'être surpris, profitait de l'effroi de la princesse, et lui dérobait une foule de caresses, sans penser à ce qu'elles pouvaient lui coûter.

Mais comme il n'était pas seul compromis, il fallut de nouveau se soumettre au génie intrigant de la confidente, qui ne trouva rien de mieux que de cacher le comte dans la haute cheminée de la chambre habitée par mademoiselle d'Artigny. Cette manière de cacher le coupable chez le dénonciateur avait quelque chose de piquant qui fit prendre patience au pauvre reclus. On ne put le sortir de sa retraite enfumée qu'à l'heure où Monsieur, Madame et leur cour se rendirent à la comédie qui devait se jouer dans l'appartement de la reine.

Armand pensa avec raison qu'au point où était arrivée sa disgrâce, il risquait peu de l'augmenter par une démarche hardie, et, inspiré du désir de rassurer Madame sur la manière dont il avait échappé aux recherches des espions de Monsieur, il revêtit ses habits les plus magnifiques, et alla se présenter à la reine sous prétexte de venir prendre ses ordres avant de partir la nuit même pour l'armée.

Ce départ si prochain devait nécessairement faire tolérer la présence du comte de Guiche pendant la soirée. D'ailleurs, la reine, qui attribuait la sévérité du roi envers Armand au refus que celui-ci avait fait de servir les amours de mademoiselle de la Vallière, avait un grand fonds d'indulgence pour lui, et peut-être aussi subissait-elle à son insu l'effet que produisaient sur toutes les femmes son esprit séduisant et sa grâce irrésistible. Enfin, elle l'accueillit avec tant de

(1) Demoiselle d'honneur de Madame Henriette d'Angleterre et depuis comtesse du Roule. (Mémoires de madame de Lafayette, t. III, p. 132).

bonté, que le roi et la reine mère n'osèrent se livrer au ressentiment qu'ils éprouvèrent en le voyant ainsi braver leur malveillance.

L'entrée du comte de Guiche avait produit une grande sensation sur tout le monde, excepté sur Madame, qui, plongée dans une agitation inquiète, regardait sans voir et écoutait sans entendre ce qui se passait autour d'elle.

L'idée d'avoir peut-être reçu les derniers adieux de l'homme dont l'amour lui devenait chaque jour plus agréable, le vide que cette absence allait laisser dans sa société intime, dans ses intérêts les plus doux, lui révélaient ce qu'elle ne s'était point encore avoué, c'est que, sans partager l'amour d'Armand dans tout ce qu'il avait d'absolu, de frénétique, il était devenu un des besoins, une des joies de son âme, et qu'en le sacrifiant elle se condamnait à d'éternels ennuis.

Être la pensée continuelle d'un cœur ardent, d'un esprit supérieur; se sentir sur ce cœur d'élite toute la puissance de la divinité; tenir dans un regard son bonheur ou son supplice, sa honte ou sa gloire, quel empire enivrant! et qu'il faut de vertu pour abdiquer une si belle couronne!

Absorbée dans le regret de tout ce qu'elle immolait au devoir, Madame ne s'était point aperçue du mouvement causé par l'arrivée du comte de Guiche. Mais ce nom, prononcé près d'elle, la réveilla en sursaut de sa sombre rêverie, et un éclair de plaisir remplaça aussitôt le nuage qui attristait son beau visage.

Armand, que l'excès du malheur trouvait toujours armé, faillit succomber au bonheur de lire sur ce visage adoré d'abord le regret de son éloignement, puis la joie de le revoir encore. Il semblait que le sort pour mettre le comble à sa rigueur envers lui, l'obligeait à fuir Madame, au moment où elle se montrait touchée de sa passion et où elle allait la récompenser.

D'abord, il se repentit de n'avoir pas mieux profité du peu d'instants qu'il avait passés près d'elle, et de n'être point convenu avec Madame du moyen qu'il emploierait pour lui faire parvenir ses lettres; mais il pensa qu'elle se serait cru obligée de lui interdire toute correspondance, et qu'il valait mieux agir sans sa permission que de lui donner l'embarras de l'accorder ou le chagrin de la refuser.

Il se tint toute la soirée derrière le fauteuil de la comtesse de Soissons, qui était près de Madame; il n'adressa pas une parole à celle-ci, mais il entendait sa voix lorsqu'elle répondait à la reine, et ne perdait pas un mot de ce qu'elle disait à la comtesse. C'était pour lui comme les derniers accords d'une douce harmonie qu'il craignait d'entendre pour la dernière fois.

Monsieur, en proie à une agitation visible, s'arrêta involontairement en passant près d'Armand, et ne put s'empêcher de lui dire, d'un ton à la fois amer et railleur :

— Vous ici, monsieur le comte? Je vous croyais déjà sur la route de Nancy.

— J'y serai dans deux heures, Monseigneur, répondit M. de Guiche en saluant respectueusement.

— J'ai vu un temps où le plaisir de prendre un si beau commandement vous aurait trouvé plus impatient à vous y rendre; mais vous avez, dit-on, de grandes affaires à Paris, et il vous en coûte sûrement de les abandonner, ajouta le prince d'un air goguenard.

— Il m'en coûte toujours de quitter la cour de Votre Altesse, reprit le comte sans se déconcerter; mais l'honneur de servir le roi console de bien des regrets.

— Surtout quand on en laisse, dit la comtesse de Soissons de manière à n'être entendue que d'Armand.

Puis elle s'empressa de porter la conversation sur la comédie qu'on allait représenter.

M. de Guiche, ennuyé de se voir l'objet de l'observation de tout le monde, et de la surveillance particulière de Monsieur, se retira avant la fin du spectacle pour aller écrire ses adieux à Madame; mais quelle fut sa surprise, sa douleur, lorsqu'Étienne, chargé de porter à mademoiselle de Montalais la lettre destinée à la princesse, rapporta ce billet à son maître :

« La méchante d'Artigny triomphe; à force d'intrigue, elle s'est emparée de l'esprit de Monsieur, et lui a fait tant de contes sur vous et sur mon zèle à servir vos intérêts que la maréchale Duplessis vient de me signifier l'ordre donné par Monsieur, à l'insu de Madame et du roi, de me rendre sur-le-champ à Fontevrault, et de renoncer pour jamais au service et à la protection de ma chère maîtresse. Le carrosse est là qui m'attend. J'ai, grâce au ciel

obtenu d'emporter avec moi les papiers que vous savez (1).
Ainsi, soyez tranquille, et faites agir vos amis en ma faveur. Vous me devez bien cette preuve d'amitié.

> » C. DE MONTALAIS. »

XLI

Monsieur, en chassant ainsi mademoiselle de Montalais,
apprit à la cour et à la ville ce que les plus hardis n'auraient osé soupçonner. Cette maladresse conjugale donnait à Madame le droit de se plaindre et elle en profita,
heureuse de pouvoir changer sa défense en attaque.

Monsieur, après s'être assuré du départ du comte de
Guiche et de celui de la confidente, se rend chez Madame;
il lui déclare qu'il est instruit de la visite clandestine
qu'elle a reçue la veille, et s'étonne du calme de la princesse en écoutant cet avis et les reproches injurieux qui
l'accompagnent.

Loin de nier l'entrevue secrète dont on lui fait un crime,
Madame avoue l'avoir demandée elle-même dans l'intention de détourner le comte de Guiche du refus qu'il
voulait faire au roi. Le motif de cet entretien le justifie
assez; car une longue séparation en doit être le résultat,
et si la présence du comte de Guiche avait été aussi chère
à la princesse qu'on le présumait, elle n'aurait pas tant
fait pour s'en priver.

Ensuite passant de l'explication à l'accusation, Madame
s'étend sur tout le tort irréparable que va lui faire le renvoi de sa fille d'honneur; elle accable Monsieur de récriminations piquantes, lui prouve que lui seul l'a compromise,
et achève de le convaincre en lui avouant qu'en effet le
comte de Guiche était amoureux d'elle, et que redoutant
quelque trait de sa mauvaise tête, elle avait voulu user de
son empire sur lui pour l'empêcher de se perdre, et de

______

(1) Toutes les lettres du comte de Guiche à Madame étaient confiées par la princesse à mademoiselle de Montalais.

faire naître, par ses extravagances, une foule d'idées et de propos qui auraient atteint les innocents autant que le coupable.

Ces raisons, données avec l'assurance du succès, obtinrent tout celui qu'on en attendait. Monsieur, sans consentir au rappel de mademoiselle de Montalais, promit d'agir de manière à prouver qu'il ne lui restait pas la moindre inquiétude sur les rapports qui existaient entre Madame et le comte de Guiche.

D'ailleurs, se croyant assez vengé par l'ennui profond où tomba Madame après le départ d'Armand, il se consola de sa disgrâce par le plaisir de faire un acte d'autorité, unique gloire des gens faibles.

Ce triomphe avait tenu à peu de chose, car la lettre de mademoiselle de Montalais avait mis le comte dans une telle colère qu'indigné de voir Madame insultée dans la personne qui possédait sa confiance, il voulait avant de partir la venger du prince et parlait d'aller se plaindre au roi de la conduite de Monsieur, sans penser à la folie de cette démarche; enfin il se livrait à toute la fureur d'une révolte insensée, lorsqu'averti par la comtesse de Guiche, le maréchal de Gramont entra chez son fils.

— Vos gens déraisonnent, j'espère; ils prétendent que vous venez d'ordonner qu'on renvoie les chevaux de poste? J'ai défendu qu'on les dételle; et je pense que vous ne me démentirez pas, dit le maréchal d'un ton absolu.

— J'obéissais aux ordres, à l'intérêt d'une personne qui mérite tous les sacrifices, dit Armand; mais on l'insulte, on l'afflige, on la sépare de tous ceux dont le dévouement lui est nécessaire, et je reste pour la défendre.

— Pour la perdre, vous voulez dire; car c'est elle qui sera la première victime de votre résistance; ce qu'on tente aujourd'hui vous le prouve assez. A qui doit-elle le renvoi scandaleux de sa favorite? à la sotte complaisance de cette pauvre fille à servir votre belle passion. Si elle n'avait pas consenti à recevoir vos épîtres amoureuses, à protéger vos rendez-vous galants, elle ne se verrait pas chassée honteusement sans avoir eu le temps de justifier sa maîtresse. Mais le mal est fait, et c'est bien assez d'avoir à se le reprocher, sans vouloir y ajouter de nouveaux torts dont l'idée seule doit terrifier un homme d'honneur. Ne confondez pas ceci avec un sermon paternel ; j'ai reconnu depuis longtemps l'inutilité de vous parler raison ; mais si votre esprit est fou, votre cœur est noble, et on ne le sollicitera jamais en vain pour la cause de l'honneur. Que ce soit ou non votre faute, Madame se trouve horriblement compromise par rapport à vous. Si vous hésitez à vous en éloigner en ce moment, vous attirez sur elle la colère du roi, la vengeance de Monsieur, le blâme général ; vous apprenez à la terre entière le prix dont elle paye votre lâche démence.

A ce mot de lâche, le comte fit un mouvement convulsif.

— Oui, lâche, répéta le maréchal, car ce sont des troupes admirables que vous refusez de commander, et avec le nom de brave que vous vous êtes si justement acquis, vous ne pouvez vous soustraire à un si grand devoir sans révéler la cause de cette indigne faiblesse. Va, je te connais, Armand, ajouta le maréchal avec toute la cordialité d'un camarade d'armes, tu ne te pardonnerais pas un semblable tort, et tu me remercieras un jour de te l'avoir évité, de t'avoir rappelé ce que tu dois à notre nom, à mes vieux exploits et à tes jeunes blessures.

L'émotion du maréchal passa dans le cœur d'Armand, son visage se couvrit de larmes ; il se jeta dans les bras de son père.

— Disposez de moi, dit-il d'une voix étouffée... mais ne me quittez pas... j'ai besoin de votre courage... pour m'aider à vous... obéir !... Je suis... si malheureux !... au nom du ciel, prenez pitié de moi !... soyez mon ami, mon guide... empêchez-moi... de la perdre... de me déshonorer... Ah ! mon Dieu, quelle honteuse prière... et qu'il faut d'amour pour braver tant de mépris !...

— Que parles-tu de mépris ! s'écria le maréchal en pressant Armand sur son sein ; je te défends d'insulter mon fils, mon cher Armand, à l'instant où il efface tous ses torts par la plus courageuse résignation, où il me donne la joie de le ramener au devoir par la seule influence de la voix de son père. Va, ce moment acquitte tous les chagrins de ma vie ; il me promet pour toi un noble avenir... car l'homme qui immole ainsi toutes ses passions à l'honneur ne fera jamais rien contre sa gloire.

En disant ces mots, le maréchal entraînait son fils vers

la porte de l'appartement ; il lui faisait descendre l'escalier, au bas duquel la maréchale de Gramont venait d'arriver, pour embrasser son fils avant qu'il montât en voiture.

Ce ne fut pas sans un vif attendrissement qu'ils se quittèrent. Au moment de se séparer, la duchesse dit à son fils, en lui montrant la comtesse de Guiche qui pleurait à moitié cachée par le rideau d'une fenêtre :

— Que lui dirai-je de votre part?

— Que je ne me suis pas trouvé digne de recevoir ses adieux.

A ces mots il fit un signe, et les postillons partirent au grand galop.

Le lendemain on lisait dans la *Gazette* :

« Paris, 29 may. — Le comte de Guiche est parti d'icy, pour aller en Lorraine, commander les troupes du roy, en qualité de lieutenant général, Sa Majesté lui ayant tesmoigné, par un si considérable employ, l'estime qu'elle fait de sa personne (1). »

Qui aurait reconnu dans ces expressions flatteuses ces mots-ci : *Disgrâce, exil?*

XLI

La supériorité d'esprit, de beauté, d'élégance, qui faisait du comte de Guiche l'homme le plus séduisant de la cour, n'avait pas permis jusqu'alors à aucun rival de lui disputer le cœur de Madame; mais à peine l'eût-on contraint à céder la place, que le prince de Marsillac, le chevalier de Lorraine et même le marquis de Wardes se mirent sur les rangs.

Madame accueillit d'autant mieux l'hommage du premier qu'elle n'avait aucun goût pour lui, et qu'en feignant une légère préférence en sa faveur, elle espérait reporter sur lui toute la jalousie dont Monsieur honorait le comte de Guiche, et cela sans donner d'ombrage au pauvre exilé. La ruse n'eut que trop de succès ; Monsieur se montra si

_____

(1) *Gazette* du 26 mai 1662.

importuné des assiduités du prince de Marsillac (1) auprès de Madame, qu'on crut celui-ci plus heureux qu'il ne l'était, et le plus traître des trois aspirants se servit habilement des bruits que lui-même faisait répandre sur la prétendue intimité de Madame avec le jeune prince pour jeter le trouble dans l'âme d'Armand.

Comment soupçonner tant de duplicité dans l'ami, le confident à qui l'on a livré ses plus chers intérêts, ses secrets les plus sacrés ! Armand aurait cru manquer à ce culte de l'amitié qui range les soupçons au nombre des impiétés les plus révoltantes, s'il avait mis en doute la vérité des révélations de M. de Wardes. Il écrivit à Madame une lettre de reproches, dont elle s'offensa, et s'en plaignit au marquis de Wardes. Celui-ci, loin de prendre la défense de son ami, s'appliqua à effrayer la princesse des suites que pourrait avoir la colère jalouse d'Armand et lui fit entendre que pour plus de prudence elle ferait bien de lui redemander ses lettres, car, si innocentes qu'elles fussent, on pourrait les interpréter fort mal, disait-il, et c'était rendre service au comte lui même que de lui ôter le moyen de céder à un mouvement de désespoir qui lui laisserait de cuisants remords.

Sans croire Armand capable d'une action aussi infâme, Madame reçut une fâcheuse impression de la facilité de M. de Wardes à la prévoir ; cependant elle ne se serait pas décidée à suivre le méchant conseil du marquis, s'il n'était revenu la semaine suivante lui montrer une lettre d'Armand en réponse à celles qu'il lui adressait tous les jours pour l'éclairer, lui écrivait-il, et le consoler de la prétendue infidélité de Madame.

Comme il recommandait à sa dupe la plus grande discrétion sur les faux avis qu'il lui donnait, Armand ne disait pas un mot dans sa lettre des obligations qu'il avait à ses avertissements perfides et s'abandonnait sans contrainte à l'indignation que lui inspirait l'inconstance de celle qu'il adorait.

Le marquis, affectant un effroi extrême du ressentiment jaloux d'Armand, dont il avait soin d'exagérer les impressions injurieuses, prouva à la princesse qu'elle ne devait pas perdre un instant, pour ôter à cet insensé les moyens

______

(1) Le fils aîné du duc de Larochefoucauld.

de la perdre; il s'offrit de l'aider à composer le billet, où
sans articuler positivement sa demande, elle l'insinuerait
si adroitement qu'Armand serait forcé de la comprendre,
et d'y satisfaire.

M. de Wardes, par les mains de qui passait ordinairement
toute la correspondance de Madame et du comte, depuis la
disgrâce de mademoiselle de Montalais se chargea naturellement de faire parvenir à son ami la lettre qu'il pensait
devoir amener une rupture définitive entre la princesse et
le comte de Guiche.

On devinera sans peine ce qu'Armand éprouva en se
voyant traiter comme le dernier des fats par la femme qu'il
divinisait, par celle dont l'estime lui était aussi nécessaire
pour vivre que l'air pour respirer. Accablé sous le coup le
plus inattendu, le moins mérité, il ne s'abaissa point à se justifier; il manda simplement à sa mère qu'il la priait de remettre la cassette qu'il lui avait confiée en partant à M. le
marquis de Wardes.

Le trop prompt succès d'une perfidie en est parfois le
délateur. Madame, en voyant entrer dans son cabinet M. de
Wardes cachant sous son manteau la cassette remise entre
ses mains par la maréchale de Gramont, s'étonna de voir
son vœu si tôt accompli; elle s'était flattée de quelque résistance de la part du comte, et ne doutait pas que la restitu-
tion ne fût au moins accompagnée d'une lettre fulminante.
La soumission et le silence d'Armand la confondirent.

— Je l'ai mortellement blessé, pensa-t-elle. Je l'ai frappé
dans son honneur; il ne me le pardonnera de la vie. Hélas!
ni moi non plus je ne me le pardonnerai jamais!

Et, oppressée par un sentiment qui tenait du remords, la
princesse n'écoutait pas ce que disait le marquis de Wardes,
en cherchant à faire sauter à l'aide d'un couteau, la serrure
de la cassette, car M. de Guiche n'avait voulu en confier la
clef à personne.

Enfin le couvercle de la boite se leva, et Madame aperçut
ses lettres rangées avec soin dans de petits cahiers recou-
verts de velours bleu brodé en or, et dont chaque séparation était marquée par une raie de diamants. Cet écrin dont
la magnificence était cachée sous la modeste apparence
d'une cassette en bois de noyer, surprit très-différemment
Madame et le marquis. Elle ne dissimula pas la petite sa-

tisfaction d'amour-propre qu'elle éprouvait en voyant ses lettres si richement logées; et son cœur souffrit de regret d'arracher ces tendres souvenirs, ce trésor imaginaire, à celui qui y attachait tant de prix!

M. de Wardes sentit qu'il fallait trouver un autre moyen de perdre Armand dans l'esprit de la princesse, et reconnut que l'amour vrai n'est pas facile à calomnier.

Si le comte de Guiche avait pu se douter de ce qui se passait alors dans l'âme de Madame, il ne serait pas tombé dans l'état de découragemeut et de langueur qui compromit sa santé au point d'alarmer le fidèle Etienne. Il fit part de ses inquiétudes à la femme de chambre de la comtesse de Guiche, qui en parla à sa maîtresse. Celle-ci n'écoutant que son devoir voulut partir pour Nancy, malgré la saison et la neige qui encombrait les routes. La maréchale de Gramont l'engagea fort à suivre ce dessein, car elle avait bien présumé que cette cassette rendue était la conséquence d'une rupture, et que sa belle-fille ne pouvait choisir un meilleur moment pour aller donner ses soins à son mari; cependant, désirant lui assurer un bon accueil, la maréchale prévint son fils des tendres considérations qui déterminent madame de Guiche à l'aller rejoindre.

Il n'y avait pas moyen de se montrer dédaigneux d'une telle preuve de dévouement, et Armand y répondit avec la reconnaissance convenable.

La comtesse partit, et le maréchal de Gramont, charmé de donner de la publicité aux actions qui justifiaient son fils des torts d'être un mauvais mari, eut soin de faire mettre deux jours après dans la *Gazette* ces lignes à la date de Nancy 8 décembre 1662 :

« Hier au soir, la comtesse de Guiche arriva en cette ville au bruit du canon et des décharges, tant de nos dix compagnies des gardes françaises, que des six de cavalerie légère, avec lesquelles le comte de Guiche était allé au-devant d'elle. Nos habitants en témoignèrent beaucoup de joie et les officiers de la justice et de corps de ville allèrent aussitôt leur rendre leur respect. »

La comtesse de Guiche était jeune, belle, un peu vaine, et, à défaut d'amour, son mari la comblait d'honneurs. En voyant cette réception brillante, on ne se serait pas douté des froideurs qui devaient la suivre. Mais Armand avait une

sorte de probité en sentiment qui ne lui permettait pas de
prêter le langage de l'amour à la pure amitié, et comme la
fierté de madame de Guiche s'offensait de ne pas obtenir
tout ce que sa beauté avait le droit d'exiger, il en résulta
entre eux des rapports plus polis qu'affectueux.

Cependant, en cette circonstance, Armand chercha à se
persuader qu'il ne pouvait rester plus longtemps insensible aux attraits de sa femme, et que le ciel lui offrant un
moyen si naturel de se venger de l'inconstance de Madame, il devait paraître enchanté du retour de la comtesse
de Guiche, et de l'indulgence dont elle faisait preuve en
venant le consoler de la trahison d'une autre.

Il fut récompensé de cette bonne volonté par l'approbation de tous les gens de bien, et surtout par le dépit qu'en
éprouva Madame, à qui les rivaux du comte n'épargnèrent
pas les éloges d'une conversion qu'ils espéraient réaliser à
force de la vanter. Le roi lui-même, étourdi du bruit que faisaient à la cour les fêtes données par le comte de Guiche à
l'armée et son rapprochement avec sa femme, voulut lui en
témoigner son contentement. Il venait d'acheter Dunkerque aux Anglais et se disposait à prendre Marsal au duc de
Lorraine.

Le comte de Guiche ravi d'avoir cette occasion de servir glorieusement le roi, et de pouvoir se justifier auprès
de lui des accusations calomniatrices de ses ennemis, lui
prépara à Nancy une entrée triomphale.

Louis XIV, naturellement sensible aux choses pompeuses,
lui en sut fort bon gré, et lui rendit, dès son arrivée, presque toute la faveur dont il l'avait comblé quelques années
avant ; il est vrai, que dans ce retour à leur ancienne amitié, il
entrait de la part du roi une grande curiosité de savoir par
le comte de Guiche ce qui s'était passé entre lui et Madame.

Pour obtenir le plus d'aveux possible, le roi employa ce
moyen rebattu qui sert toujours sans s'user jamais. Il parla
au comte de ses rendez-vous secrets avec Madame, comme
en étant si bien instruit par elle-même qu'il était inutile
de les nier ; et Armand dupe de cette vieille ruse, peut-
être aussi entraîné par le plaisir de retrouver les bonnes
grâces de son royal ami, avoua tout ce qu'il présumait
être connu du roi, en insistant seulement sur l'innocence
de ces entrevues clandestines.

Cet excès de franchise n'eût pas été fatal au comte si, de retour à Paris, le roi avait été plus discret; mais la vanité que mettent les souverains à faire croire qu'à l'exemple de Dieu, tout leur est révélé sur la terre, ne permit pas à Louis XIV de se refuser le plaisir d'intimider Madame, en lui apprenant qu'il avait son secret. La certitude qu'il le devait au comte de Guiche jeta Madame dans une colère si violente contre Armand, qu'elle lui écrivit de ne jamais se présenter devant elle, de ne jamais lui adresser un mot, et lui ordonna de ne pas même prononcer son nom.

Il voulut en vain braver cette défense, et remplit plusieurs lettres de toutes les raisons qui pouvaient l'excuser. Ses lettres lui furent renvoyées sans avoir été lues. Alors, dans l'excès de son désespoir, il voulut fuir pour toujours celle qui le traitait si injustement; il demanda au roi la permission d'aller servir en Pologne; et, comme il ne lui dissimula point la part que Sa Majesté avait dans le parti violent qu'il prenait, le roi ne crut pas devoir s'y opposer.

La prise de possession de Marsal, où il avait couru quelque danger, permettant au comte de Guiche de quitter le commandement de la Lorraine, il s'embarqua pour Dantzig avec le désir fervent d'être englouti dans son passage par quelque tempête implacable comme le ressentiment qui l'animait (1).

(1) Metz, le 4 septembre 1663 :

« Le roi est parti d'ici pour retourner à Paris après avoir visité son armée qui estait en très-bon estat, et prête à faire le siége de Marsal, si le prince ne l'eust prévenu par son accommodement. Sa Majesté fit de grandes caresses à tous les officiers et asseura particulièrement le comte de Guiche de la satisfaction qu'elle avait des services qu'il lui a rendus en qualité de lieutenant général de ses armées, soit pendant le temps que les troupes ont été en garnison en Lorraine, soit dans l'entreprise du siége de Marsal. Aussi le comte pour se mettre en estat de lui en rendre de plus considérables, et de mériter davantage l'estime de Sa Majesté et la manière dont elle l'a traité, l'a supplié d'agréer qu'il allât chercher des sujets de se signaler dans la Pologne. N'y ayant point de guerre à présent plus fameuse que celle qui est entre les Polonais et les Moscovites, contre lesquels Sa Majesté polonaise a résolu de marcher en personne. Ce que Sa Majesté a eu la bonté d'accorder à ses prières, et a trouvé bon que le comte de Louvigny son frère, l'ac-

Que ne pouvait-il voir la pâleur qui couvrit tout à coup le visage de Madame, lorsque le roi, à son retour de Marsal, parla avec une sorte de dépit des instances du comte Guiche pour obtenir de lui la permission d'aller faire la guerre en Pologne.

— Cette étrange résolution me surprend d'autant plus, ajouta le roi, que la conduite du comte à Marsal lui promettait une fort bonne réception à la cour, et qu'il a déjà des blessures assez glorieuses pour n'avoir pas besoin de courir après d'autres. — Mais il en a probablement reçu quelques-unes de celles que l'absence seule guérit, ajouta-t-il en baissant la voix de manière à n'être entendu que de Madame.

Elle ne répondit pas, et le roi, touché de l'émotion qu'elle ne pouvait surmonter, tenta de la calmer en rassurant la princesse sur la nature des confidences qu'il avait extorquées au comte de Guiche.

En apprenant que, loin de se vanter de ses succès auprès d'elle, Armand avait persuadé au roi qu'elle n'était uniquement coupable que de s'être laissée aimer, Madame se reprocha doublement le malheur et l'éloignement du comte de Guiche, et elle ne pensa plus qu'aux moyens de lui faire parvenir quelques consolations.

Pendant ce temps, Armand arrivait à Varsovie, accompagné du comte de Louvigny. Le maréchal de Gramont avait exigé d'Armand qu'il emmenât avec lui son jeune frère, bien moins pour le confier à la garde d'Armand, que pour empêcher celui-ci de se porter à quelque parti extrême; car le maréchal savait que la certitude d'être nécessaire à un être aimé donne seule le courage de surmonter de grands chagrins.

Le roi de Pologne, Jean Casimir (1), se trouvait alors

compagnât en ce voyage. Le maréchal de Gramont leur père, ayant désiré qu'il suivît le comte de Guiche pour l'instruire dans le métier de la guerre, et se rendre ainsi plus capable de servir son prince.

(Gazette de 1663, p. 869).

(1) Jean Casimir, jésuite, puis cardinal, puis roi, épousa la veuve de son frère, s'ennuya de régner en Pologne, la quitta en 1670 pour venir se retirer à Paris à l'abbaye de Saint-Germain des Prés, et mourut en 1672.

à Osuwka, où ses troupes étaient rassemblées, avant de tenter l'assaut d'une ville rebelle.

Le prince Démétrius fut envoyé par la reine au-devant du comte de Guiche et de son frère. Elle s'apprêtait à leur donner une fête admirable ; mais le comte, impatient de prendre part aux brillants exploits du roi de Pologne, et surtout à la grande bataille qu'il se disposait à livrer prochainement aux Moscovites, supplia la reine de vouloir bien permettre, à lui et à son frère, de se rendre sans délai à l'armée. Ils y arrivèrent au moment où le général Czarneski commençait le siége de Glutowka, sans prendre l'avis du roi, qui, prévoyant les périls de ce siége, aurait préféré marcher droit en Moscovie ; cependant sa prudence le détermina à venir seconder Czarneski.

Après deux assauts assez malheureux, où les comtes de Guiche et de Louvigny firent des prodiges de valeur en combattant, non-seulement comme simples capitaines, mais comme soldats (1) ; le roi tint conseil et invita le comte à en faire partie ; là on décida de rejoindre incontinent l'armée de Lithuanie pour livrer aux ennemis un combat décisif.

XLII

Le roi Casimir, heureux de posséder dans son armée un général aussi distingué que le comte de Guiche, cherchait tous les moyens de l'y retenir, en le comblant d'honneurs et de preuves de sa reconnaissance ; il lui avait fait dresser une tente à côté de la sienne, il avait exigé qu'il partageât sa table comme ses dangers, et le traitait en frère d'armes.

Cette existence agitée, sans distraire complétement Armand de sa douleur, lui donnait la force de la supporter ; il était, d'ailleurs, très-calmé par l'idée qu'à force de s'exposer il devait recevoir une blessure mortelle.

Il désirait laisser avant cette fin inévitable, une justification de sa conduite envers Madame, et, dès que le roi de

____

(1) Relations de la guerre de Pológne : *Gazette* de 1664, 15 mars.

Pologne lui laissait un moment de libre, il venait s'enfermer dans sa tente et écrire son plaidoyer posthume. Parfois il l'interrompait pour faire à Louis XIV le récit des événements de la guerre de Pologne, relation que le roi encourageait par des lettres dont nous ne citerons que celle-ci :

AU COMTE DE GUICHE.

« Monsieur le comte de Guiche, j'ai été bien aise de voir par votre lettre le soin que vous avez eu de faire mes compliments à la reine de Pologne, et la manière dont elle les a reçus qui ne pouvait être plus obligeante.

» Le sieur de Lionne m'a rendu compte aussi de ce que vous me marquez du détail des affaires de ce pays-là, outre les nouvelles générales que vous m'en avez écrites. Cette ponctualité à m'informer ainsi de l'état des choses me sera toujours fort agréable, et particulièrement quand vous serez à l'armée. Ne manquez donc pas alors de me faire savoir exactement tout ce qui se passera, et croyez que votre absence ne saurait diminuer l'affection que j'ai pour vous.

Paris, 7 décembre 1663 (1).
Louis. »

La veille du jour où le roi de Pologne devait passer la rivière de la Desna, qui séparait les deux armées, le comte trouva en rentrant chez lui un paquet cacheté portant ces mots :

« A monsieur le comte de Guiche, à l'armée de Sa Majesté le roi de Pologne. »

Avant de rompre les trois cachets sans armes, sans chiffres qui fermaient la grosse enveloppe, Armand crut prudent de s'enquérier de la personne qui l'avait apportée. Etienne fut appelé.

— Qui t'a remis cela? demanda le comte?

— C'est le valet de chambre du comte de Brion.

— Mais je ne connais pas son maître.

— C'est possible, mais lui a l'honneur de connaître monsieur le comte; car il a bien recommandé que ce paquet ne fût remis qu'à moi, Etienne homme de confiance de M. le

---

(1) OEuvres de Louis XIV, t. V, p. 160.

comte de Guiche ; le valet de chambre, que j'ai fait jaser,
m'a appris que son maître avait dit un beau matin

» — Et moi aussi je veux aller faire la guerre en Pologne.
Le comte de Guiche a raison, il vaut mieux se battre contre
les Tartares que de batailler ici nuit et jour contre des
ennemis plus traîtres et plus dangereux. »

Là-dessus, il est parti, ajoute Etienne, après avoir donné
un bon souper d'adieu à tous ses amis. Une heure après
ce souper, qui a fait beaucoup de bruit, une personne mas-
quée est venue apporter à M. de Brion ce paquet, en lui
affirmant sur l'honneur qu'il ne renfermait rien qui pût le
compromettre, et que vous seriez très-reconnaissant de sa
complaisance à vous le porter.

— Ah ! c'est de ma mère, sans doute, s'écria le comte
en faisant sauter les cachets. Puis il fit un cri involontaire,
et cacha aussitôt le contenu de l'enveloppe sous sa veste.

— Oui... ajouta-t-il d'une voix altérée... c'est ma mère
qui m'envoie un souvenir.

Etienne comprit, à l'émotion de son maître, qu'il devait
le laisser seul, et il sortit.

Alors Armand se jeta à genoux comme pour remercier le
ciel d'un bienfait inespéré.

Les yeux brillants de joie et de larmes, il se livra à des
transports insensés ; bénissant tout haut la divinité qui lui
rendait la vie, il couvrait de baisers l'objet de ce délire,
lorsque son frère entra dans la chambre, malgré tous les
efforts d'Etienne pour l'empêcher de venir troubler son
maitre.

— Mon frère, dit M de Louvigny, c'est le roi qui m'envoie vous prévenir que, dans une heure, il se met en
marche, à la tête de son armée, pour surprendre les généraux russes cantonnés avec 25,000 hommes dans les bois
qui bordent la Desna, et vous invite à venir conférer avec
lui sur le plan d'attaque qu'il médite.

— J'y cours, répondit vivement le comte, en embrassant
son frère, comme s'il venait lui annoncer la nouvelle la
plus désirée. Ah ! cher ami, la belle occasion de nous signaler ! ajouta-t-il en prenant son épée et son chapeau.
Quel bonheur de faire payer à ces ours de Cosaques toutes
les injustices de nos barbares de cour ! de répondre aux
calomnies par autant de victoires ! Oui, je défie tout main-

tenant, la méchanceté, la mort; j'ai retrouvé l'amour de la vie, le courage pour la défendre, la confiance qui triomphe du péril. Viens. Suis-moi au combat, et tu verras ce que je vaux quand on m'aime.

Le jeune de Louvigny, sans rien concevoir à l'accès de joie et de chevalerie qui prenait à son frère, se réjouit de le voir sorti de son état de découragement, et ne chercha pas à deviner la cause de cette prompte résurrection.

Nos lecteurs, plus expérimentés que lui, ont déjà pressenti que *Madame Henriette* avait seule le pouvoir d'agir ainsi sur la disposition et le caractère du comte de Guiche, et nous ne les surprendrons pas en leur disant que ce paquet cacheté contenait l'étui d'un portrait en miniature peint par le célèbre Petitot, et d'une ressemblance si parfaite qu'Armand en avait été saisi comme d'une apparition.

Ce portrait, où la beauté de Madame s'augmentait encore par une expression langoureuse qu'Armand pouvait traduire à son gré, était accompagné de ce peu de mots :

« Voilà ce qu'on me charge de vous faire parvenir, en vous ordonnant de ne pas risquer si follement une existence plus chère que vous ne pensez. »

Malgré les soins pris pour déguiser l'écriture, Armand reconnut celle de mademoiselle de Montalais, et il ne douta plus de son bonheur. Il supposa tous les incidents qui avaient pu amener sa justification près de Madame, et la pensée que la trahison de son ami était sans doute dévoilée, attrista un moment sa joie; il sentait que la perte d'une illusion en amitié a cela de cruel qu'elle n'en permet plus d'autre.

Le roi de Pologne tenait conseil, où son avis était combattu par ses vieux généraux, lorsqu'Armand se rendit à ses ordres. Il s'agissait de mettre à profit le froid subit qui venait de glacer les eaux de la Desna, pour la passer en pleine nuit et aller surprendre l'ennemi campé dans la forêt. La tentative était hardie, périlleuse, et les sages de l'armée prétendaient qu'elle offrait de sûrs dangers et un succès fort incertain. Le roi, tout en approuvant leurs raisons, attendait avec impatience que le comte de Guiche vînt l'aider à les combattre, ou plutôt l'encourager à passer outre. Il ne douta pas que l'expédition ne fût de son goût.

En effet l'idée de s'aventurer sur la glace à la pâle lueur des étoiles, par un froid de quatorze degrés, pour aller se réchauffer en sabrant des Kalmouks, souriait trop à l'imagination d'Armand pour qu'il ne soutînt pas ce projet avec toute l'éloquence de sa bravoure. Sa poésie belliqueuse l'emporta sur les observations de la prudence. Les ordres furent donnés sans délai, et l'armée se mit en marche dans le plus profond silence.

L'obscurité ne permettant pas au comte de Guiche de contempler furtivement le portrait qui reposait sur son cœur; il y portait sa main de temps en temps comme pour s'assurer de sa présence et pour redoubler son courage à défendre un trésor si précieux.

Les craintes des vieux guerriers se réalisèrent; la température se radoucit tout à coup, un dégel subit fondit la glace, et un grand nombre d'officiers et de soldats furent engloutis dans la Desna. Il fallut renoncer à effectuer le passage de l'armée autrement que sur un pont bâti à la hâte, mais qui permit au roi Casimir de poursuivre son expédition.

Alors l'avant-garde des Moscovites donna sur la cavalerie polonaise, qui la repoussa vigoureusement. Il s'ensuivit une affaire très-chaude, où l'avantage resta aux Polonais.

Dans ce combat, où le comte de Guiche se montra le digne soutien de l'héroïsme français, il ne fut pas moins heureux que brave, car il dut la vie à ce portrait qui la lui avait rendue chère. Une balle vint le frapper juste sur la boîte assez épaisse qui renfermait la peinture suspendue à son cou par une chaîne d'or. Cette boîte, posée sur son cœur, lui servit de bouclier; le coup de la balle s'amortit en brisant le dessus du médaillon, et le portrait ne fut pas atteint.

Cet événement pourrait passer pour un de ces lieux communs fabuleux, imaginés trop souvent par les romanciers, si madame de Lafayette ne l'avait constaté dans ses Mémoires, comme un miracle fait par l'Amour en faveur de la Gloire (1).

Encouragé par des succès si multipliés, le roi de Pologne

(1) Le comte de Guiche s'exposa à de grands périls dans la guerre contre les Moscovites, et y reçut même un coup dans l'estomac qui l'eût tué sans doute sans un portrait de Madame qu'il portait dans une forte boîte, qui reçut le coup et qui fut toute brisée. (Œuvres de madame de Lafayette, histoire de madame Henriette, t. III, p. 148.

résolut de se rendre à Mohiloff, pour y terminer la campagne par un coup d'éclat; mais il s'embarqua dans de si mauvais chemins, et par un temps si effroyable, que ses troupes et sa suite en souffrirent horriblement; plusieurs soldats y périrent, et la plupart des bagages y restèrent : ce qui fit répandre le bruit de la défaite de l'armée polonaise, et du massacre de ses principaux officiers.

Ce bruit, qui devait être bientôt démenti par une victoire, arriva jusqu'à Paris, où l'on s'occupait beaucoup de la guerre du Nord. Cette nouvelle fut donnée un soir à Saint-Germain, au souper du roi. Pour la rendre plus dramatique, Monsieur imagina d'y ajouter qu'après avoir fait des prodiges de valeur dans cette malheureuse affaire, le comte de Guiche avait été blessé mortellement.

A ces mots, Madame fut saisie d'une émotion insurmontable dont le roi eut pitié; il se leva de table pour laisser à la princesse la faculté de se retirer dans son appartement.

En traversant la galerie, elle rencontra le marquis de Wardes, et lui dit d'une voix étouffée par les larmes :

— Je vois bien que j'aime le comte de Guiche plus que je ne le crois (1).

Cet aveu, échappé à une douleur que la mort sanctifiait, M. de Wardes voulut s'en faire un droit pour intimider Madame, et obtenir d'elle d'écouter son amour; mais la princesse, indignée de tant d'audace, lui ordonna de ne jamais lui parler de sentiments qui l'offensaient, sous peine de les faire connaître à M. de Guiche, ainsi que toutes les perfidies dont ils avaient été le prétexte.

A l'effroi que témoigna le marquis, aux instances qu'il fit pour qu'elle ne le dénonçât point à Armand, la princesse devina que la nouvelle de la blessure pouvait n'être pas exacte.

— Votre conduite est inexcusable, ajouta la princesse, et pourtant je jure de la pardonner si vous me dites la vérité. Vous étiez chez le comte de Brienne lorsqu'il a reçu les dépêches de Varsovie. Est-il vrai que le comte de Guiche soit blessé?...

Elle ne put articuler *mortellement;* son regard voilé de pleurs acheva la question.

(1) **Mémoires de madame de Lafayette, p. 148.**

— Les lettres que j'ai lues ne font mention que des exploits du comte, Madame.

— Dois-je vous croire!

— Je l'affirme à Votre Altesse, sur tout ce qu'il y a de plus sacré... sur son pardon.

Madame, heureuse de croire à ces paroles, quitta le marquis en lui souriant avec indulgence. Après s'être remise des émotions si différentes qu'elle venait d'éprouver, elle retourna chez le roi, où elle confondit l'intelligence de tous ceux qui s'y trouvaient par sa gaieté franche et soutenue. En voyant sa belle-sœur si naturellement calme, le roi dit à voix basse à mademoiselle de la Vallière :

— La coquetterie n'a pas de longs désespoirs.

Monsieur se dit à lui-même :

— J'ai bien fait de tuer tout de suite ce beau vainqueur, c'était un moyen sûr pour qu'elle n'y pensât plus.

Pendant ce temps, mademoiselle de la Vallière, mieux initiée dans les mystères d'un cœur de femme, pensait qu'en rentrant chez elle, la princesse avait trouvé sur sa table une lettre du comte de Guiche.

Elle seule approchait de la vérité, tant le véritable amour est savant dans l'art de reconnaître la nature et la cause des impressions d'une âme tendre.

XLIV

Les victoires du roi de Pologne empêchaient Louis XIV de dormir et redoublaient son désir de conquêtes; il lui était désagréable de voir le nom d'un de ses meilleurs officiers à la tête de ceux mentionnés le plus honorablement dans chaque relation de batailles livrées aux Moscovites; et, malgré tout ce qu'il y avait de glorieux pour le nom français dans les éloges donnés à la bravoure du comte de Guiche, le roi pensa qu'il ne pouvait laisser plus longtemps au service de l'étranger un homme si digne de conduire sa propre armée, et il dit à Monsieur :

— J'ai satisfait à votre volonté, mon frère, tant qu'elle n'a été funeste qu'à ce pauvre comte de Guiche; mais aujourd'hui qu'elle priverait la France d'un appui nécessaire, d'un de ces génies guerriers dont l'audace entraîne le succès, je ne puis consentir à prêter plus longtemps à Jean Casimir un bras qui m'appartient. Le maréchal de Gramont vient de recevoir l'ordre de rappeler son fils.

— Quoi! s'écria Monsieur, le comte de Guiche va reparaître à la cour! C'est impossible. Que Votre Majesté le rappelle à l'armée... soit... mais...

— Vous oubliez donc, reprit le roi, qu'il n'a passé au service de la Pologne que parce qu'on l'éloignait de la cour : il ne reviendra qu'à la condition d'y être reçu. Mais s'il vous est pénible de le savoir près de Madame, rien n'est si facile que de lui faire promettre de n'avoir aucun rapport avec elle, et de fuir même tous les lieux où elle se trouvera. Je me charge de ce soin, et je compte sur votre bon esprit pour garder à ce sujet toute la mesure convenable.

Monsieur s'inclina en signe d'obéissance, mais sans que son air dissimulât la mauvaise humeur que lui causait le rappel du comte de Guiche.

Les courtisans, ces fins lecteurs des physionomies des princes, devinèrent à celle de Monsieur le prochain retour de son rival. La comtesse de Soissons, la plus intéressée à le savoir pour en effrayer M. de Wardes, fut la première à lui dire :

— Armand va revenir.

— Qui vous l'a dit, madame?

— L'air soucieux du prince; voyez comme il pince les lèvres en parlant au chevalier de Lorraine; je parie qu'il lui raconte à quel point ce retour le dépite; je suis si sûre de deviner juste que j'en veux faire ma cour à Madame.

Alors la comtesse quitta le salon de la reine pour se rendre au Palais-Royal, où la princesse était retenue sur son canapé par suite d'une indisposition.

Elle seule ne voulut pas croire à la nouvelle qu'apportait la comtesse de Soissons. La crainte d'un espoir déçu rend le cœur incrédule... Mais elle était certaine de lire la vérité dans les yeux du maréchal de Gramont, et lorsqu'il vint chez elle avec Monsieur s'informer de l'état de la santé de son Altesse Royale, la joie de l'un et la tristesse de l'autre ne lui laissèrent aucune incertitude.

La lettre du maréchal de Gramont trouva le comte de

Guiche au moment où il revenait à Varsovie, pendant que le roi traitait de la paix avec les insurgés de l'Ukraine et d'un armistice avec les Moscovites. A peine prit-il le temps d'aller prendre congé de la reine de Pologne, de lui montrer l'ordre de Louis XIV qui le rappelait en France, et d'ordonner à Etienne les préparatifs de son départ. Il se mit en route la nuit même et arriva à Paris, accablé sous le poids de ses fatigues et de son bonheur.

Après les doux embrassements de famille, la duchesse de Gramont essaya de modérer le délire joyeux d'Armand, en lui disant à quel prix son rappel était accordé, mais la défense de ne jamais parler à Madame et la recommandation de ne se trouver avec elle que dans les grandes solennités de la cour, ne parurent pas faire la moindre peine au comte de Guiche. Il savait tout ce que ces sortes de contrariétés ajoutent de piquant à l'amour, et l'idée de rester immobile et muet en revoyant Madame, n'était pas sans charme pour lui.

— Si je l'intéresse, pensait-il, elle entendra les battements de mon cœur; elle sentira, sous cette attitude glacée, le feu qui circule dans mes veines; elle me saura gré de mon courage à vaincre ce besoin d'aller me jeter à ses pieds; d'aller lui répéter tous les serments d'un amour dont l'ingratitude, l'injustice, la persécution, l'absence, rien n'a pu triompher.

La cour était alors à Versailles, séjour cher au roi par les premiers aveux qu'il y avait obtenus de mademoiselle de la Vallière, et qu'il chérissait de préférence aux autres pour y donner des fêtes particulièrement dédiées à cette aimable favorite.

Armand accompagna son père au lever du roi. A l'accueil empressé qu'il reçut des seigneurs et gentilshommes réunis dans le salon appelé depuis l'*Œil-de-Bœuf*, il pressentit celui qui l'attendait dans la chambre à coucher. En effet, le roi témoigna un sincère plaisir à le revoir, et l'invita, avec une grâce qui voulait être remarquée, à la comédie qu'on jouerait le soir même dans la grande salle du château. C'était le *Triomphe d'Othon*, et Pierre Corneille devait en diriger en personne la représentation.

L'idée que Madame assisterait à cette fête transporta le comte d'un espoir si délirant qu'il lui fournit les expressions les plus heureuses pour remercier le roi. La ferveur de sa reconnaissance en aurait sans doute trahi la véritable cause, si l'arrivée de Monsieur n'avait interrompu l'éloquence d'Armand. Sa présence ne parut pas surprendre le prince, mais il répondit au salut respectueux du comte par un salut très-digne, et ne lui adressa point la parole, procédé peu obligeant après une si longue absence.

Armand se retira enchanté de voir que les sentiments du prince à son égard n'avaient rien perdu de leur malveillance.

La maréchale de Gramont voulait expédier un courrier à la comtesse de Guiche, qui était à la campagne chez le duc de Sully, son frère, pour la prévenir du retour de son mari. Armand la conjura de n'en rien faire, en prétextant le plaisir qu'il aurait le lendemain à aller surprendre la comtesse au milieu de sa famille; mais ravi, dans le fond de son âme, de n'avoir pont à mêler les ennuis d'une froide conjugalité à toutes les agitations d'un amour insensé.

Toute la cour attendait dans la grande galerie que le roi descendît de chez mademoiselle de la Vallière pour entrer dans la salle de spectacle, lorsque le comte de Guiche, moins paré que de coutume, se glissa à la suite de son père parmi les amis du maréchal. Tous vinrent s'informer avec intérêt de ses nouvelles; car le coup qui avait été amorti si miraculeusement, n'en avait pas moins déchiré sa poitrine, et l'on savait qu'il en souffrirait longtemps. Mais Armand, dédaigneux de tous les effets vulgaires, affirmait qu'il était parfaitement guéri, et s'épargnait ainsi de répondre à tous les témoignages d'un intérêt peu sincère.

En le voyant si simplement vêtu, si humble, si soigneux de s'effacer derrière les jeunes seigneurs, qui se ruinaient la plupart pour imiter sa magnificence, on présuma que, découragé par tant de disgrâces, injustes ou méritées, il renonçait à l'honneur de plaire à une princesse du sang.

Cependant tous les regards se fixèrent sur lui au moment où le roi et la famille royale passèrent par la galerie pour se rendre au théâtre. Armand, prévoyant cette curiosité maligne, et se méfiant de ses moyens de la déconcerter, s'était tenu à l'écart et avait évité d'être aperçu par Madame.

Cette conduite réservée fut remarquée du roi, il la crut l'effet de sa recommandation, et en fit l'éloge à Monsieur, voulant le rassurer de nouveau sur ce qu'il pouvait craindre du retour d'Armand. Quelques mots de leur conversation surpris par Madame, la réveillèrent de la langueur où elle s'abandonnait depuis que nulle présence désirée n'animait plus à ses yeux les fêtes de la cour.

Mademoiselle de Montalais lui avait bien fait passer, par un avis secret, la nouvelle du rappel de M. de Guiche, mais sans préciser l'instant de son retour. Il pouvait être d'une expédition qui ne lui permît pas de quitter sur-le-champ l'armée de Pologne, et malgré l'impatience qu'elle lui supposait, la princesse ne l'attendait pas si tôt; cependant son apparition au lever du roi avait déjà fait grand bruit à Versailles, mais qui que ce soit n'avait osé en parler à Madame.

Elle devina la présence du comte dans la salle de spectacle au trouble qui la saisit, et peut-être aussi à l'agitation curieuse des gens qui l'entouraient. Elle porta aussitôt ses yeux sur le maréchal de Gramont, aperçut Armand auprès de lui, et sa respiration s'arrêta; elle faillit s'évanouir; mais toute à la volonté de surmonter son émotion, Madame resta constamment les yeux baissés, ne voulant rien regarder, puisqu'elle était contrainte à détourner ses regards de celui qu'elle n'avait pu apercevoir sans en frémir de joie.

— Elle m'a vu, pensa le comte de Guiche, lorsque le roi s'étant levé pendant un entr'acte, les spectateurs restèrent debout et tournés vers la cour; mais son attitude m'apprend celle que je dois garder; et, baissant les yeux, ainsi que la princesse, Armand se jura de ne les plus porter sur elle, et s'abandonna à la plus délicieuse rêverie.

Jamais son imagination, enivrée du bonheur de sentir là, près de lui, la femme qu'il adorait, de la supposer en proie aux mêmes émotions, aux mêmes craintes, à la même espérance, ne s'était tant rapprochée des régions célestes. Ce monde, cette cour brillante, cet éclat dont les plus sages se montraient éblouis, disparaissaient sous la pensée d'Armand, sous ses rêves magiques, tant les magnificences de la terre sont loin d'égaler celles du ciel, tant le luxe du positif est pauvre en comparaison des richesses de l'espoir!

Ainsi se passa ce moment tant désiré, cette soirée si intéressante pour les curieux, si amusante pour les indifférents, si solennelle pour les deux seules personnes qui ne prirent aucune part à la fête et qui n'échangèrent pas même un regard pendant cette longue représentation. Chacun en revint plus ou moins abusé sur ce qu'il avait vu. Madame et le comte de Guiche seuls en rapportèrent une idée douce, vraie : celle d'être profondément aimé.

XLV

Le marquis de Wardes, justement effrayé du ressentiment que lui conservait le comte de Guiche, imagina de s'y soustraire en lui suscitant des tracasseries si multipliées qu'il n'aurait pas le temps de penser à sa vengeance. D'abord il fit savoir au roi, par la comtesse de Soissons, que l'absence, loin d'avoir éteint l'amour, en avait redoublé le délire ; que Madame recevait chaque jour une lettre de lui, où il se dédommageait du chagrin de ne pas la voir par le plaisir de lui peindre tout ce qu'elle lui inspirait ; qu'indépendamment de plusieurs réponses à ces lettres, Armand possédait de plus un portrait de Madame qu'il se vantait de tenir d'elle.

C'était une indiscrétion d'Étienne, qui avait mis de Wardes au courant de ces détails ; il avait raconté à son camarade Siméon comment son maître avait échappé à la balle qui devait le tuer par le secours d'un portrait de femme, et ce fait redit à M. de Wardes lui avait fait deviner sans peine quel était l'original du portrait.

Le soir même de cette dénonciation, madame de Soissons en faisait une autre aussi mensongère à Madame, en lui affirmant que le comte de Guiche, las des obstacles sans cesse renaissants qui s'opposaient à son bonheur près d'elle, venait de s'établir amoureux de mademoiselle de Grancey, et que toute la cour se scandalisait des soins qu'il lui rendait.

L'avis était d'autant plus perfide que la conduite d'Armand y donnait quelque apparence de vérité. Le malheureux, surveillé par les espions de Monsieur, cherchait à les dérouter en affichant une inclination très-vive pour mademoiselle de Grancey, dont Monsieur paraissait s'occuper très-tendrement. En l'inquiétant de ce côté, il espérait le rassurer de l'autre et se ménager ainsi l'occasion de voir au moins une fois Madame ; mais la jalousie de la princesse faillit amener un éclat horrible dont le hasard seul les sauva.

La duchesse de Saint-Chaumont, la tante du comte de Guiche, avait été nommée gouvernante des enfants de Monsieur.

La princesse de Monaco, la sœur d'Armand, conservait sa faveur auprès de Madame, et il espérait profiter de la présence de sa famille au Palais-Royal pour s'y introduire secrètement, lorsque madame de Monaco le détourna de ce projet en lui répétant l'ordre qu'avait reçu leur tante de ne pas le recevoir au palais; elle lui apprit en même temps la cause de la colère de Madame. Ne sachant comment la tirer de son erreur, le comte de Guiche méditait les projets les plus extravagants pour arriver jusqu'à elle, lorsque Madame eut la fantaisie d'aller avec Monsieur, et tous deux masqués, au bal que devait donner la marquise de la Viéville. C'était une personne attachée à leur maison, qui voyait très-bonne compagnie, mais qui n'aurait pas osé se flatter de l'honneur de recevoir Leurs Altesses Royales.

Madame, désirant n'être pas reconnue, avait fait habiller magnifiquement les dames de sa suite, tandis qu'elle et le prince, vêtus en simple cape (1), arriveraient chez la marquise dans un carrosse emprunté.

Ils trouvèrent à la porte une troupe de masques. Monsieur leur proposa sans les connaître, de s'associer à eux, et en prit un par la main; Madame en fit autant. Mais quelle fut sa surprise en sentant la main estropiée du comte de Guiche presser la sienne, car il avait reconnu l'odeur des sachets dont les gants de Madame étaient parfumés, et le cri qui lui était échappé en la devinant avait retenti au cœur de la princesse.

Dans le récit charmant de cette aventure, fait par madame de Lafayette, ils étaient, dit-elle, l'un et l'autre si troublés, qu'ils montèrent l'escalier sans se rien dire; enfin le comte de Guiche ayant vu s'éloigner Monsieur de l'endroit où Madame s'était réfugiée pour échapper à la foule des masques, se précipita à ses genoux, protesta de son innocence, et trouva dans son amour tant de paroles persuasives, qu'il se justifia pleinement, et eut la joie d'apprendre tout le prix qu'on attachait à sa constance.

(1) Ce qu'on appelle de nos jours un domino.

Après les premiers moments d'explications, suivit la peinture des ennuis subis dans l'absence. L'entretien se prolongeait indéfiniment. Monsieur, étonné de sa durée, le fit cesser en appelant Madame; elle courut vers lui, et Armand ne voulant rien entendre après le son de cette voix chérie, s'empressa de sortir du bal; mais le hasard qui l'avait conduit dans cette maison le retint assez longtemps au bas de l'escalier à attendre son carrosse.

Madame, que son mari accablait de questions embarrassantes sur le masque qui lui avait parlé si longtemps, parut en cet instant en haut de l'escalier; dans le trouble où elle était, le pied lui manqua, et elle roulait de degré en degré, lorsque le comte de Guiche se précipita pour la retenir, et l'empêcha de se tuer.

Il y a des moments dans la vie d'un homme malheureux qui acquittent le sort envers lui. Pendant qu'Armand serrait sur son sein la princesse, plus effrayée que souffrante de sa chute, Monsieur se confondait en remerciments envers le masque sauveur, sans soupçonner qu'on riait de sa reconnaissance (1).

Le marquis de Wardes fut le premier à remarquer le changement qui s'opéra tout à coup chez Madame : le retour de la sérénité sur ce charmant visage, de ce feu doux et scintillant dont le regard s'anime quand le cœur est satisfait, de cet air à la fois craintif et confiant qui trahit une joie secrète, ces indices ne laissèrent aucun doute dans l'esprit de M. de Wardes.

— Ils se sont expliqués, réconciliés, pensa-t-il, et c'est moi qu'ils vont immoler en l'honneur de ce beau raccommodement.

Dans le dépit que son amour dédaigné conçut à l'idée du bonheur de son rival, M. de Wardes se laissa aller aux propos les plus injurieux contre Madame, tel que celui-ci : Le chevalier de Lorraine, amoureux d'une fille d'honneur de la princesse, nommée mademoiselle de Fiennes, se plaignait de sa rigueur.

— Vous auriez bien mieux fait de vous adresser à sa maîtresse, dit M. de Wardes.

Le comte de Gramont, qui se trouvait là, répéta le mot

____

(1) Madame de Lafayette, t. 3, p. 164.

au marquis de Villeroy : tous deux en firent la confidence à
Madame. Elle demanda au roi de la venger de l'insulte de
M. de Wardes, et il fut envoyé à la Bastille.

La comtesse de Soissons, également courroucée de se
voir enlever l'homme qu'elle aimait, soit par les bonnes
grâces de la princesse Henriette, soit par les actes de son
ressentiment, tenta de persuader au roi que la disgrâce de
M. de Wardes était un sacrifice fait par Madame à l'amour
du comte de Guiche. Cette calomnie, jointe à plusieurs
autres, sans justifier le marquis, rendit au roi toute sa colère contre Armand. Il vint se plaindre de lui à sa belle-
sœur; et, comme il menaçait de le punir d'une foule de
crimes dont le comte était faussement soupçonné, Madame,
entraînée par le désir de calmer le roi et le convaincre
par l'accent de la vérité, lui avoua la part qu'elle avait
forcé Armand de prendre à la lettre espagnole, dictée par
la comtesse de Soissons, remise par M. de Wardes; et, sans
s'apercevoir qu'en voulant atténuer les torts du comte de
Guiche, elle livrait ses complices à la fureur du roi, elle
s'accusa encore plus qu'eux pour se laver à ses propres
yeux d'une révélation si coupable.

Mais la princesse demanda en vain grâce pour Armand.
Le roi la quitta sans vouloir rien lui promettre.

Dès qu'elle fut seule, le regret d'avoir cédé à la curiosité, aux instances du roi, la terreur des suites de ses
aveux s'empara d'elle; désolée de la peine qu'allait en
éprouver le maréchal de Gramont, elle le fait appeler; tous
deux décident que le plus sûr moyen d'apaiser la colère
du roi est d'aller l'affronter en lui confirmant ce qu'il
savait par Madame.

Le comte de Guiche, toujours prêt à une action loyale,
si dangereuse qu'elle fût, n'hésita pas à se rendre chez le
roi pour y confesser ses torts et en venir chercher le châtiment.

L'amour seul devait l'avoir porté à une conduite aussi
blâmable; le roi savait mieux que personne jusqu'où peut
conduire cette passion impérieuse. Il se laissa un moment
désarmer par la franchise d'Armand, par sa noble résignation à supporter une punition méritée, par son courage à
venir la réclamer; il lui promit de l'indulgence ; mais ne
pouvant frapper ses complices sans l'atteindre, il chassa de

la cour la comtesse de Soissons, condamna M. de Wardes
à être enfermé dans la citadelle de Montpellier, et signa le
troisième exil qui devait envoyer le comte de Guiche en
Hollande.

XLVI

Dans une histoire composée à plaisir, l'auteur se garde
bien de retomber dans les mêmes événements, dus aux
mêmes causes ; mais dans la peinture vraie de l'existence
d'un homme dont les vertus et les défauts ramenaient souvent les mêmes succès et les mêmes disgrâces, on doit tolérer ce rabâchage du sort en se rappelant combien de fois
le malheur se recommence pour ceux dont l'esprit et les
agréments l'attirent, et puis l'histoire est là pour consta-
ter l'amour du comte de Guiche et les quatre exils qu'il
subit pour y rester fidèle.

Armand avait mieux espéré de sa démarche auprès du
roi, et quand son père vint lui apprendre à quel sort l'indulgence royale le condamnait de nouveau, son désespoir
fut tel qu'il en tomba gravement malade.

Cependant le maréchal ne cessait de lui répéter qu'en
lui donnant le commandement d'une partie des troupes
que le roi envoyait au secours de la Hollande, pour l'aider
à repousser les Anglais, cette mission honorable devait
être regardée comme une faveur ; Armand s'obstinait à
l'appeler un exil ; peu lui importait qu'on enviât son malheur ; il en savait la cause ; et les grades, les honneurs
dont on le couvrait ne lui en cachaient pas l'étendue.

Madame, inquiète de l'état du comte de Guiche, s'en faisait donner des nouvelles chaque jour par la comtesse de
Gramont (1). Dès qu'elle le sut en convalescence, elle le
fit conjurer de partir sans chercher à lui dire adieu. Mais
c'était trop exiger de sa prudence.

Les affaires de la Hollande contre l'Angleterre occupaient
alors toute l'Europe ; on savait que les flottes réunies près

____

(1) La fille du duc d'Hamilton.

de l'embouchure de la Tamise se disposaient à un combat général, et M. de Guiche voulait arriver à temps pour rejoindre l'escadre de l'amiral Ruyter avant l'attaque. Mais s'éloigner, peut-être pour jamais, de Madame, sans la voir une dernière fois, était un sacrifice impossible.

Armand commande un habit de livrée semblable à ceux des gens de mademoiselle de la Vallière ; et, comme Madame se faisait porter le soir, dans sa chaise, au Louvre, où la reine-mère se mourait, il accompagne la chaise à porteurs, une lettre à la main. La princesse le reconnaît, redoute quelque folie de sa part, et fait signe qu'on le laisse approcher.

Elle prend la lettre, qu'il est censé lui remettre de la part de la favorite ; elle le gronde d'abord de son imprudence, puis elle l'en récompense par les mots les plus doux, l'adieu le plus tendre. Mais au moment où les porteurs, arrivés près du Louvre, vont entrer sous le péristyle, au moment qui va séparer pour jamais Armand de Madame, le malheureux, encore dévoré par la fièvre, ne peut résister aux déchirements de son cœur : les larmes l'étouffent, le désespoir l'aveugle ; il tombe inanimé au milieu d'une troupe de laquais qui le croient ivre.

En vain, la princesse ordonne qu'on le secoure. Son écuyer lui répond en souriant que ce bel ivrogne ne mérite pas l'intérêt de son Altesse, et elle est contrainte à laisser le comte de Guiche, au hasard d'être reconnu, foulé aux pieds et mourant faute de secours.

Dans cette anxiété, elle entra chez la reine-mère respirant à peine ; mais on mit son trouble et sa pâleur sur le compte de l'état désespéré où se trouvait Anne d'Autriche, qui succomba le surlendemain à la suite de la plus cruelle maladie.

Armand restait inanimé sur le pavé du Louvre, et livré aux plaisanteries grossières des laquais de la porte, lorsqu'un homme couvert d'un grand manteau fit signe à deux bourgeois qui traversaient la cour de l'aider à relever ce malheureux et à le déposer au cabaret voisin. Là, ayant fait avancer deux portefaix, ils mirent le comte sur une civière et le ramenèrent à l'hôtel de Gramont.

— O mon Dieu ! je vous rends grâces de m'avoir donné l'idée de le suivre ! s'écrie Etienne en ôtant son manteau, que serait-il devenu sans moi ?

Et voyant que son maître se ranimait, il lui raconta comment il l'avait secouru. Etienne s'attendait à quelque remercîment, et fut très étonné d'entendre le comte dire :

— Ah! mon brave Etienne, il faut que je t'aime bien pour te pardonner de m'avoir joué ce mauvais tour! m'empêcher de mourir là... sous ses yeux!... Ah! que de fois je te reprocherai de m'avoir sauvé une vie que j'abhorre !... Mais la guerre va m'en délivrer, j'espère, ajouta-t-il en se relevant avec énergie. Va tout disposer pour que nous arrivions avant que l'amiral Ruyter ait donné le signal, et que je puisse prendre ma part des boulets et des balles que les Anglais vont faire pleuvoir sur sa flotte.

Le comte de Guiche n'attendit pas son rétablissement pour rejoindre le prince de Monaco, son beau-frère, qui était déjà près du Texel, où l'amiral Ruyter faisait des vœux pour qu'un vent favorable lui permît de mettre à la voile.

Il venait de faire lever l'ancre, lorsqu'Armand et le prince de Monaco arrivèrent sur le rivage; il leur fallut monter dans une barque pour gagner le vaisseau du sieur Trélon, l'un des plus beaux de la flotte hollandaise.

Une tempête affreuse vint retarder l'heure de l'attaque, la foudre tomba sur le mât du vaisseau commandé par le baron de Gent.

— Le tonnerre pouvait mieux choisir, dit Armand au prince de Monaco, en voyant passer le bâtiment à moitié incendié, pour aller se faire ravitailler dans le port le plus voisin. Mais les Anglais tireront plus juste, j'espère.

— Tant qu'on peut être pleuré il ne faut pas désirer mourir, répondit le prince; pense à ta mère, à ta sœur, et tu chériras encore la vie; il n'est permis de la mépriser qu'à celui qui n'est plus aimé.

Cette réflexion ne fut pas sans effet sur le cœur d'Armand, et il se promit de défendre sa vie comme le bien de celle qu'il adorait.

Dès que l'étendard couleur de sang se fit apercevoir, et que la flotte des Anglais, protégée par le vent, s'avança sur l'escadre hollandaise, le combat s'engagea.

Il a été trop célèbre pour que nous en répétions ici les détails. Nous dirons seulement comment le vœu sincère du comte de Guiche fut presque réalisé; comment un brûlot

ayant mis le feu au vaisseau commandé par le sieur Trélon, où combattaient M. de Guiche et le prince de Monaco,
ils se sauvèrent moitié en canot, moitié à la nage, jusqu'au
vaisseau amiral, où on les recueillit.

Huit hommes de leur équipage périrent en voulant les
suivre ; le comte de Guiche parvint d'autant plus miraculeusement à bord du vaisseau amiral, qu'au fort de la
mêlée il avait eu l'épaule fracassée par l'éclat d'un boulet
de canon (1).

Ainsi, les regrets amoureux du comte, ses revers de cour,
tournaient toujours au profit de sa gloire ; occupant sans
cesse la renommée par ses disgrâces ou ses succès, il ne
se laissait point oublier. Ce jour-là, il pensa avec plus de
sensibilité que d'orgueil à ce qu'éprouverait Madame en
écoutant le récit de ce grand combat où il n'avait si audacieusement risqué sa vie que pour donner à la princesse le
plaisir d'entendre citer le nom du comte de Guiche avec tous
les éloges qu'on prodigue d'ordinaire aux élus de la victoire.

La mort de la reine mère jeta le roi dans une affliction
profonde, et permit à Madame de paraître dans toute la
tristesse qu'elle ressentait d'être loin d'Armand et de le
savoir blessé.

Le chevalier de Lorraine, présumant à l'extrême douleur
de Madame qu'elle avait perdu tout espoir de revoir le
comte de Guiche, et qu'il serait difficile de faire succéder
à une passion si constante un amour de fantaisie, imagina
à tourner les idées de la princesse vers l'ambition, et de
lui persuader qu'elle devait profiter de l'affection que lui
conservait le roi pour diriger les affaires d'État.

En vain elle protesta de sa haine pour l'intrigue, et du
désir d'acquérir le repos à défaut de bonheur. Le chevalier
de Lorraine la compromit à son insu, dans une affaire où
le maréchal de Turenne était fort intéressé. Il en résulta
plusieurs tracasseries politiques, où le nom de Madame se
trouva mêlé ; on découvrit l'auteur de cette intrigue ; le
chevalier de Lorraine et son frère, le comte de Marsan, furent envoyés à Naples ; acte sévère dont la vengeance a été
terrible.

(1) *Gazette de France* du 2 juin 1666, relation de la défaite des
Anglais par les Hollandais (t. I, p. 649).

LXVII

Les soins que la maréchale de Gramont courut donner à son fils le rendirent bientôt à la santé; la douce voix d'une mère, en calmant sa peine, lui inspira un peu de cette résignation religieuse qu'elle possédait à un haut dégré, et qui est l'héroïsme des femmes.

A l'aide de quelques lettres confiées à des amis sûrs, soutenu par la consolante pensée qu'il n'était pas seul à souffrir de son exil, Armand le supporta plusieurs années. Il se livra à des études sérieuses sur le gouvernement et les mœurs des Hollandais. La lettre qui reste de lui, adressée pendant son séjour à la Haye à un de ses amis, en fait preuve, ainsi que son livre intitulé *Mémoires concernant les Provinces-Unies*. Ouvrage justement estimé, où les faits sont relatés avec toute la franchise, toute l'énergie d'un esprit indépendant.

On nous saura peut-être gré de donner ici un fragment de cette lettre, qui prouve l'esprit d'observation que joignait le comte de Guiche à toute la déraison d'un cœur épris.

FRAGMENT DE LA LETTRE DU COMTE DE GUICHE A***

« Après avoir vécu dans la contrainte des cours, je me console d'achever ma vie dans la liberté d'une république, où, s'il n'y a rien à espérer il n'y du moins rien à craindre.

» Quand on est jeune, il serait honteux de ne pas entrer dans le monde avec le dessein de faire sa fortune. Quand, nous sommes sur le retour, la nature nous rappelle à nous et nous revenons des sentiments de l'ambition au désir de notre repos.

» Il est doux de vivre dans un pays où les lois nous mettent à couvert des volontés des hommes, et où, pour être sûr de tout, il n'y ait qu'à être sûr de soi-même. Ajoutez à cette douceur que les magistrats sont autorisés dans leur adresse pour le bien public, et peu distingués en leurs personnes par des avantages particuliers. On n'y voit point de fastueuses grandeurs, qui gênent notre liberté sans faire notre fortune. Ici les soins de ceux qui gouvernent nous mettent en repos, sans qu'ils pensent même à en adoucir le chagrin par le respect qu'on leur rend fort peu, mais qui exige beaucoup; moins ils sont sévères dans les ordres de l'État, plus ils sont impérieux avec les nations étrangères; parmi les citoyens et toutes sortes de particuliers, ils usent de la facilité qu'apporte une fortune égale. Le crédit n'étant donc point insolent, la conduite n'est jamais dure, si les lois ne sont rigoureuses, ou, pour mieux dire, si vous n'êtes coupable.

» Pour les contributions, elles sont véritablement grandes; mais elles regardent toujours le bien public et sont communes à ceux qui les tirent, comme à ceux sur qui elles sont tirées; elles laissent à chacun la consolation de ne contribuer que pour soi-même; ainsi, on ne doit pas s'étonner de l'amour du pays, puisque c'est à bien prendre, un véritable amour-propre. C'est trop dire du gouvernement sans rien dire de celui qui paraît y avoir plus de part et lui faire justice (1). Rien n'est égal à sa suffisance que son désintéressement et sa fermeté : les choses spirituelles sont conduites avec la même modération. La différence de religion qui excite ailleurs tant de troubles ne cause pas la moindre altération dans les esprits; chacun cherche le ciel par ses voies, et ceux qu'on croit égarés, plus plaints que haïs, attirent la compassion de charité et jamais les persécutions d'un faux zèle; mais il n'y a rien dans ce monde qui ne laisse quelque chose à désirer : nous voyons moins d'honnêtes gens que d'habiles, plus de bon sens pour les affaires que de délicatesse dans les conversations.

» On voit en Hollande un certain usage de pruderie quasi généralement établie et je ne sais quelle vieille tradition de continence, qui passe de mère en fille, comme une espèce de religion. A la vérité on ne trouve pas à redire à la galanterie des filles, qu'on leur laisse em-

(1) Jean de Witt.

ployer bonnement, avec d'autres aides innocentes, à leur procurer des époux. Les maris paient la fidélité de leurs femmes d'un grand assujétissement. Si l'un d'eux, contre la coutume, affectait l'empire de la maison, la femme serait plainte de tout le monde comme une malheureuse, et le mari décrié comme un homme de très-méchant naturel.

» Une misérable expérience me donne assez de discernement pour bien démêler toutes ces choses, et me fait regretter un temps où il est bien plus doux de sentir que de connaître : quelquefois, je rappelle ce que j'ai été pour ramener à ce que je suis : du souvenir des vieux sentiments, il se forme quelque disposition à la tendresse, ou du moins un éloignement de l'indolence. Tyrannie heureuse que celle des passions qui font les plaisirs de notre vie! Fâcheux empire que celui de la raison s'il nous ôte les sentiments agréables, il nous tient en des inutilités ennuyeuses au lieu d'établir un véritable repos, etc., etc., etc. »

Le comte de Guiche, désirant parler des événements et des lieux qui en avaient été témoins avec exactitude, voulut les visiter de nouveau; il parcourut aussi une partie de l'Allemagne, mais en simple voyageur, sous le nom de M. Armand, pour échapper à la curiosité et aux politesses que son titre et sa célébrité lui auraient attirées.

Après avoir exploré les bords du Rhin, de ce beau fleuve où l'attendait plus tard tant de gloire, il revenait par la Bavière, lorsqu'un Hollandais, grand amateur de tableaux, lui dit qu'il ne pouvait se dispenser de s'arrêter à Nuremberg pour y voir les chefs-d'œuvre d'Albert Durer et cette admirable descente de Croix dont il avait doté sa ville natale.

Armand se laissa conduire par son compagnon de voyage à la meilleure auberge de Nuremberg, et de là dans la cathédrale, où le sacristain passait sa vie à tirer et à retirer le grand rideau de toile verte qui recouvrait les tableaux du grand peintre.

Le comte de Guiche était si absorbé dans sa contemplation artistique et religieuse, qu'il ne s'aperçut pas de l'entrée de plusieurs autres étrangers dans la chapelle.

Cependant l'un d'eux était l'objet de l'attention de tous

les autres; le premier magistrat de la ville semblait lui faire les honneurs de la métropole; il lui expliquait, dans les termes les plus respectueux, le sujet des tableaux et y joignait tous les détails intéressants sur la vie de leurs auteurs. Mais Armand, que la vue d'une belle tête de femme jetait dans une rêverie profonde, ne voyait rien que ce front pur, ce regard divin, à qui la puissance du souvenir donnait tout le charme de la présence.

Il fut tiré de cet enchantement par une voix qui disait :

— Non, je ne me trompe pas... c'est lui... c'est bien lui...

Au même instant, Armand sent une main s'appuyer sur son épaule. Il se retourne et s'écrie :

— Votre Majesté ici ! Ah ! pardon de ne l'avoir pas saluée plus tôt... Aussi, comment s'attendre à la rencontrer ainsi presque seule ?

— Je conçois votre étonnement, mon cher comte, et pourtant, j'en suis certain, vous ne serez pas de ceux qui me blâment dans le parti que j'ai pris; et quand vous saurez... Mais ce n'est pas ici que je puis m'expliquer... venez dîner avec moi, nous causerons de vos brillants souvenirs et de mes projets austères.

En parlant ainsi, le roi Jean Casimir entraîna M. de Guiche hors de l'église ; se débarrassa, à coups de remerciments, du magistrat et des honneurs qu'on s'obstinait à lui rendre; puis, s'enfermant avec celui qui avait partagé ses dangers, sa gloire, et qui l'avait vu au comble de la puissance, il lui apprit comment, ayant reconnu la vanité des grandeurs terrestres, il venait d'abdiquer la couronne de Pologne, et allait à Paris changer son manteau royal contre le froc d'un religieux de Saint-Germain des Prés.

— Il est certain qu'en combattant auprès de Votre Majesté, le jour où elle a mis en fuite l'armée des Moscovites, je n'aurais pas prévu ce dénoûment à son beau règne, dit le comte de Guiche; il faut que l'ingratitude des peuples et la bassesse des courtisans soient partout les mêmes pour inspirer un tel dégoût du trône; car Votre Majesté a beau faire honneur à Dieu seul de sa résolution pieuse, elle aurait hésité à confier ses sujets à un souverain sûrement moins digne de les gouverner, si leur bonheur ne lui avait semblé impossible.

— Il est vrai, dit le roi, ils sont plus braves que sages, et je prévois pour eux des malheurs dont tout mon zèle et ma prudence ne sauraient les sauver; mais outre cette triste prévision, j'ai perdu les affections qui m'attachaient au monde, l'ennui seul m'en éloignerait lors même que le ciel ne m'appellerait point à lui. C'est donc avec le plein usage de ma raison que je renonce à Satan et à ses pompes; il n'entre dans ma résolution ni dépit, ni désespoir; je quitte l'enfer pour le paradis, voilà tout.

— Ah! combien j'envie le courage, la conviction qui vous guident! s'écria le comte; combien ce mépris des grandeurs, des passions, de la gloire elle-même vous rend digne de la couronne des élus, et que vous devez regarder en pitié un malheureux pécheur dont l'âme asservie à la plus impérieuse passion n'a pas même la force de chercher à la vaincre.

— Qu'il s'en accuse devant Dieu, et il lui donnera le moyen d'en triompher, reprit le roi. Mais je lis dans vos yeux que la lumière céleste n'est pas encore parvenue jusqu'à vous. Malgré toutes vos souffrances, malgré les persécutions dont on vous accable, vous croyez encore à la justice, à l'amour, à la reconnaissance. Que le ciel vous éclaire; et quand il vous aura prouvé l'impossibilité d'atteindre au bonheur en ce monde, vous viendrez chercher le repos près de moi, dans cet asile que je vais demander au roi de France.

— Hélas! il ne me l'accorderait pas à moi, s'écria le comte de Guiche en retenant ses larmes prêtes à couler, il m'a proscrit, chassé honteusement de cette patrie pour laquelle j'ai versé mon sang si gaiement; je ne la reverrai plus peut-être! Ah! si Votre Majesté savait ce que j'éprouve au récit des conquêtes de ce roi que j'ai si longtemps aimé comme un frère!... au bruit des exploits de cette armée dont j'étais si fier de commander les beaux régiments, de partager les périls. Non! le supplice des plus grands criminels n'approche pas du mien en lisant dans la *Gazette* :

« Louis XIV, que le maréchal de Turenne accompagne, vient de prendre Charleroi, Ath, Tournay, Douai. Il va mettre le siége devant Lille, la plus forte place de Flandre. En neuf jours la tranchée est ouverte, la ville prise d'assaut. »

Le maréchal de Gramont y pénétra le premier à la tête du régiment des gardes, de ces gardes que je commandais, sire; et je ne suis pas là pour obéir à la voix de Turenne, pour subir avec mon père la grêle de balles et de pierres qui accueille les premiers entrants dans une ville assiégée! je ne suis pas là pour entendre le tonnerre des canons, les cris des vaincus, les joies de notre armée! je ne suis pas là, au milieu de mes soldats, à genoux, chantant le *Te Deum*, et remerciant Dieu de la victoire! Ah! sire, c'est le roi assez injuste, assez cruel pour condamner un frère d'armes à ce triste exil, à cette honteuse inaction, qui devait abdiquer avant de signer l'arrêt qui me livre à un martyre éternel!

— Calmez-vous, brave jeune homme, s'écria le roi Casimir en voyant les pleurs de rage qui inondèrent tout à coup le visage d'Armand; calmez-vous, et supportez plus courageusement les sacrifices qu'un caprice vous impose; ce sont les mêmes que le ciel m'ordonne, et vous le savez, vous à qui j'ai dû plus d'une victoire, vous savez si mon cœur battait au bruit du tambour, à la vue d'un drapeau polonais. Eh bien, cet honneur de commander une troupe de braves qui vous coûte des larmes amères, j'y renonce volontairement. Imitez ma résignation; croyez que le mérite d'une vie sainte est mieux récompensé que l'héroïsme d'une vie guerrière, et qu'une action charitable est plus agréable à Dieu qu'une action d'éclat; croyez qu'il préfère le sage qui se consacre au bonheur des hommes, au brave insensé qui veut s'illustrer en en massacrant le plus possible.

Ce raisonnement était fort juste, fort chrétien; mais Armand, trop douloureusement ému pour s'en laisser convaincre, se montra seulement sensible au ton affecteux qui l'accompagnait. Après avoir témoigné son admiration sincère pour une conversion si héroïque, après s'être humilié profondément dans le regret de ne pouvoir l'imiter, le comte de Guiche s'approche du roi philosophe, et réclame l'honneur de baiser la main de Sa Majesté avant de prendre congé d'elle; mais le roi ne lui laisse pas le temps de se prosterner, il jette ses bras autour du cou d'Armand, le serre contre sa poitrine avec toute la tendresse d'un père et dit:

— Pauvre aveugle! que rien ne peut détourner de l'abîme! ah! si la chute qui t'attend ne te brise qu'à moitié, viens près de moi panser tes plaies. Rappelle-toi qu'il existe aux portes de Paris, sous les arceaux d'un cloître entouré de prés verts, un vieil ami de ta jeunesse, un camarade d'armes, un témoin de tes exploits, qui te garde là toutes les consolations de l'amitié, tous les secours du ciel. Va! sois béni pour ce que tu vaux, et pardonné pour ce que tu souffres!

Alors ils se séparèrent, l'un pour aller oublier les ennuis du trône dans l'exaltation de la prière, l'autre pour se livrer de nouveau à tous les tourments de l'amour et de l'exil.

XLVIII

La vie studieusement monotone que menait depuis longtemps à la Haye le comte de Guiche fut tout à coup ranimée par une lettre de la princesse de Monaco; elle mandait à son frère la promenade somptueuse que Louis XIV allait faire, suivi de toute la cour, dans les provinces nouvellement conquises, et où l'attendaient les hommages et les acclamations dus au vainqueur.

Ce voyage était, disait-elle, le prétexte d'un autre. Le roi une fois à Dunkerque, en vue des côtes de l'Angleterre, serait touché des regrets de Madame en se voyant si près de son frère sans pouvoir l'embrasser; il lui permettrait de s'embarquer pour aller passer quelques jours auprès de Charles II; et dans cette visite fraternelle, on présumait qu'il serait agité de grands intérêts, dont la paix de l'Europe pourrait être prochainement troublée, en dépit du traité d'Aix-la-Chapelle.

Monsieur, ignorant le véritable motif du voyage de la princesse, ne l'accompagnerait point à Londres. Le renvoi du chevalier de Lorraine en vengeance de l'exil du comte de Guiche, avait mis le comble à la mésintelligence qui régnait entre Monsieur et Madame, et cette séparation momentanée n'affligeait aucun des deux.

A l'idée que la princesse Henriette allait se trouver quelques moments loin de nobles geôliers qui gardaient sa prison royale, qu'elle allait revoir son palais natal, entendre les *vivats* de ses compatriotes, il prit au comte un désir effréné de mêler ses acclamations à toutes celles qui devaient retentir au moment où le joli pied de la fille de Charles Ier toucherait le sol de l'Angleterre.

Il va trouver un riche négociant de la Haye que son immense fortune ne rendait pas moins âpre à saisir toutes les occasions de l'augmenter. Il parle des fêtes déjà ordonnées par le roi Charles II pour la réception de sa sœur à Douvres, des sommes qu'on y va dépenser, et lui prouve sans peine le profit assuré aux négociants qui y transporteront leurs marchandises.

L'armateur Van Bergue se décide bientôt à fréter un de ses bâtiments pour aller vendre à Douvres les mousselines et les damas qu'il avait rapportés de l'Inde. Alors le comte de Guiche vient le supplier de lui laisser revêtir la veste d'un de ses matelots; pour prix de cette faveur, Armand, s'engageait à servir comme le plus simple et le plus zélé des mariniers du bâtiment.

— Vous, monsieur le comte, vous, endosser la chemise de toile cirée et vous suspendre aux cordages comme un jeune mousse, dit Van Bergue; cela ferait bien rire l'équipage, vraiment!

— Aussi ne faut-il pas que l'équipage se doute de ma présence; je serai pour lui un malheureux colon recueilli par vous et dont l'apprentissage du métier de matelot est confié à l'un de vos plus habiles. Cela suffira pour leur expliquer et leur faire excuser mon ignorance et ma maladresse; vous répondez de vos hommes, et leur passe-port est joint au vôtre; vous me donnerez le nom qu'il vous conviendra, je vous jure de ne pas le compromettre et de ne rien faire qui puisse trahir le secret de mon déguisement, ni soupçonner la complaisance que je réclame de vous. Du reste, mettez-y le prix que vous voudrez, je souscrirai à tout.

— Mais comment cacher votre absence ici?

— On dira chez moi que je travaille, que je suis malade, que je ne veux recevoir personne. J'ai si souvent de ces accès de misanthropie qu'on n'en sera pas étonné.

— Ce n'est pas pour moi que je crains, je prie monsieur le comte de le croire; je pourrais toujours dire que je ne l'ai pas reconnu : mais si l'on vient à savoir qu'il s'est embarqué sous un faux nom, les autorités jetteront feu et flammes, elles se plaindront à l'envoyé de France, et Dieu sait ce qu'il en peut résulter pour monsieur le comte.

— Soyez tranquille, reprit Armand, en cédant à la nécessité de rassurer l'armateur par un mensonge innocent; je vais confier mon projet au premier secrétaire du comte d'Ess..., notre ambassadeur : il saura que le désir de voir un moment ma sœur, qui accompagne la princesse Henriette à Douvres, m'engage seul à prendre ce déguisement, et je m'appliquerai surtout à lui bien persuader que vous en êtes dupe.

Van Bergue, rassuré par la pensée que le noble exilé était encore plus intéressé que lui au secret de sa démarche, et séduit par tout ce que lui promettait la reconnaissance du généreux comte de Guiche, cessa de blâmer son projet et le seconda de son mieux.

Dans cette expédition, Étienne ne pouvait suivre son maître, et le pauvre garçon soupirait en lui passant son habit de matelot.

— Si, du moins, monsieur le comte restait sur le pont à voir sauter les vagues; mais je le connais, il va vouloir aider ces vieux loups de mer dans leurs travaux; il se rendra malade, et s'il survient un mauvais coup de vent, il sera le premier à se risquer pour sauver les autres. Beau voyage, vraiment! et qui va me faire passer de bonnes nuits!...

— Oh! je serai prudent, je te l'affirme, cher Étienne, avant d'arriver surtout.

— Oui, mais au retour?

Alors Étienne s'étendit sur ses craintes; il redoutait surtout le moment qui suivrait le départ de la princesse pour Londres, et hasardait de petits sermons respectueux à ce sujet : Armand les interrompait par des exclamations qui répondaient à sa pensée, et prouvaient ainsi au pauvre Étienne que son maître ne l'écoutait pas.

Tout à l'espérance de revoir son idole, Armand rêvait au moyen d'en être aperçu; puis, lorsqu'une lueur de raison lui montrait tous les dangers attachés au plaisir de se faire reconnaître, il se jurait d'y renoncer, et priait Dieu avec toute la ferveur d'une âme passionnée de lui donner le courage de voir Madame, et de lui laisser ignorer qu'il était si près d'elle.

La traversée de la Haye à Douvres fut heureuse. Grâce aux précautions, aux confidences de Van Bergue à son contremaître, Armand fut accepté des matelots comme un futur camarade que la fièvre des colonies tenait encore, et dont la convalescence exigeait du repos.

Ils entrèrent dans le port de Douvres la veille du jour où Madame devait y débarquer.

Le roi Charles II ayant quitté Londres pour venir au-devant de sa sœur, ordonna à son vice-amiral, lord Sandwich, de monter son plus beau vaisseau de guerre pour aller chercher son Altesse Royale la princesse Henriette.

A peine le bruit du canon eut-il annoncé l'entrée des navires anglais dans le port de Dunkerque, que Madame, empressée de répondre à l'impatience de son frère, voulut s'embarquer le soir même pour arriver à Douvres avec le soleil levant.

Armand pressentit ce que la tendresse de Madame pour son frère, nous dirons presque ce que la bonne grâce de son cœur lui ferait tenter pour être un moment plus tôt près de ce frère chéri. Il avait bravé les représentations des nouveaux amis que sa cordialité venait de lui faire parmi les matelots de son équipage, et qui trouvaient fort imprudent à un pauvre diable sujet à la fièvre de passer la nuit sur le port, afin d'y mieux être placé, quand le canon de la forteresse annoncerait l'apparition du pavillon anglais et l'arrivée de la princesse.

La poésie de Lamartine, de Victor Hugo ou de Chateaubriand, voilà ce qu'il faudrait avoir reçu du ciel pour peindre dignement cette belle nuit d'été passée à suivre la marche des étoiles, à épier la première lueur qui les ferait pâlir, à écouter le bruit des vagues mousseuses qui semblent fières de porter une femme adorable, de la conduire vers celui qui l'aime, à s'abandonner à tous les enchantements de l'espoir, à toutes les craintes de l'attente, à tout l'enivrement d'un retour, à consulter les battements de son cœur pour savoir si elle approche, à rendre grâce au ciel de la brise qui enfle les voiles, à la terre des parfums nocturnes dont elle embaume l'air.

— O nuit divine! s'écrie Armand, est-il quelque plaisir mondain comparable aux impressions que tu donnes! Est-il une harmonie plus suave que ton silence, un jour plus doux que le reflet de tes étoiles! Et l'aurore qui va te succéder n'interrompra pas ce ravissement de tout mon être! Je verrai les premiers rayons du soleil colorer l'étendard du vaisseau qui l'amène! Il me la montrera prosternée sous la croix du grand mât, les mains jointes, et remerciant Dieu du bonheur de revoir sa patrie.

Armand se crut abusé par la vision de son cœur en découvrant à la pointe du jour, un vaisseau qui s'avançait majestueusement vers le port; puis une femme à genoux sous la croix du grand mât.

Mais le canon du fort donne le signal, le vaisseau du vice-amiral y répond, la mer se couvre de barques, le peuple accourt de tous côtés; en vain les gardes le repoussent pour laisser passer le roi, c'est la princesse que la foule veut voir; c'est cette Anglaise adorable qui est la première, la plus ravissante de toutes les femmes de la cour de France.

Armand est obligé de défendre sa place sur la grève contre l'envahissement de plusieurs matelots. Mais la joie a doublé ses forces. Si les seigneurs, les gardes armés le séparent de Madame, en restant derrière ce rempart le cache à sa vue, il peut mêler sa voix à celles qui la bénissent, et avoir l'espérance de faire reconnaître ses accents à ce cri solennel : *Vive Madame de France!*

C'est au moment où l'aspect de sa sœur émeut le roi Charles au dernier point, où chacun, partageant son attendrissement, porte la main à ses yeux, où le canon se tait pour laisser parler les princes, qu'Armand lance d'une voix formidable ce cri tout français. Il parvient aux oreilles ou plutôt à l'âme de Madame ; elle se retourne vivement, cherche d'où vient cette voix qui l'a fait tressaillir, et se jette au cou de son frère sans deviner d'où vient cette acclamation française qui retentit à son cœur.

Rien ne saurait peindre ce qu'éprouva le comte de Guiche en renonçant à laisser soupçonner qu'il était là, près de Madame, se mourant de regrets et d'amour pour elle, ayant tout risqué pour la voir, sans même espérer d'en être vu, et, pour plus d'infortune encore, s'étant refusé le plaisir de rien ajouter à ce cri du cœur dont il avait remarqué l'effet; car, jaloux du bonheur qu'elle montrait et où il n'entrait pour rien, il aurait pu essayer de le troubler un moment ; mais une imprudence de la part d'Armand n'était funeste qu'à elle, et l'idée de la rendre seule victime d'une folie, l'empêchait de la faire.

Si mademoiselle de Montalais ou la princesse de Monaco avaient suivi la princesse en Angleterre, Armand n'aurait pas été si sage ; mais elle avait simplement emmené avec elle sa dame d'atours et deux demoiselles d'honneur, toutes dévouées au roi de France, et dont la surveillante était elle-même surveillée par beaucoup d'autres.

Heureusement pour le comte de Guiche la foule étant occupée de la princesse Henriette, et de tout ce qu'on imaginait pour la recevoir avec magnificence, on ne prenait pas garde à ce beau matelot hollandais qu'on supposait n'avoir jamais vu de princesse, et qui en perdait la tête.

— Qu'est-ce que tu nous dis donc là, avec ta *Madame de France*, crie donc *Vive la princesse Henriette d'Angleterre !* disait l'un en anglais, tandis que son camarade d'équipage le faisait taire de l'autre côté pour crier en hollandais : *Vive la sœur du roi Charles Ier !*

— Sais-tu qu'elle est ma foi jolie, disait un gros marin, et que je boirais bien à sa santé.

— Ma foi, l'idée est bonne, et c'est moi qui régale, répond Armand en tirant un écu de sa ceinture.

Pendant ce temps, Madame recevait les embrassements de sa famille, et malgré elle, ses regards pensifs cherchaient à l'entour d'où venait ce vivat français. Armand, dont les yeux seuls glissaient entre les têtes de deux gardes, s'étonnait de l'indifférence de Madame en passant près de lui, et il eût été désolé de la voir dans l'état périlleux, de plus d'une manière, où cette surprise l'aurait plongée ! mais le cœur ne raisonne pas, il blâme tout ce qui l'afflige. Heureusement pour le courage du comte, l'épreuve ne fut pas longue. Le roi avait commandé de belles fêtes pendant le peu de temps que sa sœur devait passer près de lui ; Armand n'y pouvait assister, et le capitaine hollandais était pressé de retourner à la Haye.

La cour étant partie pour Londres, nul intérêt que celui d'un souvenir, moins doux encore que pénible, n'attachait plus Armand sur cette rive ! il se méfia de son courage à rester si près de Madame sans rien tenter pour le lui faire savoir, et la crainte de la compromettre le fit céder aux instances de Van Bergue.

Il quitta Douvres en pleurant comme s'il se fût arraché d'auprès d'elle, le cœur plein de cette image adorée; hélas!... pour la contempler encore un instant il aurait traversé le monde... et le malheureux ne devait plus la revoir!...

XLIX

Un mois s'était à peine écoulé depuis le retour d'Armand à la Haye, lorsqu'Étienne entra dans sa chambre au moment où il faisait sa lecture habituelle. C'était la seule distraction à ses ennuis, et Étienne avait ordinairement soin de ne pas l'interrompre. Le comte pensa qu'il avait à lui parler, et le questionna. Mais Étienne allait, venait, disait des mots sans suite et montrait un embarras qui tenait du supplice.

— Qu'as-tu? que veux-tu? disait son maître. Tu trembles sur tes jambes comme si tu venais de faire un mauvais coup? A cette heure-ci, tu te tiens mieux d'ordinaire.

— Ah! monsieur, ce n'est pas que j'ai bu, allez, j'ai trop de chagrin pour ça.

— Eh bien, qu'est-ce donc qu'il t'arrive, mon garçon?

— C'est que je ne sais comment apprendre à monsieur le comte que madame la princesse de Monaco est ici.

— Ma sœur ici... Ah! mon Dieu, tu me fais frémir... Ma mère est morte! s'écria Armand en s'élançant vers la porte entr'ouverte.

— Non, dit Étienne en asseyant de force le comte de Guiche qui a peine à se soutenir. Non, madame la duchesse vit toujours, vous en croirez sa fille, je pense, la voici.

— Oui, toutes deux vous ordonnent de vivre pour les aimer, pour en être chéri! s'écrie la princesse de Monaco en se précipitant dans les bras de son frère.

Armand fixe sur elle des yeux hagards; il devine qu'un malheur dont on redoute l'effet sur lui a seul déterminé sa sœur à lui donner cette preuve de dévouement. Elle pleure: il a donc raison de craindre.

—Pauvre ami! dit-elle avec l'accent d'une piété touchante. Et elle n'a pas la force d'achever.

L'effroi qui dépasse de coutume la réalité d'un désespoir n'atteint pas celui-ci. Armand ne peut croire à jamais flétrie celle qu'il vient de voir jeune, rayonnante.

— Madame est en danger! dit-il d'une voix étouffée.

— Hélas! plût au ciel! s'écrie la princesse, nous aurions encore de l'espoir!

Et elle s'étonne de l'immobilité où reste son frère à cette horrible nouvelle. Pourtant il n'a point perdu l'usage de ses sens; mais il semble que la violence du coup en rend la douleur insensible. L'arrivée subite de sa sœur, ces mots funèbres dits en pleurant, tout cela le maintient dans l'idée qu'il est victime d'une cruelle vision. Comme il n'en peut sortir, son oppression augmente à tel point, que la princesse, pensant que les larmes lui seraient d'un grand secours, ne contraint plus les siennes, et entame le récit qui doit achever de le désespérer.

Elle eut d'abord de la peine à se faire écouter à travers les sanglots d'Armand, ses menaces contre les empoisonneurs, les désolations les plus déchirantes. Enfin, épuisé de douleur, et se flattant de l'espoir de succomber au récit d'un malheur qui dépassait son courage, il apprit les détails de cette mort subite, l'un des grands événements de la cour de Louis XIV.

— Madame était à Saint-Cloud le 29 juin, dit la princesse de Monaco; elle avait bien passé la nuit. Je l'accompagnai à la messe. Au retour, elle nous dit, à madame de Lafayette et à moi, qu'elle était chagrine, et sa mauvaise humeur aurait fait les belles heures des autres femmes, tant elle avait de douceur naturelle et tant elle était peu capable d'aigreur et de colère.

» Elle se mit à nous parler de son voyage en Angleterre et du roi son frère. Cette conversation, qui lui plaisait, lui redonna de la joie. On servit le dîner; puis elle se coucha sur des carreaux et s'endormit. Pendant son sommeil, son visage marqua une vive altération. A son réveil, elle était si changée, que Monsieur nous en fit faire la remarque et s'en inquiéta. Elle se plaignait de son mal de côté; madame de Gamaches lui apporta, ainsi qu'à madame de Lafayette un verre d'eau de chicorée qu'elles avaient demandé. Madame de Gourdon, la dame d'atours de la princesse, le lui présenta ; en le remettant dans la soucoupe, elle se plaignit vivement du côté ; elle devint d'une pâleur livide.

» Nous la prîmes dans nos bras ; elle marchait toute courbée, en criant de douleur. On la déshabilla ; nous la soutenions pendant qu'on la délaçait ; elle avait les larmes aux yeux ; j'en fus étonnée et attendrie, car je la connaissais pour la personne la plus patiente.

» On la mit au lit. M. Esprit, son premier médecin, arriva ; il donna quelques ordonnances, sans paraître effrayé de l'état de Madame. Cependant elle ne cessait de dire qu'elle allait mourir, et qu'on lui allât chercher un confesseur.

» Tout à coup Madame, déchirée de douleurs d'estomac, dit qu'on regardât à cette eau qu'elle avait bue, que c'était du poison, qu'on avait peut être pris une bouteille pour l'autre, qu'elle était empoisonnée, qu'elle le sentait bien et qu'on lui donnât du contre-poison.

» Nous étions dans la ruelle avec Monsieur, et quoique personne de nous ne le crût capable d'un tel crime, un étonnement ordinaire à la malignité humaine le fit observer avec attention ; il ne fut ni ému ni embarrassé de l'opinion de Madame ; il dit qu'il fallait donner de cette eau à un chien, et opina comme Madame pour qu'elle prît du contre-poison.

» Madame Desbordes, sa première femme de chambre, lui dit qu'elle avait fait l'eau de chicorée et en but ; mais Madame persévéra à prendre de l'huile, de la poudre de vipère, et plusieurs autres drogues qui semblaient encore accroître sa souffrance. Enfin, elle fut telle qu'elle eut une certitude entière de sa mort, et s'y résolut comme à une chose indifférente. La pensée du poison était établie dans son esprit.

» Monsieur dit à madame de Gamaches de tâter le pouls de la malade, les médecins n'y pensaient pas. Elle sortit de la ruelle épouvantée : elle ne trouvait plus de pouls à Madame et les extrémités étaient froides. Monsieur parut effrayé, le médecin dit que c'était un événement ordinaire ; qu'il répondait de Madame.

» —Et vous m'avez répondu aussi de M. de Valois, et il est mort, s'écrie Monsieur en colère, comme va mourir Madame.

» A ce moment le curé de Saint-Cloud, que la princesse avait fait mander, arriva au château ; Monsieur hésitait à le lui faire savoir lorsqu'elle redemanda un confesseur.

» Il approcha de son lit; une de ses femmes de chambre était passée à son chevet pour la soutenir ; Madame ne voulut point qu'elle s'ôtât et se confessa devant elle.

» Gueslin qu'on avait été chercher à Paris, et Vallot à Versailles, arrivèrent (1). Madame dit à Gueslin, en qui elle avait beaucoup de confiance, qu'elle était empoisonnée et qu'il fallait la traiter sur ce fondement. Je ne sais s'il le crut, mais il agit en homme qui n'avait plus d'espérance, ou qui ne voyait point le danger. Dieu aveuglait les médecins et ne voulait pas même qu'ils tentassent des remèdes capables de retarder une mort qu'il voulait rendre terrible.

» Elle entendit que nous disions qu'elle était mieux.

» — Cela est si peu véritable, nous dit-elle, que si je n'étais pas chrétienne, je me tuerais, tant mes douleurs sont excessives.

» Les médecins voulurent la voir de près, ils apportèrent un flambeau.

» Elle les avait toujours fait ôter; depuis qu'elle s'était trouvée mal; Monsieur lui demanda si on ne l'incommodait point.

» — Ah! Monsieur, dit-elle, rien ne m'incommode plus; je ne serai pas en vie demain matin, vous le verrez.

» On lui donna un bouillon, ses douleurs redoublèrent. Le roi, averti par M. de Créqui, arriva en ce moment; il sembla que les médecins furent éclairés par sa présence.

» Il les prit en particulier, et ces mêmes médecins, qui, deux heures avant répondaient de Madame, malgré qu'elle eût ses extrémités froides et le pouls presque éteint, commencèrent à dire qu'elle était sans espérance, et qu'il fallait lui faire recevoir Notre Seigneur.

» La reine et la comtesse de Soissons étaient venues avec le roi, mademoiselle de la Vallière avec madame de Montespan. Monsieur vint leur apprendre l'arrêt des médecins. Madame de Lafayette s'écria en pleurant que les médecins avaient perdu l'esprit et ne pensaient ni à la vie ni au salut de Madame.

» On envoya chercher le chanoine Feuillet et M. de Condom (2).

(1) Deux docteurs de la cour.
(2) Bossuet.

» Le roi se désolait de l'ignorance des médecins, il disait à Madame :

» — Je ne suis pas docteur et je viens de leur proposer trente remèdes ; ils répondent qu'il faut attendre.

» — Il faut mourir, interrompit Madame, et mourir par les formes.

» Alors le maréchal de Gramont s'approcha de son lit ; elle dit à notre père qu'il perdait une bonne amie ; qu'elle allait mourir, et qu'elle avait cru d'abord d'être empoisonnée par surprise, mots articulés au maréchal et dits pour le comte de Guiche.

» En voyant M. Feuillet, Madame voulut par scrupule faire une confession générale ; elle la fit avec de grands sentiments de piété.

» Je m'approchai de son lit après sa confession ; M. Feuillet était auprès d'elle, et un capucin, son confesseur ordinaire.

» Ce bon père voulait lui parler et se jetait dans des discours qui la fatiguaient : elle me regarda avec des yeux qui faisaient entendre ce qu'elle pensait, et puis les retournant sur ce capucin :

» — Laissez parler M. Feuillet, mon père, lui dit-elle avec une douceur admirable, comme si elle eût craint de le fâcher ; vous parlerez à votre tour.

» L'ambassadeur d'Angleterre arriva dans ce moment. Sitôt qu'elle le vit elle lui parla du roi son frère et de la douleur qu'il aurait de sa mort. L'ambassadeur lui demanda si elle était empoisonnée ; elle lui répondit qu'il n'en fallait rien mander à son frère, qu'il fallait lui épargner cette douleur, et qu'il ne songeât pas surtout à en tirer vengeance ; que le roi n'en était point coupable qu'il ne fallait point s'enprendre à lui.

» Elle disait toutes ces choses en anglais, et comme le mot poison est commun à la langue française et à la langue anglaise, M. Feuillet l'entendit et interrompit la conversation, en disant qu'il fallait sacrifier sa vie à Dieu, et ne pas penser à autre chose.

» Elle reçut Notre-Seigneur.

» M. Brager, un nouveau médecin, vint proposer une saignée au pied.

» — Si l'on veut la faire, dit la princesse, il n'y a pas de temps à perdre ; ma tête s'embarrasse et mon estomac se remplit.

» Ils demeurèrent surpris d'une si grande fermeté. Elle pensa expirer pendant que son pied était dans l'eau ; elle demanda l'extrême-onction. M. de Condom arriva comme elle la recevait. Il lui parla de Dieu avec cette éloquence et cet esprit de religion qui paraissait dans tous ses discours. Comme il parlait encore, la première femme de chambre s'approcha d'elle pour lui donner quelque chose dont elle avait besoin. Elle lui dit en anglais, afin que M. de Condom ne l'entendit pas, conservant jusqu'à la mort la politesse de son esprit :

» — Donnez à M. de Condom, quand je serai morte, l'émeraude que j'avais fait faire pour lui.

» Alors il lui prit une espèce d'envie de dormir qui n'était qu'une défaillance de la nature. Elle rappela M. de Condom ; il lui donna le crucifix. Elle le prit, l'embrassa avec ardeur. M. de Condom lui parlait toujours; et elle lui répondait avec le même jugement que si elle n'eût pas été malade, tenant toujours le crucifix attaché sur sa bouche. La mort seule le lui fit abandonner (1). »

A ces derniers mots, un soupir étouffé s'exhala du sein d'Armand; mais il ne proféra pas une parole. On ne se plaint pas du mal dont on espère mourir.

L

« Il n'est que trop vrai que Madame a été empoisonnée, nous dit la mère du régent dans ses Mémoires, mais tout à l'insu de feu Monsieur. Pendant que les coquins arrêtaient le projet d'empoisonner Madame, ils délibéraient s'il fallait en faire part à Monsieur ou non. Le chevalier de Lorraine dit :

» — Non, ne lui disons pas; il ne saurait se taire. S'il n'en parle pas la première année, il nous fera pendre dix ans après.

» Et l'on sait que les scélérats ont dit :

» — Gardons-nous bien de le dire à Monsieur, qui le dirait au roi qui nous ferait tous pendre.

(1) Ce récit est un fragment des Mémoires de madame de Lafayette, t. III, p. 169. Qui oserait raconter la mort de Madame Henriette après elle?

» Ce n'était pas l'eau de chicorée de Madame que d'Effiat avait empoisonnée, ce qui est un raffinement d'invention, car d'autres pouvaient boire de cette eau que Madame buvait seule dans sa tasse. Un valet de chambre qui avait été auprès de Madame, et que j'ai eu ensuite (il est mort depuis), m'a raconté que le matin, pendant que Monsieur et Madame étaient à la messe, d'Effiat alla au buffet, et qu'ayant pris la tasse, il en frotta l'intérieur avec un papier :

» — Monsieur, lui demanda le valet de chambre, que faites-vous à notre armoire, et pourquoi touchez-vous à la tasse de Madame?

» Il répondit :

» — Je crève de soif, je cherchais à boire, et voyant la tasse malpropre, je l'ai nettoyée avec du papier.

» Après midi, Madame demanda de l'eau de chicorée. Dès qu'elle l'eut bue, elle s'écria qu'elle était empoisonnée; ceux qui était présents burent de la même eau, mais non pas de celle qui était dans la tasse : voilà pourquoi elles n'en furent point incommodées. Quand Madame mourut dans des douleurs affreuses, la tasse avait disparu, et elle ne se retrouva que plus tard. Il avait fallu la faire passer au feu pour la nettoyer (1). »

Mais la cause de cette affreuse mort, si bien expliquée depuis, fut longtemps un mystère. Les soupçons en planèrent tour à tour sur chacun des ennemis de Madame et ne s'arrêtèrent pas là.

Malgré les soins de la princesse de Monaco à empêcher son frère de porter ses soupçons trop haut et de les manifester trop vivement, il ne sortit de l'état de stupeur où il était plongé pendant le récit des derniers moments de Madame, que pour rentrer dans toutes les fureurs du désespoir et de la vengeance. Il voulait aller tuer le chevalier de Lorraine, M. d'Effiat, et jusqu'au prince, qu'il jugeait complice de ses amis empoisonneurs. Mais madame de Monaco, feignant d'abord de partager toute sa colère, le ramenait toujours à des sentiments plus humains, en parlant au nom de son père, en celui de sa mère surtout, dont elle ne peignait pas les larmes sans provoquer celles d'Armand. Enfin elle lui persuada qu'il ne pouvait frapper au hasard,

____

(1) **Mémoires historiques** de la mère du régent, p. 210.

risquer d'être assassin à son tour, et mourir sans avoir éclairci cet horrible mystère. Elle insista particulièrement sur ce qu'il avait un devoir de justice à remplir envers celle qu'il pleurait, et que son ombre demandait une pleine satisfaction.

Dès que les transports de la rage d'Armand eurent épuisé ses forces, la princesse profita de la langueur qui succéda à cet état violent pour emmener son frère avec elle. Il laissa sa sœur disposer de lui en homme qui ne croyait plus vivre.

Sans doute il aurait mis fin à une existence aussi désespérée, si le suicide avait été, dans ce temps là, ce qu'il est de nos jours : un adieu philosophique. Mais à cette époque, l'homme qui se donnait la mort passait pour un impie ; son corps n'était pas recouvert de terre sainte, sa place restait vide dans le caveau où reposaient ses nobles aïeux. La honte de n'avoir pu subir l'ordre de Dieu retombait sur toute une famille ; et l'assassin de lui-même laissait mourir sa mère sans l'espoir de le retrouver dans le ciel. A cette idée, le plus abattu sentait renaître en lui le courage de souffrir encore. Et puis il y avait tant d'honneur à risquer sa vie et si peu à se l'ôter.

C'est à Monaco que la princesse conduisit son frère, en lui faisant traverser la Suisse. Elle avait compté sur la distraction du voyage pour tempérer la douleur qui le minait ; mais rien n'agissait contre l'effet d'un malheur d'autant plus cruel qu'il se refusait souvent à y croire et le rapprenait sans cesse ; sorte de supplice attaché aux morts dont on n'a pas été témoin ; à ces disparitions subites, qui laissent un poignard dans le cœur et une image toujours jeune et vivante dans le souvenir.

Le maréchal de Gramont, qui chérissait son fils en dépit des torts qu'il lui reprochait, et que les lettres de madame de Monaco jetaient depuis un an dans de vives inquiétudes, en lui avouant que sa tendresse, ses soins étaient sans pouvoir sur le désespoir d'Armand, se décida à se retirer de la cour pour aller le sauver s'il était possible.

Dans cette résolution, il demande une audience au roi, lui donne sa démission de sa charge de colonel du régiment des gardes françaises, dont le comte de Guiche, son fils, a la survivance.

Le roi refuse la démission, le maréchal insiste, en disant

que son fils ne devant plus lui succéder dans cette charge, elle lui est pénible à remplir. Le roi consent à ce qu'il la cède au duc de La Feuillade (1); mais il lui donne en compensation une somme considérable; et touché de ses craintes pour son fils, il lui dit :

— Rassurez-vous, maréchal, ce que votre tendresse ne peut faire, la gloire le fera. Nous allons nous battre, mandez au comte de Guiche que j'ai besoin de lui; qu'il vienne.

Le maréchal se jeta aux pieds du roi en reconnaissance de cet ordre, et courut aussitôt prier M. d'Hacqueville, l'ami de sa famille, d'en être le porteur, car il prévoyait qu'il faudrait toute l'éloquence de l'amitié pour vaincre la résolution d'Armand de ne plus retourner à la cour.

En effet, il ne se laissa ramener à Saint-Germain qu'à la condition d'y saluer le roi et de se rendre aussitôt en Lorraine à l'armée du maréchal de Créqui.

La guerre que l'Angleterre et la France déclarèrent bientôt à la Hollande, ne laissa pas longtemps le comte de Guiche dans l'attente des périls qu'il convoitait. Après l'avoir nommé lieutenant général, le roi l'envoya servir en cette qualité sous les ordres du prince de Condé et du vicomte de Turenne.

Avant de s'arracher des bras de sa famille avec le triste pressentiment de ne la plus revoir, avant de s'éloigner de Paris pour toujours, Armand voulut dire adieu à la seule véritable amie qu'il croyait y laisser. Il fut chez Ninon de Lenclos, dans l'intention de la questionner sur ce qu'elle savait du sort de Marguerite, car ses regrets et ses remords se confondaient dans son âme.

La mort de Madame lui semblait la punition de la perte de Marguerite, et il ne voulait pas mourir sans lui faire savoir par quels tourments il expiait son crime.

— Ah! mon Dieu, dans quel état je vous vois! s'écria mademoiselle de Lenclos frappée des ravages faits par la douleur sur le beau visage de comte de Guiche; voilà donc ce qu'une passion sérieuse, inextinguible, peut produire sur l'homme le plus sémillant, le plus adorable, qui

(1) Le duc de Lafeuillade fut pourvu de la charge de colonel des gardes françaises, sur la démission volontaire du maréchal de Gramont et du comte de Guiche, (*Gazette* de 1672, p. 76.)

ait jamais existé. Ah ! que Sévigné a bien raison : *Toujours plaire, et jamais aimer !* C'est sa devise, et l'unique moyen de conserver son bonheur et ses agréments. Mais vous avez trop d'esprit, cher comte, pour ne pas vous en servir en cette circonstance, et vous ne refuserez pas les consolations de...

— Pardon de ne pas écouter ce que votre cœur si bon, votre esprit si ingénieux vous inspireront d'excellentes raisons contre ma sombre folie, mais elle est incurable ; j'en veux, j'en espère mourir. Cependant, il dépend de vous d'adoucir mes derniers moments ; et, je vous connais, cette philosophie qui vous porte à rire de tout, à réduire les plus fastueux sentiments à leur juste valeur, ne vous laisse pas sans pitié pour les maladies qui tuent l'âme avant le corps. Vous calmerez, s'il se peut, l'inquiétude, les remords qui se mêlent à mes autres tortures. Vous me direz ce qu'est devenue Marguerite, et si je dois m'accuser à ma dernière heure de l'avoir vouée à un malheur éternel.

— Soyez tranquille, son sort est assuré ; il est honorable. C'est tout ce que je puis vous dire. Cela doit suffire à votre conscience, et sa résignation est un exemple que le ciel vous ordonne de suivre ; car, ainsi que vous, elle a perdu ce qu'elle aimait, et elle existe encore pour le bonheur des autres.

— Puissé-je imiter son courage, dit le comte en se levant.

Puis il sortit les yeux pleins de larmes.

— Suivez-le, dit Ninon à M. de Villarceaux qui arrivait en ce moment ; je suis sûre qu'il va, de ce pas, au Val-de-Grâce. Arrachez-le d'auprès de ce cœur qui ne bat plus, de ce cœur, son royaume en ce monde et son espoir dans l'autre.

En effet, M. de Villarceaux entendit du haut de l'escalier le valet de pied du comte dire à son cocher : Au Val-de-Grâce.

Toujours empressé d'obéir à mademoiselle de Lenclos, le marquis monta dans son carrosse, et suivit de loin celui du comte de Guiche.

Arrivé dans l'église, il trouve Armand prosterné au pied de l'autel qui renferme le cœur d'Henriette d'Angleterre (1) ;

______

(1) Le cœur de Madame avait été déposé en grande pompe, par

il le voit abîmé dans un désespoir muet, et imagine le seul moyen qui pût le tirer de cette extase douloureuse. Il vient, dit-il, de la part du maréchal de Gramont prévenir son fils que le roi l'attend à Saint-Germain pour lui donner un nouvel ordre très-pressé.

L'idée de recevoir cet ordre, là, dans le temple où règne l'ombre de Madame, fait croire à Armand qu'il émane d'elle, et il n'hésite pas à s'y rendre.

Il vole à Saint-Germain ; et, par un de ces hasards dont Dieu seul a le secret, il arrive au moment où le roi commandait à son premier gentilhomme de faire courir après le comte de Guiche, pour le charger d'un avis important à transmettre au maréchal de Turenne.

Il apprend du roi les projets hardis qui doivent se réaliser dans cette célèbre campagne. Il est fier d'en être le confident, et remercie Sa Majesté de le choisir pour interprète entre le plus grand roi et le plus grand capitaine de l'Europe.

Louis XIV, qu'une flatterie de bon goût mettait toujours en belle humeur, crut pouvoir hasarder moitié sérieusement, moitié d'un ton léger, une proposition que le comte s'excusa de ne pouvoir accueillir.

— Vous ne partirez pas sans prendre congé de mon frère, dit le roi.

— Ah ! sire, que me demandez-vous là ?

— Mais une politesse que tout lieutenant général doit au premier prince du sang. Pourquoi en seriez-vous dispensé ?

— Parce que je le hais, sire, et qu'avant de lui rendre les respects qu'il ne mérite pas, j'aurai eu la douleur de vous rendre mon épée.

— Taisez-vous, dit le roi en repoussant la poignée de l'épée que lui présentait le comte ; si vous dites un mot de plus, il faut que je vous fasse arrêter, et j'ai besoin de cette épée dont vous faites si facilement le sacrifice.

— Sire, votre indulgence va la rendre formidable, reprit Armand en baisant la main du roi.

— Et il sortit bien décidé à payer de sa vie un si grand acte de clémence.

la princesse de Condé, au Val-de-Grâce, et enfermé dans un riche tabernacle, au-dessus de l'autel de la chapelle élevée sur le caveau de la famille d'Orléans.

LI

L'espoir d'une mort héroïque et prochaine rendit bientôt au comte de Guiche toute son énergie et lui fit faire des prodiges de valeur dont le plus célèbre est le passage qu'il tenta, hélas! faut-il l'avouer, avec la presque certitude de rester englouti au milieu du fleuve qu'il devait traverser à la nage.

Le roi, averti des forces que les ennemis avaient portées vers le pont de bateaux qu'il faisait construire sur le Rhin, le fut aussi de la nécessité de chercher un autre passage pour ses troupes. Alors le comte de Guiche vint lui dire qu'il avait trouvé un gué vers Tolhuis; le roi lui accorda aussitôt quatre escadrons pour le soutenir dans cette entreprise périlleuse; mais le comte supplia le roi de lui en laisser faire l'essai seulement avec dix cuirassiers, trois gentilshommes et pareil nombre de volontaires.

A peine le comte de Guiche se fut-il jeté le premier à la nage que trois escadrons ennemis entrèrent jusqu'aux sangles dans le Rhin pour s'opposer à ce passage; mais cette avant-garde de seize hommes, l'épée à la main, fit si bonne contenance, qu'après une décharge les ennemis tournèrent bride. Alors, toujours guidés par le comte de Guiche, plusieurs de nos escadrons passèrent le fleuve en protégeant la barque qui portait le prince de Condé, le duc d'Enghien, le duc de Bouillon (1).

Le duc de Longueville, qui avait suivi Armand à la nage, fut tué; le comte de Nogent succomba, le prince de Condé fut grièvement blessé, et cette action mémorable, que le désespoir seul pouvait empêcher et accomplir, ce fait, dont le succès pouvait seul excuser l'audace, coûta bien des larmes!

L'affaire qui en résulta mit le comble à la gloire du comte de Guiche; il y fit un grand nombre de prisonniers, et bat-

______

(1) *Gazette* de 1672, 16 juin. Du camp d'Emmerie.

tit tout ce qui se présenta devant lui (1). Jamais la soif de la mort n'a plus fait pour la victoire.

Les témoins, les contemporains de cette tentative hardie sont tous d'accord sur le peu de succès qu'on en devait attendre. Madame de Sévigné dit en la racontant (2) :

« Si elle n'eût pas réussi, le comte de Guiche était criminel : il se charge de reconnaître si la rivière est guéable ; il dit qu'oui ; elle ne l'est pas. Des escadrons passent à la nage, sans se déranger ; il est vrai qu'il passe le premier. Cela ne s'est jamais hasardé ; cela réussit. Il enveloppe des escadrons et les force à se rendre. Vous voyez bien que son honneur et sa valeur ne sont pas séparés, etc., etc. »

L'abbé de Choisy constate dans ses Mémoires « la faute que fit Louis XIV, de n'avoir pas passé le Rhin à la nage, après le comte de Guiche. »

Il est vrai qu'il faut lui rendre justice, dit l'abbé, il le voulait ; mais M. le prince qui n'osait pas mettre le pied dans l'eau, à cause de sa goutte, s'y opposa. Comment eût-il osé passer en bateau, le roi passant à la nage ?

« J'en suis témoin, j'y étais présent, ajoute l'abbé, et même j'eus le plaisir de faire, ce jour-là, une chose fort agréable au roi ; je lui fis entendre la messe. J'étais le soir, par hasard, dans la tente de mon frère de Balleroy, lorsqu'il eut ordre de marcher avec son régiment. Je le suivis sans balancer, sans savoir où nous allions. Mais on voyait bien que partir à onze heures du soir ce n'était pas pour aller faire une revue.

» Nous nous trouvâmes, à trois heures du matin, sur le bord du Rhin, vis-à-vis le Tolhuis. Je vis le courage du comte de Guiche. J'étais à trois pas de Sa Majesté quand elle apprit la blessure de M. le prince et la mort de M. de Longueville. Elle parut plus touchée de l'une que de l'autre, je vis aussi le petit triomphe de Cavoye ; on l'avait nommé parmi les morts, et le roi lui avait donné une louange bien solide, en s'écriant :

» — Ah ! que Turenne sera fâché !...

» Mais une demi-heure après on vit un homme à cheval de l'autre côté du Rhin qui se mettait à la nage. Cet homme

(1) Relation de la *Gazette* du 5 juillet 1672.
(2) Lettres de madame de Sévigné, t. II, p. 158.

passa heureusement, et il se trouva que c'était Cavoye que M. le prince envoyait au roi. Sa Majesté fut fort aise de sa résurrection; mais les courtisans eussent bien voulu retenir les louanges qu'ils lui avaient données. Enfin, l'affaire étant finie, vers les dix heures du matin, le roi qui, par parenthèse, n'a jamais manqué qu'une fois en sa vie à entendre la messe, la demanda. Il n'y avait ni aumônier ni chapelain ; l'abbé de Dangeau et moi, nous nous trouvâmes les seuls ecclésiastiques de la cour, Nous allâmes chercher un aumônier de régiment. Il nous manquait un missel. On en trouva un dans le portemanteau du comte d'Agen. On dressa un autel, et nous eûmes l'honneur de servir le roi à sa messe (1). »

Louis XIV aimait avant tout ceux qui, par leurs exploits, ajoutaient à l'éclat de son règne. Aussi, la première chose qu'il fit en débarquant sur l'autre rive du Rhin fut d'embrasser le comte de Guiche (1). »

Cette insigne faveur, accordée devant toute l'armée, présageait le retour de toutes celles dont Armand avait joui autrefois près de Sa Majesté. Mais elles n'avaient plus de prix à ses yeux. Entièrement consacré à cette guerre, commencée par suite des négociations de Madame, et sous ses auspices, Armand conjura le roi de le laisser à l'armée, et se fit un droit de nouveaux avantages remportés par lui en Franconie, sous les ordres du maréchal de Turenne, pour venir établir son quartier d'hiver à Creutznack, près de Mayence.

En vain les honneurs dus à la gloire, les plaisirs qui suivent les succès, rappelaient Armand à la cour; en vain l'épître de Boileau faisait alors retentir les échos du Rhin du nom de Gramont et de Guiche; en vain lui-même y lut ces vers :

Bientôt avec Gramont courent Mars et Bellonne,
Le Rhin à leur aspect d'épouvante frissonne;
Quand pour nouvelle alarme à ces esprits glacés,
Un bruit s'épand qu'Enghien et Condé sont passés :
Condé, dont le nom seul fait tomber les murailles,
Force les escadrons et gagne les batailles, etc., etc.

(1) Mémoires de l'abbé de Choisy, p. 41.
(2) Mémoires du maréchal de Gramont.

Le comte de Guiche, insensible à l'honneur devoir ainsi son nom en tête des plus illustres de son siècle et célébré par l'auteur du *Lutrin*; dédaigneux des lauriers dont il ne peut plus parer son idole, résiste à toutes les instances de sa famille qui le supplie de revenir près d'elle. Il se sent incapable de partager la joie qu'il lui donne, et ne veut pas la troubler par l'aspect de son insurmontable douleur.

Aux fêtes, aux réjouissances qui vont faire de Saint-Germain, de Fontainebleau, de Saint-Cloud, des séjours de délices, le brillant comte de Guiche préfère la modeste retraite d'une petite ville d'Allemagne : là, du moins, rien ne viendra blesser son souvenir; il ne verra pas les mêmes palais, pour y combler de leurs hommages la grosse allemande qui a succédé à la plus adorable princesse; il n'entendra pas donner ce nom de *Madame* qui le faisait si doucement tressaillir, à une femme sans grâce, sans beauté et dont l'esprit ne s'était pas encore assez montré pour cacher sa laideur. Il ne souffrira pas de cet oubli général qui suit à la cour les regrets de convenance; oubli dont le cœur se révolte, que les indifférents ne permettent pas de braver et qu'ils vouent au ridicule. Il vivra de sa pensée comme les ingrats vivent de leurs plaisirs.

Mais cette monotonie d'une existence flétrie que nulle violente occupation ne venait plus ranimer, qui n'était plus soutenue par des dangers continuels, par l'espoir d'un triomphe ou d'une fin glorieuse, devait bientôt rendre Armand à l'état de langueur d'où l'appel du roi l'avait tiré.

Le comte de Louvigny fut le premier à s'en alarmer; et malgré la volonté de son frère, il s'établit près de lui pour lui donner ses soins; mais Armand répétait sans cesse qu'il ne souffrait point, que son dépérissement était la suite naturelle des fatigues de la guerre, et M. de Louvigny, sans expérience sur ce genre de mal, n'en soupçonnait pas toute la gravité, et finissait par se rassurer.

Les deux frères occupaient le principal corps de logis d'une de ces maisons allemandes qui se ressemblent toutes. Celle-là appartenait à un riche luthier de Creutznach : il en habitait la plus petite partie et louait l'autre, laissant à ses locataires la jouissance d'un jardin entouré de haies, et divisé en carrés bordés de buis, où les roses se mêlaient aux choux et le chèvrefeuille à la laitue, comme dans la plupart des jardins des petites villes. Une tonnelle recouverte entièrement par un cep de vigne séculaire, meublée d'un guéridon et de plusieurs chaises en bois, marquait la limite de l'allée principale, et c'est là que le comte de Guiche, accompagné de son frère, venait chaque matin respirer le frais et causer avec M. Nellessein, son propriétaire, homme d'un esprit juste, éclairé, dont l'existence heureuse, les plaisirs raisonnables, jetaient une sorte de calme sur l'agitation fiévreuse qui dévorait Armand.

— Voilà donc le bonheur! pensait-il : une fortune médiocre dans un pays assez triste; l'obligation de travailler pour se maintenir dans ce bien-être et pour établir sa famille; avoir deux enfants à élever sans se tourmenter de la sotte ambition d'en faire de plus grands personnages que leur père; boire de la bière et cultiver des fleurs; s'assurer un lendemain parfaitement semblable à la veille, aimer tout cela modérément et le ciel vous le laisse.

La comparaison de cette existence à la sienne expliquait assez au comte pourquoi il succombait à la recherche d'un bonheur impossible; et lorsqu'il avait peine à se persuader que Dieu n'eût mis tant de passions dans nos âmes que pour nous donner l'honneur d'en triompher, il questionnait M. Nellessein sur les moyens qu'il avait adoptés pour arriver à être aussi heureux.

Alors M. Nellessein souriait en avouant que ces grands moyens consistaient à avoir choisi une honnête femme, qui n'entendait rien à l'amour, mais qui savait très-bien conduire un ménage.

— Elle me laisse être le maître dans mes ateliers, dans mon commerce, disait-il; je lui laisse gouverner la maison, les enfants. Jamais elle ne me blâme, jamais je ne la contrarie et sauf la rage qu'elle a de travailler souvent la nuit pour les pauvres, je n'aurais pas un reproche à lui faire.

— Comment n'ai-je pas eu déjà le plaisir de la voir? demanda Armand; elle ne vient donc pas se promener dans ce jardin?

— Si, vraiment, reprit M. Nellessein et c'est pour s'y être promenée trop tard l'autre soir qu'elle n'y vient plus. La nuit commençait à tomber dernièrement lorsque M. le comte de Louvigny est venu terminer avec nous l'affaire de votre loyer et pendant que nous en arrêtions les principales conditions tout en nous promenant, le pied de ma femme a rencontré une pierre, elle s'est donné une entorse, et depuis ce temps-là elle ne peut plus marcher. Cela sera bientôt guéri, à ce qu'affirme le chirurgien; et le repos est indispensable.

— Si j'avais su les suites de cet accident, j'aurais été m'informer de ses nouvelles, dit le comte de Louvigny; car j'ai beaucoup à remercier madame Nellessein; sans tout ce qu'elle m'a procuré ici, mon frère aurait été bien mal meublé pour l'hiver, et malade comme il l'est, il faut au moins qu'il souffre à son aise.

— Moi je suis fort bien, dit Armand avec impatience, et, je t'en conjure, ne dérange personne pour moi.

Et, démenti en ce moment même par sa pâleur et le frisson qui faisait trembler ses membres, il se retira dans sa chambre.

En entrant, il fit une exclamation presque de joie et serra le bras de son frère en signe de reconnaissance. Mais M. de Louvigny regarde avec surprise sans comprendre ce qui lui vaut ce tendre remerciement.

Alors Armand lui montre une gravure qui avait été accrochée sur la tapisserie près de sa cheminée pendant l'heure qu'il venait de passer dans le jardin.

Cette gravure était celle que Charles II avait commandée lors du dernier voyage de sa sœur en Angleterre, et représentait le débarquement de la princesse à Douvres. Armand pouvait s'y croire représenté lui-même dans un des matelots qui se pressaient pour apercevoir Madame. C'était son dernier souvenir, sa dernière impression douce; il rendait grâce à la main charitable qu'il supposait avoir placé là cette image chérie, et ne doutait pas en devoir la consolation à son frère; mais celui-ci affirma dans toute sa bonne foi qu'il ignorait même que ce sujet eût été gravé, et qu'il regrettait de n'être pour rien dans le plaisir que cette attention causait à son cher Armand.

— C'est, je le parie, une galanterie de notre propriétaire, dit M. de Louvigny. Il aura su, par un de nos officiers, la folie qui vous tient... Pardon, ajouta-t-il, en répondant au mouvement d'indignation d'Armand, mais ceux qui vous aiment ne peuvent voir sans colère la triste influence que ce malheureux sentiment a exercé sur votre vie, passion fu-

neste qui vous tourmente encore assez douloureusement
pour rendre tous nos soins inutiles.

— Va demander qui est entré ici dans notre absence,
interrompit le comte.

— Voici Étienne, il le saura sans doute.

Mais Étienne, chargé par son maître d'aller prendre les
lettres que lui apportait un courrier du maréchal de
Turenne, arrivait du quartier général, et ne pouvait donner aucun éclaircissement sur la gravure. Seulement il
s'obstinait à croire que c'était un envoi de M. de Manicamp,
et il finit par faire passer sa conviction dans l'esprit des
deux frères.

<h2 style="text-align:center">LII</h2>

Dix jours d'une fièvre continue suffirent pour mettre le
comte de Guiche aux portes du tombeau, et cependant il
s'obstinait à se dire bien portant et à ne pas consulter de
médecin. Son frère, désolé de ne pouvoir vaincre sa résistance, eut recours au maréchal de Turenne. Il alla le trouver
à Mayence.

— Mon frère se meurt, lui dit-il, et vous seul pouvez le
rendre à la vie. Ordonnez-lui d'écouter les avis d'un docteur, et l'habitude qu'il a de vous obéir le décidera à laisser
couper la fièvre qui le mine; j'ai épuisé inutilement toutes
les ressources de l'amitié, tout ce que la tendresse fraternelle a de plus suppliant, pour surmonter son dégoût de la
vie. Votre voix seule peut le ranimer.

— Il l'entendra, s'écria le maréchal en s'apprêtant à suivre
M. de Louvigny chez le comte de Guiche; et il ordonna à
son chirurgien-major et au médecin en chef de l'armée de
l'accompagner.

A l'annonce de cette visite, Armand se sentit ranimer,
et un éclair de joie brilla dans ces yeux.

— Eh bien, que vois-je? dit le maréchal; mon meilleur
général veut déserter?... Il a donc oublié les services que
je lui dois et ceux que j'en attends?...

— On traite de la paix, répond Armand d'une voix faible ; je ne vous suis plus utile...

—La paix !... avec notre roi, elle ne saurait être longue... Le plaisir de battre les ennemis, vous le savez mieux que personne, cher Armand, a cela de cruel qu'on ne peut plus s'en passer. Il faut donc vivre pour se le donner encore : ainsi, mon ami, je compte sur vous pour obéir à ces messieurs, comme à moi un jour de bataille.

Pendant que M. de Turenne parlait, chacun des docteurs s'était emparé d'un des bras du malade, et leur physionomie s'assombrissait à mesure qu'ils étudiaient les battements de son pouls.

—Pourquoi nous avoir appelés si tard ? disaient-ils à M. de Louvigny, comme s'ils n'étaient pas entendus du malade.

Et lui, souriait tout bas de cette férocité doctorale qui n'a rien de caché pour les mourants.

— C'est mon plus brave général, ses blessures sont là pour l'affirmer, soyez plus forts qu'elles, messieurs, ne le laissez pas mourir.

— Puisque vous voulez absolument que ces messieurs s'occupent de moi, reprit Armand, qu'ils se consultent entre eux, et ne me prennent pas le peu de moments que vous daignez me donner.

Alors s'approchant de l'oreille de M. de Turenne, il ajouta :

— Mon père va être bien malheureux ! car sa sévérité envers moi cachait mal sa faiblesse ; et je vous implore, cher maréchal, pour l'aider à supporter ses regrets ; pour me défendre contre ses reproches... Oui, l'honneur de porter son nom... d'être l'objet de son ambition, de sa tendresse, et quelquefois de son orgueil, aurait dû me soutenir contre tant d'atteintes mortelles, mais la douleur l'emporte ; et ce que le devoir, la religion m'ont empêché de tenter, la pitié du ciel l'accomplit.

— Non, par toute la puissance de Dieu, s'écria le maréchal, ce malheur ne s'accomplira pas !... Se livrer sans combat à la fièvre, attendre avec complaisance la mort quand on doit être pleuré par un père, par une mère, par un ami, ajouta vivement Turenne en serrant le bras d'Armand, c'est une lâcheté, et le comte de Guiche n'en peut commettre aucune.

Le maréchal, content de l'effet de ce mot de lâcheté,

qu'Armand n'avait jamais pu entendre sans en tressaillir
d'indignation, le quitta en lui faisant jurer sur l'honneur
de se soumettre aux ordonnances des médecins qu'il avait
amenés, et il prit la route de Wilstein, où le gros de son
armée était campé (1).

Après avoir reconduit le maréchal de Turenne jusqu'aux
gens de sa suite, M. de Louvigny arrêta au bas de l'escalier
les deux docteurs pour savoir leur opinion sur la maladie
de son frère. Un regard qu'ils échangèrent porta l'effroi
dans son âme.

— Quoi! s'écria-t-il, son âge, sa force, vos secours, rien
ne peut le sauver?

— Rien!... répétèrent-ils d'un air accablé.

Au même instant, un cri déchirant se fit entendre, et une
porte se ferma avec violence.

— Sa fièvre a pris un caractère qui ne permet plus d'espoir, dirent les médecins ; il faudrait un miracle pour arrêter les progrès de l'étisie ; enfin, nous allons tenter tout
ce que l'art peut faire contre un tel mal ; mais comme nous
ne saurions nous flatter de réussir, il est de notre devoir
de vous prévenir du danger et de vous engager à ne pas
perdre de temps pour faire prendre au malade les dispositions convenables.

C'est avec ce poignard dans le cœur que M. de Louvigny
retourna près de son frère. Il hésitait à revoir le malade
avant d'avoir rassemblé assez de forces pour dissimuler
l'excès de sa peine, lorsque madame Nellessein le fit demander pour lui présenter un ecclésiastique français, qui,
ayant entendu parler de l'état dangereux où se trouvait
M. le comte de Guiche, venait lui offrir les secours de la
religion.

— Il est donc vrai, s'écria Louvigny... Moi seul ne vois
pas qu'il expire... Mais lui aussi... peut-être... il ignore?...
Et je le frapperais de cette horrible lumière?... Non. Je
n'en aurai jamais le courage.

— Je l'aurai, moi, s'il le faut, dit madame Nellessein
d'une voix solennelle. Oui... malgré tout ce que cette mission
a d'effroyable... de désolant... je la remplirai... Qu'importe
cette épreuve de plus!... Il y va du supplice éternel pour

____

(1) *Gazette* de 1673 ; Mayence, le 26 novembre.

le mourant, d'un remords sans fin pour ceux qui lui sur-
vivront... Doit-on hésiter?...

— Oui... je le sens... Dieu l'ordonne... mais laissez-moi
préparer ce malheureux au sort qui l'attend... laissez-moi...
lui inspirer... le désir de...

M. de Louvigny ne put achever, un torrent de larmes
baigna son visage. Des sanglots répondaient aux siens, et
une voix tremblante l'exhortait au courage, lorsqu'Étienne
vint lui dire en pleurant aussi, que son maître demandait
à voir un prêtre, et qu'il ne savait pas s'il devait lui obéir.

— Que dis-tu?... mon frère... de lui-même? qui a pu lui
donner cette idée?

— Un petit billet que je lui ai remis.

— De quelle part?

— Je l'ignore. C'est un enfant qui me l'a donné en disant :
» — Voilà pour votre maître.
» Je le porte à M. le comte. A peine l'a-t-il ouvert qu'il
s'écrie :
» — Va me chercher un prêtre!

A ces mots, les yeux de madame de Nellessein s'animè-
rent d'un regard céleste.

— Vous le voyez, dit-elle, le ciel lui-même le réclame;
secondez ses vœux, et que la bénédiction de Dieu lave tous
ses péchés.

— Ainsi soit-il, dit M. de Louvigny en s'inclinant comme
sous un poids supérieur, et il fit signe au moine de le
suivre.

En entrant chez le comte de Guiche, il le trouvèrent
dans une agitation extrême. Il disait une foule de mots
sans suite, qu'ils mirent sur le compte de la fièvre; mais lui,
qui lisait dans leur pensée, leur affirmait qu'il était dans
toute sa raison, et que sa confession en donnerait la preuve.

— Mettez-vous là, mon père, ajouta-t-il en faisant signe
au prêtre de s'asseoir près de son lit, puis à son frère de les
laisser seuls.

M. de Louvigny passa dans le salon à côté, en recommandant à Étienne de se tenir près de la porte, pour mieux
entendre lorsque son maître l'appellerait; mais au bout
d'une heure, le moine vint tout effaré leur apprendre que
le malade, fatigué d'avoir parlé si longtemps et avec une
grande émotion, venait de tomber en faiblesse.

On courut à son secours. Il tenait à la main une petite croix d'or encore humide de la pression de ses lèvres; un billet tout ouvert sur son couvrepied laissait voir ces lignes :

« Si vous vous souvenez encore de Marguerite, laissez-lui l'espérance de vous revoir dans le ciel. Ne quittez pas la vie sans demander à Dieu le pardon de vos fautes; il vous l'accordera, cette croix vous en répond. »

Armand ne sortit de son évanouissement que pour entrer dans toutes les suffocations de l'agonie; les médecins rappelés près de lui n'ayant nul espoir de le sauver, ne pensèrent qu'à rendre ses derniers moments moins affreux, et à porter sur les douleurs de son corps un peu du calme qu'avait jeté dans son âme les paroles consolantes du prêtre.

La chambre du comte de Guiche offrait alors ce funèbre tableau dont chaque famille a vu une épreuve et garde le triste souvenir!

Le jour venait de finir comme il s'éteint à la fin de novembre, vers la moitié de la journée. Un double flambeau couvert d'un abat-jour, éclairait à peine le visage pâle du mourant; à la lueur d'une lampe de nuit placée sur la commode, les deux médecins combinaient une potion dont ils savaient très-bien l'inutilité. Le moine, assis près du chevet d'Armand, lisait les prières des agonisants. Etienne pleurait derrière un rideau du lit, tandis que Louvigny, abîmé dans sa douleur, contemplait d'un œil sec les progrès de la mort sur le front décoloré de son frère.

A voir l'altération des traits de Louvigny s'augmenter à mesure que le beau visage du comte de Guiche se décomposait, à entendre sa respiration suivre tous les mouvements de celle qui s'éteignait, on aurait pu les croire tous deux atteints du même mal et destinés à ne pas se survivre.

Pendant ce temps, toutes les portes ouvertes laissaient un libre accès aux personnes qui, venues pour s'informer de l'état du malade, restaient à prier pour lui.

Heure solennelle! où tout subit le poids d'une égalité inexorable, où le malheur présent est à la fois une leçon et un pressentiment, une cause de terreur et de pitié, où tous ces dons qui excitaient l'envie sont de nul secours, où une seule puissance agit sur ce qui reste de nous... la conscience.

A mesure que les derniers moments approchaient, la chambre se remplissait des voisins, des domestiques de la maison, qui tous se prosternaient à la vue des souffrances de l'agonisant; madame Nellessein venait de se traîner près du lit, d'où son mari voulait en vain l'arracher pour lui épargner un si cruel tableau; mais elle, dans toute l'exaltation d'une douleur courageuse, se cramponnait à la main déjà froide du comte de Guiche, et les yeux attachés sur ces yeux déjà couverts des voiles de la mort, semblaient y quêter un dernier regard.

— Rends-moi ma croix! s'écrie-t-elle.

A ce cri, Armand tressaille; il revit un instant; sa tête se soulève, ses bras s'ouvrent... il veut parler... le mot de pardon expire sur ces lèvres... un écho lui répond... A cette voix, à ce pardon inespéré, un sourire céleste remplace toutes les contractions des souffrances de l'agonie.

La figure d'Armand retrouve sa sérénité, sa beauté; la joie le dispute un moment à la mort; son cœur n'est plus oppressé, un libre soupir s'en échappe... mais c'est le dernier; et le comte de Guiche retombe inanimé sur le sein de Marguerite!!!

— Que vois-je! s'écrie M. Nellessein. Quoi! ce brave général...

— C'était lui, interrompit Marguerite en se prosternant; prions tous deux pour le repos de son âme!

LII

C'est madame de Sévigné qui s'est chargée de nous transmettre l'effet que produisit à Paris la nouvelle de la mort du comte de Guiche; nous la laissons parler :

A MADAME DE GRIGNAN.

« Paris, vendredi, 8 décembre 1673.

» Il faut commencer, ma chère enfant, par la mort du comte de Guiche · voilà de quoi il est question présente-

ment. Ce pauvre garçon est mort de maladie et de *langueur* dans l'armée de M. de Turenne; la nouvelle en vint
mardi matin. Le père Bourdaloue l'a annoncée au maréchal de Gramont, qui s'en douta sachant l'extrémité de
son fils. Il fit sortir tout le monde de sa chambre; il était
dans un petit appartement qu'il a au-dehors des Capucines. Quand il fut seul avec ce père, il se jeta à son cou,
disant qu'il devinait bien ce qu'il avait à lui dire; que
c'était le coup de sa mort; qu'il le recevait de Dieu, qu'il
perdait le seul et véritable objet de toute sa tendresse et
de toute son inclination naturelle; que jamais il n'avait
eu de sensible joie ou de violente douleur que par ce fils,
qui avait fait des choses admirables. Il se jeta sur un lit,
n'en pouvant plus, mais sans pleurer; car on ne pleure
point dans cet état. Le père pleurait et n'avait encore
rien dit. Enfin il lui parla de Dieu, comme vous savez
qu'il en parle. Ils furent six heures ensemble, et puis le
père, pour lui faire faire son sacrifice entier, le mena à
l'église de ces bonnes Capucines où l'on disait vigiles
pour ce cher fils. Le maréchal y entra en tombant, en
tremblant, plutôt traîné et poussé que sur ses jambes;
son visage n'était plus reconnaissable. N. le duc (1) le vit
en cet état, et, en nous le contant chez madame de Lafayette, il pleurait.

» Le pauvre maréchal revint enfin dans sa petite chambre; il est comme un homme condamné. Le roi lui a
écrit, personne ne le voit, madame de Monaco (2) est entièrement inconsolable; madame de Louvigny (3) l'est
aussi, mais c'est par la raison qu'elle n'est point affligée.
N'admirez-vous point le bonheur de cette dernière? la
voilà dans un moment duchesse de Gramont. La chancelière (4) est transportée de joie. La comtesse de Guiche
fait fort bien : elle pleure quand on lui conte les honnê-
tetés et les excuses que son mari lui a faites en mourant.
Elle dit :

» — Il était aimable; je l'aurais aimé passionnément s'il

(1) De Bourbon.
(2) Charlotte de Gramont, sœur du comte de Guiche.
(3) Belle-sœur du comte de Guiche.
(4) La chancelière, grand'mère de la comtesse de Guiche.

m'avait un peu aimée : j'ai souffert ses mépris avec dou-leur ; sa mort me touche et me fait pitié ; j'espérais tou-jours qu'il changerait de sentiments pour moi. »

» Voilà qui est vrai ; il n'y a point là de comédie.

» Pour le bon d'Hacqueville, il a eu le paquet d'aller à Frazé, à trente lieues d'ici, annoncer cette nouvelle à la maréchale de Gramont, et lui porter une lettre de ce pau-vre garçon, lequel a fait une grande amende honorable de sa vie passée... Enfin il a fort bien fini la comédie, et laisse une riche et heureuse veuve. La chancelière a été si pénétrée du peu ou point de satisfaction, dit-elle, que sa petite-fille a eue pendant ce mariage, qu'elle ne va son-ger qu'à réparer ce malheur (1). »

LETTRE DE LOUIS XIV AU MARÉCHAL DE GRAMONT (2)-

» Mon cousin, je vous ai toujours reconnu trop sensible à ce qui me touche pour ne vous pas témoigner combien je le suis à la perte que vous venez de faire. Assurez-vous que personne n'y prend plus de part que moi, et, qu'au reste, j'en userai à votre égard avec la même distinction dans toutes les occasions qui s'offriront. Je prie Dieu seu-lement qu'il nous les donne plus favorables, et que cepen-dant il nous aye, mon cousin, en sa sainte et digne garde.

» A Saint-Germain-en-Laye, le 8 décembre 1673.

» LOUIS. »

Le long article de la *Gazette* du 8 décembre 1673, con-state la mort chrétienne du comte de Guiche. Celui du 24 suivant apprend l'arrivée et la descente de son corps dans le caveau de l'église des Capucines, sous la chapelle Saint-Antoine de Pade, où le maréchal, son père, avait fait pré-parer sa sépulture, et le service pompeux qu'on fit le len-demain en son honneur,

(1) La comtesse de Guiche épousa depuis le duc de Lude, en 1681.
(2) Cette lettre autographe nous a été communiquée par M. le duc de Gramont, petit-fils du maréchal, et possesseur actuel de tous les papiers de la famille de Gramont, sauvés par un de ses vassaux lors de l'incendie du château de Bidache, à l'époque de la révolution de 1789.

Puis madame de Sévigné écrivait deux ans après à sa fille ;

« Hors la maréchale de Gramont, on ne songe déjà plus au comte de Guiche. Voilà qui est fait, le *torrent* reprend son cours ordinaire : voici un bon pays pour oublier les gens. »

Heureusement la postérité a plus de mémoire que les contemporains.

FIN.

CLICHY. — Impr. de Maurice Loignon et Cie, rue du Bac-d'Asnières, 12.

Y MICHEL LÉVY. — Gr. in-18, 1 fr. le volume.

...riennes et Provinciales. ...ondes. Femmes honnêtes. ...arquises. ...Souv. d'un Musicien. Dern. Souvenir d'un Musicien

L. d'Alaux. L'Empereur Soulouque et son Empire.

Achim d'Arnim. (*Trad. Th. Gautier fils*). Contes bizarres.

A. Assolant. Hist. fantast. de Pierrot

X. Aubryet. Femme de vingt-cinq ans.

E. Augier. Poésies complètes.

J. Autran. Milianah.

Th. de Banville. Odes funambulesques.

Ch. Barbara. Hist. émouvantes.

Roger de Beauvoir. Chevalier de Saint-Georges. Aventurier et Courtisanes. Hist. cavalières. Mlle de Choisy. Chev. de Charny. Cabaret des Morts.

A. de Bernard. Portr. de la Marquise.

Ch. de Bernard. Nœud gordien. Homme sérieux. Gerfaut. Ailes d'Icare. Gentilh. campagnard, 2 v. Beau-père, 2 v. Paravent. Peau du Lion. L'Écueil. Théâtre et Poésies.

Mme C. Berton. Bonheur impossible. Recette.

L. Bouilhet. Melænis.

H. Bravard. Petite Ville. L'honneur des Femmes.

A. de Bréhat. Scènes de la vie contemporaine. Bras d'acier.

Max Buchon. En Province.

H. Blaze. Musiciens contemporains.

E. Carlen (*Trad. de M. Souvestre*). Deux jeunes Femmes.

L. de Carné. Drame sous la Terreur.

Émile Carrey. Huit jours sous l'Equateur. Métis de la Savane. Révoltés du Pérou. Récits de Kabylie. Scènes de la vie en Algérie. Hist. et mœurs Kabyles.

C. de Chatvillain. Volcars d'or. Sapho.

Champfleury. Excentriques. Avent. de Mlle Mariette. Réalisme. Souffr. du Prof. Delteil. Premiers Beaux-Jours. Usurier Bichat. Souv. des Funambules. Bourgeois de Molinchart. Sensations de Josquin. Chien-Caillou.

*** Souvenirs d'un officier du 2me de Zouaves.

H. Conscience (*Trad. Wocquier*). Scènes de la Vie flamande, 2 v. Fléau du Village. Démon de l'Argent. Veillées Flamandes. Mère Job. Guerre des Paysans. Heures du Soir. L'Orpheline. Batavia. Aurélien, 2 v. Souvenirs de Jeunesse. Lion de Flandre, 2 v.

Cuv.-Fleury. Voyages et Voyageurs.

C. Dasiragues. Histoires d'amour et d'argent.

Comt. Dash. Bals masqués. Jeu de la Reine. Chaîne d'Or. Fruit défendu. Chât. en Afrique. Poudre et la neige. Marquise de Parabère.

Général Daumas. Grand Désert. Chevaux du Sahara.

P. Dehel. Aventures parisiennes. L'une et l'autre.

Ch. Dickens (*Trad. A. Pichot*). Nev. de ma Tante, 2 v. Contes de Noël.

Gen. Didier. Mad. Georges. Fille de Roi.

Alex. Dumas. Vieux Draps, 2 v. Maison de glace, 2 v. Charles le Téméraire, 2 v.

Alex. Dumas fils. Avent. de quatre Femmes. Vie à vingt ans. Antonine. Dame aux Camélias. Boîte d'Argent.

X. Eyma. Peaux noires. Femmes du Nouveau monde.

Paul Féval. Tueur de Tigres. Dernières Fées.

G. Flaubert. Madame Bovary, 2 v.

V. de Féreille. Marq. de Pazizal. Conscrit de l'an VIII. Deux Belles-Sœurs.

Marc-Fournier. Monde et Comédie.

Th. Gautier. Beaux-Arts en Europe, 2 v. Constantinople. L'Art moderne. Grotesques.

Mme Émile de Girardin. Marguerite. Nouvelles. Marquise de Pontanges. Contes d'une vieille Fille à ses Neveux. Poésies. Vicomte de Launay, 4 v.

L. Gozlan. Châteaux de France, 2 v. Not. de Chantilly. Émot. de Polydore Marasquin. Nuits du Père-Lachaise. Famille Lambert. Hist. de Cent trente Femmes. Médecin du Pecq. Dernière Sœur grise. Dragon rouge. Comédie et Comédiens. Marquise de Helvérang. Balzac et Vidocq.

Hildebrand (*Trad. Wocquier*). Scènes de la Vie hollandaise. Chambre obscure.

Hoffmann (*Trad. Champfleury*). Contes posthumes.

A. Houssaye. Femmes comme elles sont. L'Amour comme il est. Pécheresse.

Th. Huge. Chaise de paille. Bohème dorée, 2 v. Cochon de saint Antoine.

F.-V. Hugo (*Trad.*). Sonnets de Shakspeare. Faust anglais de Marlowe.

F. Hugonnet. Souv. d'un Chef de bureau arabe.

J. Janin. Chem. de traverse. Contes littér. Contes fantastiq. L'Ane mort. Confession. Cœur pour deux Amours.

Ch. Jobey. Amour d'un Nègre.

A. Karr. Les Femmes. Agathe et Cécile. Promen. hors de mon Jardin. Sous les Tilleuls. Poignée de Vérités. Voy. autour de mon Jardin. Soirées de Sainte-Adresse. Pénélope normande. Encore les Femmes. Trois Cents Pages. Guêpes, 5 v. Menus Propos. Sous les orangers. Les Fleurs. Raoul. Roses noires et Roses bleues.

L. Kompert (*Trad. D. Stauben*). Scènes du Ghetto. Juifs de la Bohème.

A. de Lamartine. Les Confidences. Nouv. Confidences. Touss. Louverture.

V. de Laprade. Psyché.

Th. Lavallée. Hist. de Paris, 2 v.

J. Lecomte. Poignard de Cristal.

J. de la Madelène. Ames en peine.

F. Mallefille. Capitaine La Rose. Marcel. Mém. de Don Juan, 2 v. Monsieur Corbeau.

X. Marmier. Au Bord de la Neva. Drames intimes. Grande Dame russe.

F. Maynard. De Delhi à Cawnpore. Drame dans les mers boréales.

Méry. Hist. de Famille. Salons et Souterrains de Paris. André Chénier. Nuits anglaises. Nuits italiennes. Nuits espagnoles. Nuits d'Orient. Château vert. Chasse au Chastre.

P. Meurice. Scènes du Foyer. Tyrans de Village.

P. de Molènes. Mém. d'un Gentilh. du siècle dernier. Caract. et récits du temps. Chron. contemp. Hist. intimes. Hist. sentim. et milit. Avent. du temps passé.

F. Mornand. Vie arabe. Bernerette.

H. Murger. Dernier Rendez-vous. Pays Latin. Scèn. de Campagne. Buveurs d'eau. Vacances de Camille. Roman de toutes les Femmes. Scèn. de la Vie de Bohème. Propos de ville et propos de théâtre. Scèn. de la vie de jeunesse. Sabot rouge. Madame Olympe. Amoureuses.

P. de Musset. Bavolette. Paylaurens. Aide Musset, de Balzac, G. Sand. Tiroir du Diable. Paris et Parisiens. Parisiennes à Paris.

Nadar. Quand j'étais Étudiant. Miroir aux Alouettes.

Gérard de Nerval. Bohème galante. Marquis de Fayolles. Filles du Feu. Souvenirs d'Allemagne.

Charles Nodier (*Trad.*). Vicaire de Wakefield.

P. Perret. Bourgeois de campagne. Avocats et manniers.

Amédée Pichot. Poètes amoureux.

E. Plouvier. Dernières Amours.

Edgard Poe (*Trad. Baudelaire*). Hist. extraordinaires. Nouv. hist. extraordinaires. Aventures d'A. Gordon Pym.

F. Ponsard. Études antiques.

A. de Pontmartin. Cont. et Nouv. Mém. d'un Notaire. Fin du Procès. Contes d'un Planteur de choux. Pourq. je reste à la Campagne. Or et Clinquant.

M. Radiguet. ...que espagnols.

H. Révoil (*Fr...*). Nouv. Monde. ...

L. Reybaud. Voyag. Coq du Clocher. Jérôme Paturot. Paturot, République. ...dans une Rue. Comme... rebours. Vie de Dernière. Vie de la...

A. Rolland. Martyrs du Tonk... Ch. de La Reine...

J. de Saint-Félix. Scènes de Gentilhomme.

J. Sandeau. Duc et Parchemin. ...velles. Catherine.

G. Sand. Histoire de ma Vie... prat. Valentine. Indiana. Jeanne. Diable. Petite Fadette. François le Champi. Teverino. Consuelo, 2 v. André... 2 v. Lucrezia Floriani. Antoine, 2 v. Lettres d'un Voyageur. Piccinino. Dernière Aldini. ...

E. Scribe. Théâtre. ...Historiet. et Prov. Piquillo Alliaga. **Alb. Second.** À quoi rêvent...

Fr. Soulié. Mém. du Diable. Cadavres. Quatre Sœurs. Mém. 2 v. Au Jour le Jour. Maître d'école. Banquier. Écrits. Si Jeun. savait... si Vieil. pouvait. Huit jours au Château. Conseiller d'É... Malheur complet. Magnétiseur. Port de Créteil. Conf. de Maurice. ...gerons. Été à Meudon. Deux... Maison n. 3 de la r. de Provence. Av... Cadet de Famille. Amour de Prof... Olivier Duhamel. Chât. des Pyr... Rêve d'Amour. Diane et Louis... dus. Cont. pour les enfants. ... Nathaniel. Comte du Toulouse? de Béziers. Saturnin Fichet. ...

E. Souvestre. Philosophe... Confes. d'un Ouvrier. ...de la Vie intime. Chron... Clairières. Sch. ...la Prairie. Dern. Paysan. Drame intime. Scèn. et Récits des Alpes... d'Eau. Soirées de... Femmes. Souv. d'un Vieillard. Filets. Contes et ... Dern. Breton, 2 v. Ang... Sur la Pelouse. ... de Jeunesse. Réprouvés... Famille. Pierre et Jean. Pendant la Moisson. ...mas parisiens. Coin du... cocagne. Mémorial... Bas-Breton, 2 v. ... Monde tel qu'il sera. ... Sous la tonnelle. ...

Marie Aycard. ...duit de Français.

D. Stauben. Scènes de la ... Alsace.

De Stendhal. L'Amour... Noir. Chartreuse de Parme. Rome, 2 v. Chron. ... d'un touriste, 2 v. Vie de...

Mme E. ... (*Trad. ...*) ...venir... bavarox...

E. Sol. Sept Péchés... gauît. Tr. L'Envie. Colère... reux, 2 v. Avarice. Gourmand... et Gilberte, 2 v. Adèle... Dame. Clémence Mort...

B. Texier. Amour d'Emma...

L. Ulbach. Scènes du Di...

O. de Vallée. ...

A. Vacquerie. Profils et Gri...

M. Valrey. Études de Mœurs... les sans Dot.

F. Wey. Anglais chez eux... y a tant mis.

*** Mme la Maréchal d'Griff...
*** Zouaves et Chasseurs...

PARIS. — IMPRIMERIE DE ÉDOUARD BLOT, RUE SAINT-LOUIS, 46.